모두를 위한
설교 시리즈
12

하나님 나라와 세상 나라

하나님이 펼치시는 창조 세계, 창세기 1~36장 강해

세움북스는 기독교 가치관으로 교회와 성도를 건강하게 세우는 바른 책을 만들어 갑니다.

모두를 위한 설교 시리즈 12

하나님 나라와 세상 나라
하나님이 펼치시는 창조 세계, 창세기 1~36장 강해

초판 1쇄 인쇄 2025년 9월 5일
초판 1쇄 발행 2025년 9월 10일

지은이 ㅣ 김태희
펴낸이 ㅣ 강인구
펴낸곳 ㅣ 세움북스

등 록 ㅣ 제2014-000144호
주 소 ㅣ 서울시 종로구 대학로 19 한국기독교회관 1010호
전 화 ㅣ 02-3144-3500
이메일 ㅣ cdgn@daum.net

디자인 ㅣ 참디자인

ISBN 979-11-93996-57-7 (03230)

* 이 책은 신저작권법에 의하여 국내에서 보호를 받는 저작물입니다.
  출판사의 협의 없는 무단 전재와 무단 복제를 엄격히 금합니다.
* 책 값은 뒤표지에 있습니다.
* 잘못된 책은 교환하여 드립니다.

모두를 위한
설교 시리즈
12

The BOOK of GENESIS

하나님 나라와 세상 나라

※

하나님이 펼치시는 창조 세계, 창세기 1~36장 강해

김태희 지음

세움북스

Recommendaion
추천사

저자의 설교와 글에는 모든 설교자에게 반드시 필요하고 제가 개인적으로 무척 부러워하는 세 가지의 장점이 있습니다. 먼저는 '주해의 정확성'입니다. 이 책에 실린 모든 설교는 '주해'로 시작합니다. 그의 주해는 안전하고 정확합니다. 특별히 신약 성경을 매우 적절하게 인용하고 해석하여 본문에 대한 이해를 더욱 깊고 바르게 합니다.

둘째로 '교리의 풍성함과 안전함'입니다. 저자는 교리적 용어들을 거의 사용하지 않습니다. 교리적 용어들은 그 의미가 축약되어 있어 전달에 용이하지만, 그 내용을 정확하게 알지 못하는 청자나 독자들에게는 글과 설교를 이해하는 일이 매우 어렵게 느껴지는 단점도 있습니다. 저자는 신학 용어대신 친절하고 자세한 설명으로 바른 교리를 건전하고 쉽게 전달합니다. 특히 본문과 유리(遊離)된 교리가 아니라, 본문 안에서 자연스럽게 도출되는 교리를 설명함으로써 본문에 대한 이해를 더욱 풍성하게 하며 안전하게 합니다. 저자의 설교와 글은 그래서 모든 독자를 안심하게 합니다.

세 번째는 '적용의 적실성'입니다. 이 책에 실린 저자의 설교는 본문의 주해, 해설, 그리고 실천적 적용으로 이어집니다. 저자의 적용은 흔히 말하는 '본문과 현실을 잇는 다리'가 무엇이며, 어떻게 설교해야 하는지를 너무나도 잘 보여 줍니다. 두리뭉실하고 모호한 적용이 아니라, 이 본문을 읽고 이해하며 깨달은 사람이 어떻게 그 삶을 이어 가야 하는지를 구체적이고 바르게 알려 줍니다. 단순한 윤리적 교훈이 아니라, 신자의 거룩한 삶을 향한 성화의 노력과 이를 가능하게 하시는 성령의 도우심을 알려 줍니다.

그래서 저자의 설교는 읽는 동안 제 마음을 새롭게 하였습니다. 저자의 다른 책에서 느꼈던 감동과 마음의 시원함이 이 책에서는 더욱 풍성하고 강력하게 다가옵니다. 모든 설교자가 읽고 배워야 하는 설교의 모범이며, 모든 신자가 읽고 마음에 두어야 할 오늘 우리를 향한 하나님의 말씀입니다.

이수환 (강변교회 담임 목사, 《그의 나라, 그의 왕, 그의 백성》 저자)

최근 들어 화려한 문구와 무언가 특별함을 드러내려고 하는 설교집들이 많이 보입니다. 저자가 "나 이렇게 설교 잘한다"라고 크게 소리치고 있는 듯합니다. 자기 말을 하기 위해 성경을 비틀고 이용하곤 합니다. 그런 설교는 저자의 말은 들릴지 몰라도 하나님의 말씀은 들리지 않습니다. 그런 책들이 더 잘 알려지는 듯해서 안타까움을 금할 수 없습니다.

창세기 1~36장을 설교한 이 책은 본문의 핵심 주제를 정확히 드러내고, 창세기의 전체적인 흐름과 각 장의 꼭 필요한 부분을 이해하기 쉽게 잘 설명했습니다. 교리적 주제를 드러내 보이지는 않았지만, 하나님 나라, 언약, 구속사의 내용이 잘 녹아 있습니다. 하나님의 일하심과 더불어 하나님과 동행하는 삶의 진수를 친절하게 알려 줍니다. 화려하지는 않지만 성경적이며, 특별하지는 않지만 따뜻하며 보편적입니다. 깔끔하고 담백하며 은혜가 넘칩니다.

저는 이 책을 읽는 동안 작은 샘물 앞에 있었습니다. 무언가 비범하거나 화려하지는 않지만 계속 흘러나오는 맑고 깨끗한 진리의 샘물을 통해서 시들은 영혼이 생기를 찾았습니다. 읽는 내내 제 입가에 잔잔한 미소가 그치지 않았습니다. 각 설교 끝에 '되새겨 보기'와 '생각해 보기'의 질문을 두어서 스스로 말씀을 정리하고 생각하며 삶에 적용하도록 돕습니다. 개인적으로, 또는 교회 성경 공부로, 더 나아가 가정 경건회에서도 사용하기 좋은 책이라 여겨집니다.

이 책은 어느 한 저자의 책이 아니라 지교회의 아름다운 열매입니다. 설교자뿐만 아니라 성도들의 기도와 땀, 보이지 않는 여러 수고가 있었기에 이렇게 아름다운 열매가 나온 것이라 확신합니다. 이 아름다운 열매가 보편 교회를 섬기게 되었습니다. 여러분에게 기쁜 마음으로 추천합니다.

전종득 (목포장로교회 담임 목사)

창세기는 이 세상의 모든 시작을 기록하고 있습니다. 이 세상, 가정, 교회가 하나님 나라의 관점에서 무엇인지를 드러내 준 책입니다. 김태희 목사님의 《하나님 나라와 세상 나라》는 하나님께서 비전교회에 주신 강설을 책으로 엮은 것입니다. 그래서 이 설교집의 특징은 다음과 같습니다.

첫째, 이 설교집의 시리즈 제목이 말해 주는 것처럼, '모두'를 위해 쓰인 설교집입니다. 그래서 마치 아버지가 아이들에게 말씀을 전해 주는 것처럼, 성경과 교리적 내용을 모든 세대가 들을 수 있도록 쉬운 언어로 전달되고 있습니다. 둘째, "구슬이 서 말이라도 꿰어야 보배"라는 속담처럼, 저자는 교리와 성경이라는 구슬을 '하나님 나라의 관점'으로 꿰어 주고 있습니다. 따라서 처음 성경을 읽으시는 분이나, 오랫동안 읽었지만 전체적인 조감도가 없어 성경 읽기에 장애물이 있으신 분에게 이 설교집을 추천합니다. 셋째, 이 설교집은 창세기 1~36장, 각 장의 중심점과 전체적인 내용을 균형 있게 소개하고 있습니다. 저자는 매 설교마다 그 장의 핵심 메시지를 전달하면서도 '각 장의 교훈'을 통해, 본문이 가르치고자 하는 교훈이 무엇인지를 빠뜨리지 않고 일목요연하게 정리해 주고 있습니다.

그러므로 창세기를 이해하는 데 어려움을 느끼시는 분이나 창세기를 보다 잘 이해하기 원하시는 분, 특히 부모, 교사, 교역자로 섬기면서 창세기를 하나의 관점으로 전해야 할 필요가 있는 모든 분에게 이 설교집을 권해 드립니다. 이 설교집을 통해, 창세기에서 시작된 세계와 가정과 교회가 하나님 나라의 창조 목적대로 어떻게 시작되고 발전되어 왔는지를 발견하고, 그 하나님 나라를 '오늘, 여기에서 누리는' 모두가 되길 축복합니다.

⁂ **조성용** (광주양림교회 담임 목사)

김태희 목사가 창세기 설교집을 출간했습니다. 저자는 이미 다수의 책을 집필했는데, 이는 그의 필력이 입증받았음을 시사합니다. 저자의 다른 책과 마찬가지로 이 책도 건전하고 건강합니다. 문장이 술술 읽힙니다. 이해가 잘 됩니다. 저자는 창세기에 담긴 메시지를 친절하게 가르쳐 줍니다. 성경의 원뜻이 무엇인지를 밝히면서 자연스레 오늘날 우리에게 주는 시사점을 알려 줍니다. 저자의 설명은 훌륭한 주석에 기반한 것이어서 해석이 정당하여 신뢰감을 줍니다. 특히 그가 목회하는 교회에서 설교한 내용을 엮은 것이라 적실성이 좋습니다. 따라서 이 책은 창세기의 원뜻과 그것이 주는 교훈을 알기를 원하는 분들에게 큰 도움이 되리라 생각합니다.

또한, 창세기를 설교하고자 하는 분들에게도 좋은 참고 자료가 되리라 믿습니다. 저자는 책 제목을 《하나님 나라와 세상 나라》로 정했는데, 제목이 암시하듯, 이 책 전반에는 하나님께서 그분의 나라를 만드시고 보존하시며 확장해 가시는 모습이 잘 기술되어 있습니다. 참으로, 하나님은 세상의 창조주요 왕으로서, 인간 세상의 복잡다단함과 사탄의 훼방 가운데서도 그분의 뜻을 이루어 가십니다. 독자들은 이 책을 통해 하나님의 주권과 통치를 파악할 수 있을 것이며, 그리하여 세상과 인생의 고단함을 믿음으로 극복할 수 있을 것입니다.

✽✽ 황원하 (대구 산성교회 담임 목사, 《응답하라 신약성경》 저자)

Preface
서문

《하나님 나라와 세상 나라》는 창세기 설교집입니다. 비전교회에 부임한 첫해에 설교한 내용을 책으로 엮은 것입니다. 창세기를 첫 번째 설교 본문으로 정한 이유는 다음과 같습니다. 첫째, 창세기가 성경 전체의 배경이 되기 때문입니다. 창세기를 바르게 알아야 다른 성경도 제대로 이해할 수 있습니다. 둘째, 창세기가 다양한 주제를 다루기 때문입니다. 창세기는 구원과 심판, 출생과 죽음, 사랑과 복수, 용서와 미움 등 우리가 꼭 알아야 할 주제들을 생생하게 설명하고 있습니다. 셋째, 창세기는 '하나님 나라'를 가르치기에 좋은 본문이기 때문입니다. '하나님 나라'는 성경의 핵심 주제입니다. 예수님께서 전하신 복음의 핵심이 하나님 나라였고, 사도들이 전한 메시지의 핵심도 하나님 나라였습니다. 성경의 정수인 '하나님 나라'를 배우기에 창세기만큼 좋은 성경은 없습니다.

제목을 "하나님 나라와 세상 나라"라고 정한 이유는, 하나님 나라와 세상 나라 사이의 갈등이 창세기 전반에 나타나기 때문입니다. 하나님은 자신이 왕이 되시는 하나님 나라를 창조하셨지만, 인간은 이를 거부하고 자기 나라를 세우려고 했습니다. 바벨탑 사건이 대표적인 예입니다. 그러나 하나님은 아브라함을 부르셔서 하나님 나라를 다시 시작하시고, 아브라함의 후손을 통해 하나님 나라를 확장해 나가십니다. 애굽과 소돔, 동방의 나라들이 계속해서 하나님 나라를 위협하고 공격하지만, 하나님은 어떤 상황에서도 하나님 나라를 보호하시고 통치하십니다. 다시 말해, 창세기는 하나님께서 자신의 창조 세계를 펼치시면서 하나님의 나라를 세우실 것이라 약속하시고, 무슨 일이 있어도 그 약속을 반드시 성취하실 것임을 선명하게 보여 줍니다. 따라서 이 설교집은 우리가 어떤 나라에 속해야 하는지를 묻고 답하는 여정입니다.

창세기를 설교하면서 다음의 원칙을 세웠습니다. 첫째, "사사로운 해석을 절제한다"입니다. 설교란 설교자의 사견을 전하는 것이 아니라, 하나님의 말씀을 전하는 것이기 때문입니다. 그래서 선입견을 내려놓으려고 노력했고, 신뢰할 만한 주석을 묵상하는 데 많은 시간을 쏟았습니다. 주로 참고했던 책은 칼뱅(John Calvin)과 앨런 로스(Allen P. Ross)의 주석입니다. 둘째, "누구나 이해할 수 있어야 한다"입니다. 제가 사역하는 교회의 회중은 6세 아이부터 70세 어르신까지 다양합니다. 그래서 본문의 의미를 정확하게 전달하면서도, 이해하기 쉽게 설명하려고 노력했습니다. 셋째, "삶에 적용할 수 있어야 한다"입니다. 설교를 듣는 이유는, 복음을 배우는 것도 있지만 새로운 삶을 살기 위해서입니다. 그래서 설교마다 창세기 말씀을 어떻게 적용해야 하는지를 구체적으로 설명했습니다.

《하나님 나라와 세상 나라》는 저의 작품이기도 하지만, 비전교회의 열매이기도 합니다. 비전교회 성도들의 기도와 땀과 수고가 있었기에, 이 설교집이 세상에 나올 수 있었습니다. 저는 참 부족한 목사입니다. 그래서 늘 성도들에게 미안한 마음뿐입니다. 그런 저를 '목사'라고 불러 주시고 격려하며 기도해 주시는 비전교회 성도들에게, 이루 헤아릴 수 없이 고마운 마음을 담아 이 책을 바칩니다.

Contents
목차

추천사 • 5

서문 • 11

01 태초에 하나님이 천지를 창조하시니라 • 16
02 천지와 만물이 다 이루어지니라 • 26
03 뱀은 하나님이 지으신 들짐승 중에 가장 간교하니라 • 37
04 아담이 그의 아내 하와와 동침하매 • 51
05 아들을 낳아 이름을 셋이라 하였고 • 65
06 사람이 땅 위에 번성하기 시작할 때에 • 74
07 여호와께서 노아에게 이르시되 • 82
08 하나님이 노아를 기억하사 • 91
09 하나님이 노아에게 복을 주시며 • 100
10 노아의 아들 셈과 함과 야벳의 족보는 • 108
11 사람들이 건설하는 성읍과 탑을 보려고 • 117
12 네게 보여 줄 땅으로 가라 • 127
13 그대는 나의 누이라 하라 • 139
14 네가 우하면 나는 좌하리라 • 147

15 모든 빼앗겼던 재물을 다 찾아왔더라	• 156
16 나는 네 방패요 지극히 큰 상급이니라	• 165
17 네 고통을 들으셨음이라	• 174
18 나와 너희 사이의 언약의 표징이니라	• 183
19 여호와 앞에 그대로 섰더니	• 191
20 그 엎으시는 중에서	• 199
21 네가 합당하지 아니한 일을 행하였도다	• 209
22 하나님이 나를 웃게 하시니	• 219
23 하나님이 친히 준비하시리라	• 228
24 사라를 위하여 슬퍼하며 애통하다가	• 236
25 아들을 위하여 정하여 주신 자	• 247
26 그의 아들 이삭에게 복을 주셨고	• 257
27 네게 지시하는 땅에 거주하라	• 266
28 네 아우가 와서 속여 네 복을 빼앗았도다	• 278
29 네가 어디로 가든지 너를 지키며	• 282
30 라반이 야곱의 소식을 듣고 달려와서	• 290
31 내게 자식을 낳게 하라	• 300
32 하나님이 당신에게 이르신 일을 다 준행하라	• 308
33 하나님과 겨루어 이겼음이니라	• 317
34 그와 입 맞추고 서로 우니라	• 326
35 세겜이 그를 보고 끌어들여	• 334
36 다시 야곱에게 나타나사 그에게 복을 주시고	• 342
37 에돔 족속의 조상은 에서더라	• 352

01 태초에 하나님이 천지를 창조하시니라

창 1:1-1:31

하나님께서 처음 하신 일

우리는 어머니에게서 출생하면서부터 이 세상에 존재하게 되었습니다. 세상의 모든 이가 그러하고, 모든 생명체가 그러합니다. 그렇다면 하나님도 그러셨을까요? 하나님은 언제부터 존재하셨을까요? 하나님은 태초부터 계셨습니다(창 1:1). "태초"라고 번역된 히브리어 '레쉬트'는 '처음'이라는 뜻입니다. 하나님은 처음부터, 원래부터 계셨습니다.

원래부터 계셨던 하나님께서 무엇을 하셨을까요? 창조하는 일을 하셨습니다(1절). "창조"라고 번역된 히브리어 '바라'는 '만들다'라는 뜻입니다. 성경은 이 단어를 하나님께만 사용합니다. 사람도 무언가를 만드는데, 왜 하나님께만 사용했을까요? 그 이유는 다음과 같습니다.

사람도 무언가를 만들 수 있지만, 재료와 도구가 있어야만 가능합니다. 아무것도 없는 데서 무얼 만들어 낼 수는 없습니다. 유(有)

에서만 유(有)를 만들 수 있습니다. 하나님은 다르십니다. 하나님은 무언가를 만들기 위해 재료나 도구가 필요하지 않습니다. 하나님은 무(無)에서 유(有)를 만들어 내실 수 있습니다. 그래서 '창조(바라)'라는 단어는 하나님께만 사용합니다.

하나님은 무엇을 창조하셨습니까? 천지를 창조하셨습니다(1절). 천지(天地)란 문자적으로는 '하늘과 땅'이지만, '세상 모든 것'을 의미합니다. 따라서 세상에서 하나님과 상관없는 곳은 없습니다. 하나님과 상관없는 피조물도 없습니다. 하나님은 어디에나 계시고, 모든 피조물을 만드셨으며, 모든 만물을 통치하십니다.

하나님의 창조를 통해 어떤 일이 일어났을까요? 혼돈하고 공허하며 어두웠던 세상이(2절), 보시기에 심히 좋은 세상으로 변화되었습니다(31절). 이것은 하나님께 변화의 능력이 있음을 강조하는 표현입니다. 즉, 하나님은 보기에 좋지 않은 것을 보기에 좋은 것으로 바꾸실 능력이 있다는 것입니다.

우리가 사람을 대할 때, 이 사실을 기억하는 것이 중요합니다. 예를 들어 보겠습니다. 부모라면 누구나 자녀가 좋은 상태로 변화되기를 원합니다. 그래서 자녀에게 좋은 교육 환경과 다양한 체험을 제공하려고 노력합니다. 하지만 그것으로 충분하지 않습니다. 사람이 변화되기 위해서는 하나님의 능력이 필요합니다. 보기에 좋지 않은 것을, 보기에 좋은 것으로 변화시키는 창조의 능력이 임할 때만, 사람은 진정한 변화를 겪게 됩니다.

부부 관계도 마찬가지입니다. 배우자에게 잔소리를 자주 하는 사람들이 있습니다. 잔소리를 하는 이유는, 배우자를 좋은 상태로 바꾸고 싶기 때문일 것입니다. 하지만 사람은 잔소리로 바뀌지 않습니다. 혹 잠깐은 바꿀 수 있다 하더라도, 잔소리 때문에 사람이 근본적으로 바뀌지는 않습니다. 우리가 배우자의 변화를 위한다면, 자녀의 변화를 위한다면, 정말 해야 하는 것은 바로 '기도'입니다. 하나님의 '창조의 능력'만이 사람을 근본적으로 바꿀 수 있기 때문입니다.

창조의 능력이 어떻게 발했는가?

이제 그 창조의 능력이 어떻게 나타났는지 구체적으로 살펴보겠습니다.

하나님은 첫째 날에 빛과 어둠을 창조하셨습니다. "하나님이 이르시되 빛이 있으라 하시니 빛이 있었고"(3절). 그리고 빛과 어둠에게 이름을 지어 주셨습니다. "하나님이 빛을 낮이라 부르시고 어둠을 밤이라 부르시니라"(5절). 빛에게 '낮'이라는 이름을, 어둠에게 '밤'이라는 이름을 지어 주셨습니다. 일반적으로 자녀의 이름은 부모가, 종의 이름은 주인이 지어 줍니다. 하나님께서 이름을 지어 주셨다는 것은, 하나님이 만물의 부모이며 만물의 주인임을 의미합니다.

하나님은 둘째 날에 궁창을 창조하셨습니다. 그리고 이름을 지어 주셨습니다. "하나님이 궁창을 만드사 궁창 아래의 물과 궁창 위의 물로 나뉘게 하시니 그대로 되니라 하나님이 궁창을 하늘이라 부르시니라 저녁이 되고 아침이 되니 이는 둘째 날이니라"(7-8

절). 고대인들은 하늘을 신들이 거주하는 곳으로 생각했습니다. 하지만 성경은 하늘조차도 하나님의 피조물에 불과하다고 말합니다.

하나님은 셋째 날에 육지와 바다를 나누셨습니다. "하나님이 이르시되 천하의 물이 한곳으로 모이고 뭍이 드러나라 하시니 그대로 되니라"(9절). 그리고 하나님은 다음과 같은 일을 하셨습니다. "하나님이 이르시되 땅은 풀과 씨 맺는 채소와 각기 종류대로 씨 가진 열매 맺는 나무를 내라 하시니 그대로 되어"(11절). 하나님은 땅이 채소와 열매를 내게 하셨습니다. 일반적으로 사람들은 땅에서 먹을 것을 수확하는 이유가 사람이 열심히 일했기 때문이라고 생각합니다. 하지만 성경은 하나님께서 나게 하셨기 때문이라고 말합니다. 우리가 일용할 양식이나 소득을 얻는 것은, 우리가 열심히 일했기 때문만이 아닙니다. 하나님께서 우리에게 먹을 것을 주셨기 때문입니다. 만약 그렇게 생각하지 않고, 나의 능력으로 나의 삶을 유지한다고 생각한다면, 그것은 자신을 창조주와 같이 생각하는 우상 숭배입니다.

하나님은 넷째 날에 해와 달과 별을 창조하셨습니다. "하나님이 이르시되 하늘의 궁창에 광명체들이 있어 낮과 밤을 나뉘게 하고 그것들로 징조와 계절과 날과 해를 이루게 하라"(14절). 해와 달과 별은 고대인들에게 신적인 존재였습니다. 그들은 해와 달과 별을 숭배하고 예배했습니다. 모세를 통해 창세기 1장 말씀을 처음 들었던 이스라엘 민족은 아마도 해와 달과 별이 하나님의 피조물에 불과하다는 사실을 듣고서 깜짝 놀랐을 것입니다.

고대인들이 해와 달과 별을 하나님처럼 생각했다면, 현대인들이 하나님처럼 생각하는 것은 무엇일까요? 돈일 것입니다. 예수님은 다음과 같이 말씀하셨습니다.

너희가 하나님과 재물을 겸하여 섬기지 못하느니라 _마 6:24

예수님은 사람들이 돈을 하나님처럼 생각한다고 하셨습니다. 왜 사람들은 돈을 하나님처럼 생각할까요? 사람들이 돈을 하나님처럼 생각하는 이유는 돈에 강력한 힘이 있기 때문입니다. 돈으로 대부분의 문제를 해결할 수 있기 때문입니다. 바로 이것이 돈이 위험한 이유입니다.

하나님은 다섯째 날에 바다짐승과 하늘 짐승을 창조하셨습니다. "하나님이 큰 바다짐승들과 물에서 번성하여 움직이는 모든 생물을 그 종류대로, 날개 있는 모든 새를 그 종류대로 창조하시니 하나님이 보시기에 좋았더라"(21절). 여기서 우리가 주목할 것은 "큰 바다짐승"이라는 표현입니다. 큰 바다짐승은 고래나 상어 같은 동물을 말합니다. 고대인들은 고래나 상어를 보면서 어떤 생각을 했을까요? 신이라고 생각했을 것이 분명합니다. 인간을 뛰어넘는 미지의 존재라고 생각했을 것이 분명합니다. 그런데 성경은 큰 바다짐승도 하나님의 '피조물'이라고 말합니다. 바로 여기서 창세기 1장의 강조점이 드러납니다. 하늘, 해와 달과 별, 그리고 큰 바다짐승은 모두 고대인들이 신으로 생각했던 존재입니다. 하나님처럼 생각했다는 것입니다. 성경은 그 모든 것이 피조물에 불과하다고 말합니다. 인간의 눈에는 '하늘'과 '해와 달과 별'과 '큰 바다짐승'이 대단하게 보인다 할지라도, 그것들은 예배하고 경배할 대상이 아니라는 뜻입니다.

우리는 현대인들이 신처럼 생각하는 돈에 대해서도 같은 관점을 가져야 합니다. 우리는 돈을 예배하고 경배해서는 안 됩니다. 돈이 최고라고 생각하며 삶의 목적으로 삼아서도 안 됩니다. 돈이 신처럼 우리의 삶을 보장해 줄 거라고 믿어서도 안 됩니다. 우리의 행복한 미래가 돈에 달려 있다고 생각해서도 안 됩니다. 돈도 하나님의 피조물일 뿐입니다. 우리는 돈을 '사용'하는 사람이 되어야지, 돈을 '숭배'하는 사람이 되어서는 안 됩니다.

하나님은 여섯째 날에 사람을 창조하셨습니다. "하나님이 이르시되 우리의 형상을 따라 우리의 모양대로 우리가 사람을 만들고"(26절). 사람은 다른 피조물과 다르게 하나님의 형상으로 창조되었습니다. 사람이 하나님의 형상이라는 것은, 사람이 하나님을 닮은 존재라는 뜻입니다. 그래서 사람은 인생을 통해 하나님의 영광, 즉 그분의 말씀과 속성을 드러내며 살아야 합니다.

창세기 1장의 교훈

따라서 하나님께서 창세기 1장을 통해 우리에게 교훈하시는 바는 다음과 같습니다.

첫째, 사람이 근본적으로 변화되는 것은 하나님의 능력으로만 가능합니다. 혼돈하고 공허하고 어두운 세상에 하나님의 능력이 임하자, 하나님께서 보시기에 좋은 세상으로 변화되었습니다. 하나님의 능력이 임하면, 보기 싫었던 것이 보기 좋은 것으로 변화됩니다. 사람이 변화되는 것도 마찬가지입니다. 하나님의 능력이 임할 때만, 우리의 배우자가 변화되고, 우리의 자녀들이 변화되고, 우리의 교회가 변화될 수 있습니다. 바로 이것이 우리가 하나님께 기도해야 하는 이유입니다.

둘째, 하나님이 만물의 주인이십니다. 하나님은 천지를 창조하신 후에, 각각의 피조물에 이름을 지어 주셨습니다. '낮'과 '밤'이라는 이름을, '하늘'이라는 이름을 지어 주셨습니다. 이름을 지어 주는 행위는 "내가 너의 아버지다. 내가 너의 주인이다"라는 것을 의미합니다. 세상 사람들은 누구를 자신의 주인으로 생각할까요? 예수님은 그것을 돈이라고 하셨습니다. 사실입니다. 대다수의 사람들이 돈을 자신의 주인으로 생각합니다. 돈을 많이 벌 수 있다면, 수단과 방법을 가리지 않습니다. 돈 때문에 울고, 돈 때문에 웃습니다. 그러나 하나님의 자녀인 우리는 돈을 주인 삼아서는 안 됩니다. 돈은 하나님의 도구일 뿐입니다. 우리는 하나님을 주인으로 모시고, 하나님을 위해서 살아가야 합니다. 우리는 하나님 때문에 울고, 하나님 때문에 웃는 자들이 되어야 합니다.

셋째, 하나님께서 우리에게 일용할 양식을 주십니다. 세상 사람들은 자신의 능력으로 생명을 유지한다고 생각합니다. 내가 열심히 일했기 때문에, 이만큼 먹고 산다고 생각합니다. 그러한 태도는 자신을 자기 인생의 주인으로, 신으로 여기는 우상 숭배입니다. 땅에서 채소와 곡식과 열매가 자라나게 하시는 분은 하나님이십니다. 우리도 마찬가지입니다. 우리가 노동을 통해 삶을 영위할 수 있는 근본적인 동력은 하나님께 있습니다. 하나님께서 힘과 능력을 주셨기 때문입니다. 이 사실을 망각하면 우리 역시 우상 숭배자가 되는 것입니다.

넷째, 어려움이 찾아왔을 때, 우리는 돈이 아니라 하나님 앞으로 가야 합니다. 고대인들은 해와 달과 별을 신으로 생각했습니다. 그래서 어려움이 찾아왔을 때, 해와 달과 별에게 기도했습니다. 하지만 해와 달과 별은 신이 아닙니다. 그것들은 하나님의 피조물에 불과합니다. 고대인들이 해와 달과 별을 신으로 여겼다면, 현대인들이 신으로 여기는 것은 돈입니다. 사람들은 문제가 발생하면 돈 앞으로 갑니다. 돈이 부족해서 문제가 생겼다고 생각하고, 돈만 넉넉하면 문제를 해결할 수 있다고 생각합니다. 우리는 달라야 합니다. 우리는 문제가 생길 때, 하나님 앞으로 가야 합니다.

결론

우리는 창세기 1장을 통해 하나님의 능력을 알 수 있습니다. 창조는 하나님의 능력을 가장 잘 보여 주는 사건입니다. 하나님께서 창조하시자 세상에는 변화가 일어났습니다. '보기에 좋지 않았던 것'이 '보기에 좋은 것'으로 변화되는 일이 일어났습니다.

그러므로 우리는 기도하는 사람이 되어야 합니다. 잔소리하는 사람, 비판하는 사람, 정죄하는 사람이 아니라 하나님께서 일하여 주시기를 바라는 '기도하는 사람'이 되어야 합니다. 잔소리, 비판, 정죄와 같은 것으로는 사람이 근본적으로 변화되지 않기 때문입니다. 사람이 근본적으로 변화되는 것은 창조의 능력이 임할 때입니다. 하나님의 능력이 임할 때입니다.

우리가 자녀를 위해 기도할 때, 배우자를 위해 기도할 때, 교회를 위해 기도할 때, 그리고 이웃을 위해 기도할 때, 우리는 창조의 능력을 보게 될 것입니다. 우리 인생의 주인으로서 한 인생을 변화시키시는 하나님의 능력을 보게 될 것입니다.

● 되새겨 보기

1. 왜 성경은 '바라(만들다)'라는 단어를 하나님께만 사용합니까?

2. 하나님의 창조를 통해 어떤 일이 일어났습니까?

3. 하나님께서 이름을 지어 주시는 행위가 의미하는 것은 무엇입니까?

4. 고대인들은 해와 달과 별, 큰 바다짐승을 어떻게 생각했습니까?

5. 현대인들이 해와 달과 별, 큰 바다짐승처럼 생각하는 것은 무엇입니까?

● 생각해 보기

1. 자신과 가족들의 변화를 위해 기도하고 있습니까?

2. 돈을 숭배하고 있진 않습니까?

3. 나의 삶을 영위할 수 있는 근본 원인(동력)은 무엇입니까?

02 천지와 만물이 다 이루어지니라
창 2:1-25

왜 쉬셨을까?

창세기 1장은 세상의 첫 6일 동안에 일어난 사건을 다루고 있습니다. 하나님은 첫 6일 동안 만물을 창조하셨습니다. 하나님께서 창조하신 것에는 고대인들이 신으로 여기던 것들이 포함되어 있었습니다. 하늘, 해와 달과 별, 그리고 큰 바다짐승입니다. 따라서 창세기 1장의 핵심은, 참된 신은 여호와 하나님 한 분밖에 없다는 것입니다. 그리고 창세기 1장이 우리에게 주는 교훈은 그 무엇도 하나님처럼 생각해서는 안 된다는 것입니다. 예를 들어, 돈이 아무리 강력한 힘을 갖고 있더라도, 돈을 하나님처럼 여겨서는 안 된다는 것이 창세기 1장이 우리에게 가르쳐 주는 교훈입니다.

창세기 2장은 제7일에 일어난 사건을 다루고 있습니다. 하나님께서 제7일에 하신 일은 다음과 같습니다. "하나님이 그가 하시던 일을 일곱째 날에 마치시니 그가 하시던 모든 일을 그치고 일곱째 날에 안식하시니라"(창 2:2). 하나님은 제7일에 안식하셨습니다.

"안식"이라고 번역된 히브리어 '샤바트'는 '쉬다'또는 '중단하다'라는 뜻입니다.

사람은 힘들고 피곤해서 쉽니다. 그런데 하나님은 왜 쉬셨을까요? 하나님도 피곤하셨을까요? 아니요. 다 이루셨기 때문에 쉬셨습니다. "천지와 만물이 다 이루어지니라"(1절). 하나님은 창조하신 것을 다 이루시고서, 축하하고 기념하기 위해서 쉬셨습니다. 따라서 안식일은 기념일이기도 합니다. 하나님께서 세상을 창조하시고 세상의 주인 되신 것을 기념하는 날입니다. 그래서 안식일은 하나님을 기념하는 날로 보내야 합니다.

사람들은 결혼기념일을 깜빡하지 않으려고 노력합니다. 그날을 그냥 넘어갔다가는 큰일(?)이 일어나기 때문입니다. 안식일도 마찬가지입니다. 안식일에 하나님을 기념하지 않고 그냥 넘어갔다가는 큰일이 납니다.

> 그러나 만일 너희가 나를 순종하지 아니하고 안식일을 거룩되게 아니하여 안식일에 짐을 지고 예루살렘 문으로 들어오면 내가 성문에 불을 놓아 예루살렘 궁전을 삼키게 하리니 그 불이 꺼지지 아니하리라 하셨다 할지니라 하시니라 _렘 17:27

그렇다면 안식일에는, 즉 주일에는 무엇을 기념해야 할까요? 크게 두 가지를 기념해야 합니다. 첫째, 하나님의 창조를 기념해야 합니다.

이는 엿새 동안에 나 여호와가 하늘과 땅과 바다와 그 가운데 모든 것을 만들고 일곱째 날에 쉬었음이라 그러므로 나 여호와가 안식일을 복되게 하여 그날을 거룩하게 하였느니라 _출 20:11

하나님은 창조 때문에 안식일을 복되고 거룩하게 했으니, 그날을 기념하라고 하셨습니다. 따라서 안식일은 '창조기념일'입니다.
둘째, 하나님의 구원을 기념해야 합니다.

너는 기억하라 네가 애굽 땅에서 종이 되었더니 네 하나님 여호와가 강한 손과 편 팔로 거기서 너를 인도하여 내었나니 그러므로 네 하나님 여호와가 네게 명령하여 안식일을 지키라 하느니라 _신 5:15

하나님은 너희를 구원했으니, 안식일을 기억하고 기념하라고 하셨습니다. 따라서 안식일은 '구원기념일'이기도 합니다.
그러므로 우리는 주일 하루를, 하나님의 창조를 기념하고 하나님의 구원을 기념하는 날로 지켜야 합니다. 하나님이 만물의 주인이심을 찬양하고, 하나님께서 우리를 구원하셨음을 감사하는 날로 지켜야 합니다. 월요일부터 토요일까지는 일, 운동, 오락과 같은 사적인 활동을 할 수 있지만, 주일만은 하나님의 창조와 구원을 기념하는 날로 보내야 합니다.
교회에서 예배드리고 돌아오는 정도로는 부족합니다. 주일 하루를 하나님의 창조와 구원을 기념하는 날로 보내야 합니다. 그래서 전통적으로 개혁 교회는 주일 저녁에 가정 예배를 드렸습니다.

주일 하루를 온전히 주일답게 보내기 위해서 낮에는 교회당에서 공예배를 드렸고, 저녁에는 가정에서 가정 예배를 드렸습니다.

주일을 온전히 지키기 위해서는 부모의 역할이 중요합니다. 그래서 성경은 주일과 관련하여 부모의 역할을 강조합니다.

> 일곱째 날은 네 하나님 여호와의 안식일인즉 너나 네 아들이나 네 딸이나 네 남종이나 네 여종이나 네 가축이나 네 문안에 머무는 객이라도 아무 일도 하지 말라
> _출 20:10

이처럼 성경은 자녀의 주일 성수를 지도할 책임이 부모에게 있다고 말합니다. 그런데 안타깝게도, 자녀에게 주일 성수를 가르쳐야 할 사명을 망각한 부모들이 많습니다. 2024년, 한 단체에서 기독교 부모들을 대상으로 설문 조사를 했습니다. 부모들에게 물었던 질문은 "자녀의 신앙을 위해 노력하고 있는가?"였습니다. 결과는 다음과 같았습니다. 매우 노력한다고 답한 부모가 14%, 어느 정도 노력한다고 답한 부모가 46%, 별로 노력하지 않는다고 답한 부모가 37%, 전혀 노력하지 못한다고 답한 부모가 4%였습니다.[1]

종합하면, 절반 정도의 부모들이 자녀의 신앙을 위해서 노력하지 않고 있음을 알 수 있습니다. 이것은 부모의 책임을 완전히 망각하고 있는 것입니다. 성경은 부모의 역할에 대해 다음과 같이 말합니다.

---

[1] 목회데이터연구소, "개신교인의 가족 신앙에 대한 조사", Numbers, no. 231(2024): 6.

아비들아 너희 자녀를 노엽게 하지 말고 오직 주의 교훈과 훈계로 양육하라
_엡 6:4

자기 집을 잘 다스려 자녀들로 모든 공손함으로 복종하게 하는 자라야 할지며
_딤전 3:4

성경은 자녀 신앙 교육의 책임을 일차적으로 부모에게 두고 있습니다. 그러므로 부모들은 자녀의 신앙을 위해 노력해야 합니다.

사람을 창조하신 특별한 이유

다음으로 사람의 창조에 관하여 살펴보겠습니다. 하나님은 사람을 창조하신 후, 그를 에덴동산에 두셨습니다. "여호와 하나님이 동방의 에덴에 동산을 창설하시고 그 지으신 사람을 거기 두시니라"(창 2:8). 하나님은 사람을 황량한 사막에 두지 않으셨습니다. 사람이 살기에 최적의 조건을 구비하시고, 거기에 사람을 두셨습니다. 이것은 사람이 하나님의 창조에 있어서 가장 특별한 존재임을 보여 줍니다.

사람이 특별한 이유는 또 있습니다. "여호와 하나님이 땅의 흙으로 사람을 지으시고 생기를 그 코에 불어넣으시니 사람이 생령이 되니라"(7절). 하나님은 흙으로 사람을 지으신 후에 생기를 불어넣어 주셨습니다. 생기는 생명의 호흡이라는 뜻입니다. 하지만 단순히 생명만을 뜻하지는 않습니다. 짐승들도 생명이 있기 때문입

니다. 이 단어는 성경에서 사람에게만 사용되었습니다. 따라서 "생기"는 사람을 사람 되게 하는 것, 사람을 짐승과 구별되게 하는 것, 즉 '하나님의 형상'을 의미합니다.

정리하면, 사람이 특별한 존재인 이유는 다음과 같습니다. 우선, 사람이 살아가는 데 꼭 필요한 것들을 하나님께서 모두 준비해 주셨기 때문입니다. 그리고 하나님께서 사람을 하나님의 형상으로 만드셨기 때문입니다. 하지만 이 두 가지가 사람을 특별한 존재로 만드는 것은 아닙니다. 사람을 진정 특별한 존재로 만드는 것은 따로 있습니다.

사람을 특별한 존재로 만드는 것, 첫째는 '소명'입니다. 소명이란, 부르셨다는 것을 뜻합니다. 특별한 일을 맡기시기 위해 부르신 것이죠. 하나님께서 아담에게 주신 소명은 다음과 같습니다. "여호와 하나님이 그 사람을 이끌어 에덴동산에 두어 그것을 경작하며 지키게 하시고"(15절). 하나님은 아담에게 에덴동산을 경작하며 지키는 소명을 주셨습니다. 이처럼 사람은 소명을 받은 존재로 창조되었습니다.

이 소명은 신자와 불신자를 구분하는 기준이 됩니다. 예를 들어 보겠습니다. 불신자와 신자가 똑같이 직장생활을 합니다. 하지만 두 사람이 하는 일은 같지 않습니다. 불신자는 그저 돈을 벌기 위해 일하지만, 신자는 소명을 가지고 일하기 때문입니다. 신자는 하나님께서 나에게 이 일을 맡기셨고, 하나님께서 나를 이 직장으로 보내셨다는 소명을 가지고 일하기 때문입니다.

불신자와 신자가 똑같이 자녀를 양육합니다. 하지만 두 사람이 하는 일은 같지 않습니다. 불신자는 자녀의 성공을 위해 양육하지만, 신자는 소명을 가지고 양육하기 때문입니다. 신자는 하나님이 나에게 자녀를 맡기셨고, 나는 하나님의 뜻대로 자녀를 양육해야 한다는 소명을 가지고 양육하기 때문입니다. 이처럼 신자와 불신자를 구분하는 기준은 소명입니다. 신자는 하나님이 우리에게 소명을 주셨다는 믿음, 하나님이 우리를 지금 이 자리로 부르셨다는 소명을 가지고 살아갑니다.

사람을 특별한 존재로 만드는 것, 둘째는 '순종'입니다. 하나님은 아담이 마음대로 살게 하지 않으셨습니다. 하나님은 아담에게 선악과를 먹지 말라고 명령하셨습니다. "선악을 알게 하는 나무의 열매는 먹지 말라 네가 먹는 날에는 반드시 죽으리라"(17절). 하나님은 사람에게 순종의 규칙을 정해 주셨습니다. 이 규칙을 따르는 사람이 신자이고, 따르지 않는 사람이 불신자입니다. 순종은 불신자와 신자를 구분하는 기준입니다. 따라서 자기를 신자라고 칭하면서 하나님의 뜻을 생각하지 않는 사람은 사실상 불신자와 다를 바가 없습니다. 우리가 참된 신자가 되는 것은 하나님의 말씀에 순종하기 위해 욕망을 억제할 때입니다. 그때 우리는 참된 신자가 됩니다.

이처럼 우리는 소명과 순종을 행해야 합니다. 소명과 순종을 행하는 데 도움을 주는 존재가 있습니다. 바로 배우자입니다. "사람이 혼자 사는 것이 좋지 아니하니 내가 그를 위하여 돕는 배필을 지으리라"(18절). 하나님은 소명과 순종을 말씀하신 다음에 결혼에 관하여 말씀하셨습니다. 하나님이 결혼 제도를 만드신 가장 큰 이유가 바로 소명과 순종입니다. 하나님께서 우리에게 배우자를 주신 근본적인 이유는 함께 힘을 모아 소명과 순종을 행하라는 것입니다. 그래서 남편의 가장 중요한 역할은 아내가 하나님의 뜻대로 살도록 돕는 것이며, 아내의 가장 중요한 역할 역시 남편이 하나님의 뜻대로 살도록 돕는 것입니다.

창세기 2장의 교훈

따라서 하나님께서 창세기 2장을 통해 우리에게 교훈하시는 바는 다음과 같습니다.

첫째, 주일은 하나님께서 제정하신 기념일입니다. 국가마다 기념일이 있고, 사람마다 기념일이 있습니다. 신자에게 가장 중요한 기념일은 '주일'입니다. 주일은 하나님께서 제정하신 기념일이기 때문입니다. 주일을 잘 지키기 위해서는 두 가지를 행해야 합니다. 하나님의 창조를 찬양하는 것과 하나님의 구원을 감사하는 것입니다. 이 두 가지가 집약된 것이 주일 예배입니다. 다른 날에는 노동, 운동, 오락과 같은 사적인 활동을 할 수 있습니다. 하지만 주일 하루만은 교회와 가정에서 하나님을 예배하기 위해 힘써야 합니다. 주일 하루만은 우리의 시간과 물질을 하나님께 드리기 위해, 하나님을 영화롭게 하기 위해 힘써야 합니다.

둘째, 주일을 잘 지킬 책임은 일차적으로 부모에게 있습니다. 하나님은 부모에게 주일 성수의 책임을 맡기셨습니다. 부모의 역할은 단순히 돈을 벌고 생계를 유지하는 것이 아닙니다. 자녀들의 신앙을 위해 노력하는 것이 하나님께서 부모에게 맡기신 역할입니다.

셋째, 우리는 소명을 행하는 사람이 되어야 합니다. 하나님은 아담을 에덴동산으로 부르셨습니다. 에덴동산을 지키고 경작하는 것이 하나님께서 아담에게 주신 소명이었습니다. 아담은 하나님께서 주신 소명을 성실히 행하며 살아야 했습니다. 우리도 마찬가지입니다. 우리도 소명을 생각하고 살아야 합니다. 우리는 하나님께서 우리를 지금의 자리로 부르셨다는 믿음을 가지고서 살아야 합니다. 세상 사람들은 돈과 명예와 권력을 추구하며 살아갑니다. 하지만 우리는 소명을 행하며 살아가야 합니다. 하나님께서 부르신 자리에서, 하나님의 뜻을 이룬다는 마음가짐으로 살아야 합니다.

결론

하나님은 "사람이 혼자 사는 것이 좋지" 않다고 하셨습니다. 이 말은 혼자서는 소명과 순종을 행하기가 어렵다는 뜻입니다. 그 이유 가운데 하나는, 그만큼 우리가 유혹과 시험에 노출되어 있기 때문입니다. 성경은 다음과 같이 말합니다.

> 두 사람이 한 사람보다 나음은 그들이 수고함으로 좋은 상을 얻을 것임이라 혹시 그들이 넘어지면 하나가 그 동무를 붙들어 일으키려니와 홀로 있어 넘어지고 붙들어 일으킬 자가 없는 자에게는 화가 있으리라 _전 4:9-10

이 말씀처럼, 혼자서는 사탄의 유혹과 시험을 이겨 내기가 쉽지 않습니다. 사탄의 유혹과 시험을 이겨 내기 위해서는 누군가의 도움이 필요합니다. 바로 이것이 하나님께서 우리를 교회로 모이게 하신 이유입니다. 따라서 우리는 서로에게 관심을 가져야 합니다. 나의 어려움과 고통만 생각할 것이 아니라, 다른 성도의 어려움과 고통을 생각해야 합니다. 우리가 서로에게 관심을 가질 때, 비로소 우리는 하나님께서 우리를 지으신 목적대로 소명과 순종을 행하며 살 수 있습니다. 우리가 서로의 신앙 성장을 위해 함께 노력할 때, 비로소 우리는 참된 신자로 살 수 있습니다. 이것이 우리에게 안식일, 곧 주일이 필요한 이유이기도 합니다.

● 되새겨 보기

1. 창세기 1장의 핵심은 무엇입니까?

2. 하나님은 왜 제7일에 쉬셨습니까?

3. 주일에는 무엇과 무엇을 기념해야 합니까?

4. 주일을 온전히 지키기 위해서는 누구의 역할이 중요합니까?

5. 사람을 특별한 존재로 만드는 것은 무엇입니까?

● 생각해 보기

1. 여러분은 주일을 온전하게 지키고 있습니까?

2. 자녀가 주일을 잘 지키도록 지도하고 있습니까?

03 뱀은 하나님이 지으신 들짐승 중에 가장 간교하니라

창 3:1-24

사탄의 간교한 유혹

사람은 배우지 않았어도 악한 일을 합니다. 거짓말이 대표적인 예입니다. 부모는 아이에게 거짓말을 가르치지 않습니다. 그런데도 아이들은 거짓말을 합니다. 왜 아이들은 배우지 않아도 악한 일을 하는 걸까요? 모든 사람은 죄인의 본성을 가지고 태어나기 때문입니다. 그렇다면 죄인의 본성은 어디서 왔을까요? 우리는 이번 본문에서 그 답을 찾을 수 있습니다. "뱀은 여호와 하나님이 지으신 들짐승 중에 가장 간교하니라 뱀이 여자에게 물어 이르되 하나님이 참으로 너희에게 동산 모든 나무의 열매를 먹지 말라 하시더냐"(창 3:1). 뱀이 하와를 유혹했습니다. 뱀의 정체는 사탄입니다.

> 큰 용이 내쫓기니 옛 뱀 곧 마귀라고도 하고 사탄이라고도 하며 온 천하를 꾀는 자라 그가 땅으로 내쫓기니 그의 사자들도 그와 함께 내쫓기니라 _계 12:9

왜 사탄은 뱀의 모습으로 하와를 유혹했을까요? 당시에는 사람과 가장 가까운 동물이 뱀이었기 때문입니다. 1절에서 '간교하다'라고 번역된 히브리어 '아룸'은 슬기롭고 영리하다는 뜻입니다. 뱀이 가장 슬기롭고 영리했기 때문에, 하와는 뱀을 가장 가까이했을 것이 분명합니다. 그런데 왜 지금은 사람들이 뱀을 가까이하지 않을까요? 뱀이 저주를 받고 변했기 때문입니다. "여호와 하나님이 뱀에게 이르시되 네가 이렇게 하였으니 네가 모든 가축과 들의 모든 짐승보다 더욱 저주를 받아 배로 다니고 살아 있는 동안 흙을 먹을지니라"(14절). 뱀이 저주를 받기 전에는 지금과 같은 모습이 아니었습니다. 뱀은 가장 지혜로운 동물이었고, 외모도 지금보다 훨씬 아름다웠습니다. 따라서 사탄이 뱀의 모습으로 하와를 유혹한 이유는, 뱀이 하와와 가장 가깝고 친근한 동물이었기 때문입니다. 이처럼 사탄은 무섭거나 혐오스러운 모습이 아니라 가장 친근한 모습으로, 아주 매력적인 모습으로 우리를 찾아옵니다.

뱀의 모습으로 하와를 찾아온 사탄은 다음과 같이 질문했습니다. "뱀이 여자에게 물어 이르되 하나님이 참으로 너희에게 동산 모든 나무의 열매를 먹지 말라 하시더냐"(1절). 이것은 고도로 계산된 질문입니다. 사탄은 하나님께서 선악을 알게 하는 나무의 열매만 먹지 말라고 하신 것을 알고 있었습니다.

한때 바둑 세계 랭킹 1위였던 이창호 기사는 게임의 50~60수 앞을 본다고 합니다. 사탄도 마찬가지입니다. 사탄은 하와가 어떻게 반응할지 훤하게 알고 있었습니다. 몇십 수 앞을 내다보고 1절과 같이 질문한 것입니다.

사탄의 계산된 질문에 하와는 다음과 같이 대답했습니다. "여자가 뱀에게 말하되 동산 나무의 열매를 우리가 먹을 수 있으나"(2절). 이것은 대단히 잘못된 대답입니다. 예를 들어 누군가가 아이에게 "엄마가 밥을 해 주니?"라고 물었는데, 그 아이가 "엄마가 밥을 해 주기는 해요"라고 대답한다면, 엄마를 아주 이상한 사람으로 만드는 것과 같은 이치입니다. 하와의 대답은 하나님을 아주 이상한 분으로 만들고 있는 것입니다. 사실 하와는 하나님께서 좋은 것을 충분하게 주셨다고 대답해야 했습니다.

하와가 하나님에 대해 부정적으로 대답한 이유는 무엇일까요? 본문 3절에서 그 이유를 발견할 수 있습니다. "동산 중앙에 있는 나무의 열매는 하나님의 말씀에 너희는 먹지도 말고 만지지도 말라 너희가 죽을까 하노라 하셨느니라"(3절). 뱀은 하와에게 하나님께서 금하신 것이 무엇인지 묻지 않았습니다. 그런데도 하와는 하나님께서 선악을 알게 하는 나무의 열매를 금하셨다고 말했습니다. 하와는 하나님께서 선악을 알게 하는 나무를 금하신 것에 대해서 상당한 불만을 가지고 있었던 것입니다.

뿐만 아니라 하와는 하나님에 대해 잘못된 이해(지식)를 가지고 있었습니다. 하와는 하나님께서 선악을 알게 하는 나무의 열매를 "만지지도 말라"라고 하셨다고 했습니다(3절). 하지만 하나님은 그런 말씀을 하신 적이 없습니다. 하나님은 먹지 말라고 하셨습니다. 그리고 하와는 선악을 알게 하는 나무의 열매를 먹으면 **'죽을 수도 있다'**고 말했습니다(3절). 하지만 하나님은 그렇게 말씀하지 않으셨습니다. 하나님은 선악을 알게 하는 나무의 열매를 먹으면 '반드시 죽는다'고 하셨습니다.

이제 사탄은 하와에 대해 알게 되었습니다. 하와가 하나님께 불만을 가지고 있다는 것과 하와는 하나님에 대한 지식이 부족하다는 것을 알게 되었습니다. 그러자 사탄은 본격적으로 하와를 유혹했습니다. "뱀이 여자에게 이르되 너희가 결코 죽지 아니하리라"(4절). 하나님은 죄를 지으면 반드시 죽는다고 하셨습니다. 하지만 사탄은 죄를 지어도 아무 일이 없을 거라고 했습니다.

이어서 사탄은 더 노골적으로 유혹했습니다. "너희가 그것을 먹는 날에는 너희 눈이 밝아져 하나님과 같이 되어 선악을 알 줄 하나님이 아심이니라"(5절). 4절에서 죄를 지어도 아무 일이 없을 거라고 했는데, 5절에서는 죄를 지으면 하나님처럼 될 거라고 유혹했습니다. 죄를 지어도 아무 일이 없을 뿐만 아니라, 오히려 더 행복하게 된다고 유혹한 것입니다. 그 결과는 다음과 같았습니다. "여자가 그 열매를 따 먹고"(6절). 결국 하와는 선악을 알게 하는 나무의 열매를 따 먹었습니다.

여기서 중요한 질문을 하지 않을 수 없습니다. 사탄이 하와를 유혹하는 동안 아담은 어디서 무엇을 하고 있었을까요? 잠시 볼일을 보고 있었을까요? 잠시 하나님께서 맡기신 일을 하고 있었을까요? 아니요. 아담은 하와 곁에 있었습니다. "자기와 함께 있는 남편에게도 주매 그도 먹은지라"(6절).

사탄의 궁극적 목표는 누구였을까요? 사탄의 궁극적 목표는 하와가 아니라 아담이었습니다. 아담이 인류의 대표자였기 때문입니다. 하와의 불순종은 단순한 범죄에 불과하지만, 아담의 불순종은 모든 인류에게 원죄를 가져오는 심각한 문제였기 때문입니다(롬 5:19 참고). 그런데 왜 사탄은 아담이 아니라 하와를 유혹했을까요? 사탄이 하와에게 먼저 접근한 것은, 아담을 유혹하기 위한 전략이었습니다.

사탄의 유혹은 허술하지 않습니다. 사탄의 유혹은 치밀하고 전략적입니다. 사탄은 아담과 하와를 정확하게 파악하고서 전략적으로 유혹했습니다. 사탄은 하와가 뱀에게 약한 것을 알고서 뱀의 모습으로 접근했고, 아담이 하와에게 약한 것을 알고서 하와를 통해 접근했습니다. 결과적으로 아담은 사탄의 유혹에 넘어갔습니다. 죄를 짓고 타락했습니다. 그 결과는 다음과 같습니다. "이르되 내가 동산에서 하나님의 소리를 듣고 내가 벗었으므로 두려워하여 숨었나이다"(10절).

범죄, 그 이후

범죄한 이후, 아담에게는 이전에 없었던 감정이 생겼습니다. '두려움'이라는 감정입니다. 우리는 여기서 두려움의 감정이 왜 발생하는지 알 수 있습니다. 두려움의 근원은 죄에 있습니다. 두려움은 마음에 죄가 있을 때 발생합니다. 더 정확하게는, 죄로 인해 하나님과의 관계가 멀어질 때 두려움이 생깁니다.

우리는 일반적으로 언제 두려워합니까? 무언가가 부족할 때입니다. 돈이 부족할 때, 도움의 손길이 부족할 때, 건강이 부족할 때 두려움을 느낍니다. 하지만 그것은 표면적인 이유입니다. 두려움을 느끼는 근본적 원인은 하나님과의 관계에 있습니다.

모든 것이 넉넉해도 하나님과 멀어진 사람은 두려움을 느낍니다. 반대로 모든 것이 부족해도 하나님과 가까운 사람은 두려움을 느끼지 않습니다. 다윗의 고백은 이 사실을 잘 보여 줍니다.

> 천만인이 나를 에워싸 진 친다 하여도 나는 두려워하지 아니하리이다 _시 3:6

다윗은 당시 적들에게 둘러싸여 있었습니다. 위기의 상황이죠. 그런데도 다윗은 두려워하지 않았습니다. 그 이유는 무엇일까요?

> 내가 누워 자고 깨었으니 여호와께서 나를 붙드심이로다 _시 3:5

위기의 상황, 최악의 상황에서도 다윗이 두려워하지 않았던 것은 다윗이 하나님을 신뢰했기 때문입니다. 다윗과 하나님의 관계가 매우 친밀했기 때문입니다. 두려움은 무언가가 부족해서 발생하는 것이 아닙니다. 하나님을 신뢰하지 않아서 발생하는 것입니다.

하나님은 죄를 지은 두 사람에게 무엇을 하셨을까요? "여호와 하나님이 아담을 부르시며 그에게 이르시되 네가 어디 있느냐"(9절). 하나님은 아담에게 질문을 하셨습니다. 그런데 이상합니다. 모든 것을 아시는 하나님께서 왜 질문을 하셨을까요? 그 이유는 아담이 자기 입으로, 자기 죄를 자백하길 원하셨기 때문입니다. 아담이 회개하기를 원하셔서, 질책보다 질문을 먼저 하셨던 것입니다.

하지만 아담은 하나님께서 원하시는 반응을 보이지 않았습니다. 아담은 다음과 같이 반응했습니다. "하나님이 주셔서 나와 함께 있게 하신 여자 그가 그 나무 열매를 내게 주므로 내가 먹었나이다"(12절). 아담은 자신의 죄를 자백하지 않았습니다. 대신 자기 입장을 변명했습니다. 아담은 하나님께서 나에게 하와를 주셨기 때문에 죄를 지었다고 변명했습니다.

하나님은 하와에게도 질문하셨습니다. 역시 하와가 회개하기를 원하시는 마음 때문이었습니다. 그런데 하와 역시 하나님께서 원하시는 반응을 보이지 않았습니다. "여자가 이르되 뱀이 나를 꾀므로 내가 먹었나이다"(13절). 하와 역시 자기 죄를 자백하지 않았습니다. 하와도 아담처럼 자기 입장을 변명할 뿐이었습니다.

바로 이것이 이 세상에 죄가 들어온 과정입니다. 바로 이것이 모든 사람이 타락한 본성을 가지고 태어나는 이유입니다. 바로 이것이 모든 사람이 배우지 않았어도 죄를 짓는 이유입니다. 바로 이것이 이 세상에 죽음이 들어온 이유입니다.

아담과 하와가 범죄한 이후, 이 세상에는 죄와 함께 죽음이 들어왔습니다(창 2:17 참고). 아담과 하와가 범죄한 이후로, 이 세상은 죽음에 관한 소식으로 가득합니다. 우리는 항상 죽음을 목도합니다. 뉴스와 언론은 하루도 빠짐없이 누군가의 죽음을 전합니다. 어디에나 죄가 있는 것처럼, 어디에나 죽음이 있습니다. 그리고 죽음이 있는 곳에는 눈물과 슬픔이 가득합니다. 모든 사람은 죽음의 저주 아래 있고, 죽음의 저주 아래에서 고통받습니다. 그래서 모든 사람은 죽음을 두려워합니다.

하지만 성도 된 우리는 다릅니다. 우리는 죽음의 저주 아래 있지 않습니다. 우리는 영원한 죽음이 아니라, 영원한 생명을 얻었습니다. 예수님 때문입니다. 예수님과 상관없는 사람들은 죽음의 저주 아래에서 살아가지만, 예수 안에 있는 우리는 영생을 누리며 살아갑니다.

> 죄의 삯은 사망이요 하나님의 은사는 그리스도 예수 우리 주 안에 있는 영생이니라
> _롬 6:23

하나님은 언제 예수님을 약속하셨을까요? 아담이 죄를 범한 직후입니다. 하나님은 아담이 범죄한 바로 그때, 예수님을 약속하셨습니다. "내가 너로 여자와 원수가 되게 하고 네 후손도 여자의 후손과 원수가 되게 하리니 여자의 후손은 네 머리를 상하게 할 것이요 너는 그의 발꿈치를 상하게 할 것이니라"(15절).

이 창세기 3장 15절은 성경 전체에서 가장 중요한 구절이라고 해도 과언이 아닙니다. 이 구절을 통해 다음의 세 가지 사실을 알 수 있기 때문입니다. 첫째, 죄로 인해 세상이 나누어졌다는 것입니다. 하나님은 "네 후손도 여자의 후손과 원수가 되게 하리니"라고 말씀하셨습니다. 이처럼 세상은 여자의 후손과 뱀의 후손으로 나누어졌습니다. 하나님 나라와 세상 나라로 나누어졌습니다. 둘째, 하나님께서 자기 백성을 지키신다는 것입니다. 하나님은 "내가 너로 여자와 원수가 되게 하고"라고 말씀하셨습니다. 하나님의 백성들이 사탄을 원수로 여기게 하신다는 뜻입니다. 하나님의 백성들이 사탄에게 적개심을 가지고 있고, 또 사탄의 유혹에 저항할 수

있는 것이 바로 이것 때문입니다. 셋째, 언젠가 구원자가 오신다는 것입니다. 하나님은 "여자의 후손은 네 머리를 상하게 할 것이요"라고 말씀하셨습니다. 언젠가 예수님께서 오셔서 사탄의 계략을 무너뜨리실 것이라는 뜻입니다.

창세기 3장의 교훈

따라서 하나님께서 창세기 3장을 통해 우리에게 교훈하시는 바는 다음과 같습니다.

첫째, 사탄은 우리의 약점을 잘 알고 있습니다. 하와의 약점은 뱀이었습니다. 당시에는 뱀이 가장 슬기롭고 영리한 동물이었기에, 하와는 뱀을 매우 친근한 동물로 여겼습니다. 사탄은 뱀의 모습으로 하와에게 접근했습니다. 하와는 평소에 가깝고 친근하게 지냈던 뱀의 말에 귀를 기울였습니다. 아담의 약점은 하와였습니다. 사탄은 하와를 통해 아담을 유혹했습니다. 하와가 뱀의 말에 귀를 기울였던 것처럼, 아담은 하와의 말에 귀를 기울였습니다. 사탄이 아담과 하와의 약점을 잘 알고 있었듯이, 사탄은 우리의 약점도 잘 알고 있습니다. 사탄은 어떤 식으로 우리를 유혹하면 우리가 유혹에 넘어올지 잘 알고 있습니다. 그래서 우리는 자신이 어떤 부분에 약한지를 알아야 합니다. 우리가 어떤 경우에 쉽게 죄를 짓는지를 파악해야 합니다. 그 부분을 특히 조심해야 합니다.

둘째, 사탄의 유혹은 매력적입니다. 사탄은 죄를 지으면 망한다고 하지 않았습니다. 사탄은 죄를 지어도 죽지 않을뿐더러, 심지어 죄를 지으면 하나님처럼 된다고 말했습니다. 사탄은 우리도 같은 방식으로 유혹합니다. 사탄은 우리에게 죄를 지어도 큰 문제가 생기지 않는다고 말합니다. 오히려 죄를 지으면 더 행복해진다고 말합니다. 바로 이것이 우리가 죄를 자주 짓는 이유입니다. 우리가 죄를 자주 짓는 것은 사탄의 유혹이 아주 매력적이기 때문입니다.

셋째, 사탄의 말은 거짓말입니다. 사탄은 죄를 지어도 죽지 않는다고 했습니다. 하지만 사실은 달랐습니다. 죄는 이 세상에 죽음을 가져왔습니다. 사탄은 죄를 지으면 더 행복하게 된다고 했습니다. 하지만 사실은 달랐습니다. 아담과 하와는 에덴동산에서 추방 당했습니다. 사탄은 지금도 우리에게 말합니다. "죄를 지어도 큰 문제가 생기지 않는다", "죄를 지으면 더 행복해진다." 새빨간 거짓말입니다. 죄는 반드시 문제를 일으킵니다. 죄는 반드시 하나님의 심판을 가져옵니다. 죄를 지으면 결코 더 행복해지지 않습니다.

넷째, 두려움은 부족함 때문에 생기는 것이 아니라, 하나님과 멀어져서 생기는 것입니다. 사람들은 생각합니다. "내가 두려움을 느끼는 것은 무언가가 부족하기 때문이다." 이것은 사실이 아닙니다. 부족함은 두려움의 근본적인 이유가 아닙니다. 다윗의 고백이 그 증거입니다. 다윗은 원수들의 공격을 받고 있으면서 모든 것이 부족했습니다. 하지만 두려워하지 않았습니다. 하나님을 신뢰했기 때문입니다. 우리는 부족해서 두려움을 느낀다고 생각하지 말아야 합니다. 우리가 두려움을 느끼는 것은 하나님을 신뢰하지 않기 때문입니다.

다섯째, 하나님은 우리가 죄를 자백하길 원하십니다. 하나님은 아담과 하와가 죄를 자백하길 원하셨습니다. 그래서 질책보다 질문을 먼저 하셨습니다. 아담과 하와가 죄를 자백할 기회를 주신 것입니다. 하지만 아담과 하와는 변명만 늘어놓았습니다. 우리는 어떤 사람입니까? 정직하게 죄를 자백하는 사람입니까? 아니면 변명하고, 다른 사람에게 책임을 전가하는 사람입니까?

여섯째, 우리는 여자의 후손으로 부름받았습니다. 하나님께서 사탄에게 말씀하셨습니다. "네 후손도 여자의 후손과 원수가 되게 하리니"(15절). 여기서 "네 후손"은 세상 사람들을, "여자의 후손"은 하나님의 백성을 말합니다. 우리는 영광스러운 하나님의 백성으로 부름받았습니다. 따라서 우리는 세상 사람들의 삶을 동경하지 말아야 합니다. 그들의 삶을 부러워하거나 흉내 내지 말아야 합니다. 오히려 세상 사람들과 구별되어야 합니다.

결론

우리는 하루 동안 많은 일을 합니다. 하루에도 수십, 수백 가지의 일을 합니다. 하지만 사탄이 하는 일은 단 한 가지입니다. 우리를 유혹하는 일, 우리가 죄를 짓도록 하는 일입니다. 사탄은 이 일을 대충하지 않습니다. 사탄은 이 일을 하되, 최선을 다해서 합니다. 우리를 유혹하기 위해 치밀한 전략을 세우고, 성실하게 전략을 실행합니다. 그래서 이 유혹, 이 죄와 싸우는 일은 쉬운 일이 아닙니다. 그렇기에 우리 역시 최선을 다해서 사탄과 싸워야 합니다. 사탄의 유혹을 이기기 위해 최선을 다해야 합니다. 하나님은 죄와 싸우는 자들에게 복을 약속하셨습니다.

> 안식일을 지켜 더럽히지 아니하며 그의 손을 금하여 모든 악을 행하지 아니하여야 하나니 이와 같이 하는 사람, 이와 같이 굳게 잡는 사람은 복이 있느니라
> _사 56:2

죄와 싸우는 사람, 사탄의 유혹에 저항하는 사람에게는 하나님의 복이 약속되어 있습니다. 세상 사람들은 모두 행복하기를 원합니다. 그런데 자기 행복을 위해 죄를 허용하거나 합리화하곤 합니다. 하지만 그것은 행복에 이르는 길이 아닙니다. 자기 행복을 위해 죄를 짓고, 자기 행복을 위해 지은 죄를 합리화하는 사람은 결코 행복할 수 없습니다. 하나님께서 그들을 심판하실 것이기 때문입니다.

행복에 이르는 참된 길은 무엇입니까? 이사야 선지자의 말처럼, "손을 금하여 모든 악을 행하지 아니"하는 것입니다. 사탄의 유혹에 맞서 싸우는 것입니다. 하나님 말씀에 순종하는 것입니다. 그런 사람에게 하나님의 복이 임하고, 그런 사람이 참으로 행복한 삶을 살 수 있습니다.

● 되새겨 보기

1. 왜 사람은 배우지 않아도 악한 일을 합니까?

2. 왜 사탄은 뱀의 모습으로 하와를 유혹했습니까?

3. 하와는 무엇에 불만을 가지고 있었습니까?

4. 사탄은 죄를 지으면 어떻게 된다고 유혹했습니까?

5. 하와가 범죄할 때 아담은 어디에 있었습니까?

6. 두려움이 발생하는 근본 이유는 무엇입니까?

7. 범죄 후, 하나님은 아담과 하와에게 왜 질문하셨습니까?

8. 창세기 3장 15절 말씀을 통해 알 수 있는 것은 무엇입니까?

　　①

　　②

　　③

● 생각해 보기

1. 여러분은 습관적이고 반복적으로 짓는 죄가 있습니까?

2. 더 행복해지고 싶어서 죄를 지은 적이 있습니까?

3. 두려움 때문에 힘들어한 경험이 있습니까?

4. 하나님의 백성으로서 세상 사람들과 구별되기 위해 노력하고 있습니까?

04 아담이 그의 아내 하와와 동침하매
창 4:1-26

받으시는 예배, 받지 않으시는 예배

아담은 첫째 아들의 이름을 '가인'이라고 지었습니다. 가인은 히브리어 '카나'에서 왔습니다. '카나'는 '얻었다'라는 뜻입니다. 아담은 무엇을 얻었다고 생각했을까요? 아담은 "여자의 후손"을 얻었다고 생각했을 것입니다. 하나님께서 아담에게 구원자를 약속하셨죠? 하나님은 그 구원자가 여자에게서 출생한다고 약속하셨습니다. "여자의 후손은 네 머리를 상하게 할 것이요"(창 3:15). 우리는 이 구원자가 예수님이라는 사실을 알고 있습니다. 하지만 아담은 하나님의 구원 계획을 알지 못했습니다. 그래서 아담은 여자에게서 태어난 가인이 자신들의 구원자라고 생각했습니다. 아담은 구원자를 얻었다는 의미로, 첫째 아들의 이름을 가인이라고 지었던 것입니다.

아담은 둘째 아들의 이름을 '아벨'이라고 지었습니다. 아벨은 히브리어 '헤벨'에서 왔습니다. '헤벨'은 '허무하다'라는 뜻입니다. 왜 아담은 둘째 아들의 이름을 '허무'라고 지었을까요? 아담은 첫째 아들 가인을 구원자라고 생각했습니다. 하지만 가인을 지켜본 결과, 아담은 가인이 여자의 후손이 아니며, 구원자도 아니라는 사실을 알게 되었습니다. 그리고 모든 사람이 원죄를 가지고 태어난다는 사실을 알게 되었습니다. 사람은 죄인으로 태어나 평생 죄를 짓는 허무한 존재임을 알게 되었습니다. 그래서 아담은 둘째 아들의 이름을 '아벨'이라고 지었던 것입니다.

시간이 지나 가인과 아벨은 어엿한 성인이 되었습니다. 성경은 성인이 된 두 사람의 모습을 보여 줍니다. 우리가 주목해야 하는 것은, 하나님께서 두 사람을 평가하시는 기준이 무엇인가 하는 것입니다. 세상 사람들은 재산, 학력, 외모와 같은 것으로 사람을 평가하곤 합니다. 하지만 하나님의 평가 기준은 다음과 같았습니다. "세월이 지난 후에 가인은 땅의 소산으로 제물을 삼아 여호와께 드렸고 아벨은 자기도 양의 첫 새끼와 그 기름으로 드렸더니"(창 4:3-4). 하나님은 예배를 기준으로 두 사람을 평가하셨습니다.

가인은 어떤 예배를 하나님께 드렸습니까? "세월이 지난 후에 가인은 땅의 소산으로 제물을 삼아 여호와께 드렸고"(3절). 가인은 하나님께 땅의 소산을 드렸습니다. 중요한 것은 가인의 예물에는 아무런 수식어가 없다는 점입니다. 이것은 가인이 땅에서 난 아무 것이나 하나님께 드렸다는 뜻입니다.

아벨에 대한 묘사는 가인과 다릅니다. "아벨은 자기도 양의 첫 새끼와 그 기름으로 드렸더니"(4절). 아벨은 하나님께 "양의 첫 새끼와 그 기름"을 드렸습니다. "첫 새끼"는 가장 좋은 고기를 의미합니다. "그 기름"은 가장 맛있는 부위를 의미합니다. 따라서 본문의 강조점은 다음과 같습니다. '가인은 자신의 밭에서 눈에 보이는 아무것이나 뽑아서 하나님께 드렸다. 하지만 아벨은 가장 좋은 양을 골라서, 가장 좋은 고기를 하나님께 드렸다.'

가인이 드렸던 예배는 습관적인 예배라 할 수 있습니다. 예배할 때가 되었기 때문에 습관적으로 예배할 뿐, 아무런 목적이 없는 예배입니다. 아벨의 예배는 목적이 있는 예배입니다. 아벨은 예배를 통해 하나님을 영화롭게 하고자 했습니다. 그래서 하나님은 아벨의 제물은 받으셨지만, 가인의 제물은 받지 않으셨습니다. "여호와께서 아벨과 그의 제물은 받으셨으나 가인과 그의 제물은 받지 아니하신지라"(4-5절). 하나님의 관심은 제물에만 있지 않았습니다. 성경은 하나님께서 "아벨과 그의 제물"을 받으셨고, "가인과 그의 제물"은 받지 않으셨다고 말합니다. 성경은 제물보다 사람을 먼저 언급합니다. '어떤 제물인가'보다 '어떤 사람인가'가 더 중요하다는 뜻입니다.

아벨의 제물이 더 비싸고 더 좋은 것이기 때문에 하나님께서 받으신 것이 아닙니다. 가인의 제물이 더 저렴하고 더 좋지 않은 것이기 때문에 하나님께서 받지 않으신 것도 아닙니다. 아벨의 제물이기 때문에 받으셨고, 가인의 제물이기 때문에 받지 않으셨습니다. 하나님께 중요한 것은 제물 그 자체보다 사람의 됨됨이었습니다.

가인은 어떤 사람이었을까요? 가인은 선을 행하지 않고, 죄를 다스리지 않는 사람이었습니다. "네가 선을 행하면 어찌 낯을 들지 못하겠느냐 선을 행하지 아니하면 죄가 문에 엎드려 있느니라 죄가 너를 원하나 너는 죄를 다스릴지니라"(7절). 선을 행하지 않았다는 것은, 하나님께 영광을 돌리기 위한 어떤 일도 하지 않았다는 뜻입니다. 죄를 다스리지 않았다는 것은, 하나님의 뜻을 생각하지 않고 자기 본성과 욕망을 따라서 살았다는 뜻입니다. 바로 이것이 하나님께서 가인의 예배를 받지 않으신 이유입니다.

우리가 예배에 대해 오해하는 것이 있습니다. 예배는 주일 하루만 드린다고 생각하는 것입니다. 그렇지 않습니다. 하나님은 가인의 지나온 삶을 보시고서 가인의 예배를 받지 않으셨습니다. 우리는 주일 하루만 하나님께 드리는 것이 아닙니다. 지나온 삶 전부를, 특히 월요일부터 토요일까지의 삶도 하나님께 드리는 것입니다. 하나님께서 가인의 삶 전체를 통해 그의 예배를 평가하셨듯이, 하나님은 주일 하루만 가지고 우리를 평가하지 않으십니다. 하나님은 지난 6일을 통해서도 우리를 평가하십니다. 우리가 주일에 교회당에 나올 때, 우리는 지난 6일간의 삶을 가지고 하나님 앞에 서는 것입니다.

이처럼 하나님은 '예배'와 '삶'이라는 기준으로 가인을 평가하셨습니다. 그러자 가인은 어떻게 반응했을까요? "가인이 그의 아우 아벨을 쳐 죽이니라"(8절). 가인의 반응은 동생 아벨을 죽이는 것이었습니다. 책망은 하나님께 받았는데, 왜 동생을 죽였을까요? 하나님의 책망이 가인의 시기심을 자극했기 때문입니다. 동생이 자신보다 좋은 평가를 받자, 시기심에 눈이 멀어 동생을 죽인 것입니다. 따라서 가인은 아벨을 사랑의 대상이 아니라 경쟁의 대상으로 생각했음이 분명합니다. 만약 가인이 아벨을 사랑했다면, 가인은 하나님께 인정받은 아벨을 축하했을 것입니다. 하지만 가인은 아벨을 시기하여 아벨을 축하하지 않고 살해했습니다.

하나님을 외면한 자의 인생

하나님은 가인이 아벨을 죽인 직후에 다음과 같은 일을 하셨습니다. "여호와께서 가인에게 이르시되 네 아우 아벨이 어디 있느냐"(9절). 하나님은 가인에게 질문하셨습니다. 왜 하나님은 모든 것을 아시면서 질문하셨을까요? 가인이 자발적으로 자기 죄를 자백하길 원하셨기 때문입니다. 그러나 가인은 하나님의 뜻대로 반응하지 않았습니다. 가인은 아무것도 모른다고 대답했습니다. "내가 알지 못하나이다 내가 내 아우를 지키는 자니이까"(9절). 왜 가인은 아무것도 모른다고 대답했을까요? 자신의 죄를 숨길 수 있다고 생각했기 때문입니다.

하지만 하나님 앞에서 숨길 수 있는 죄는 없습니다. 결국 가인은 추방당하는 형벌을 받았습니다. 성경은 추방당한 가인의 행적을 다음과 같이 설명합니다. "가인이 성을 쌓고 그의 아들의 이름으로 성을 이름하여 에녹이라 하니라"(17절). 가인은 추방당한 이후에 많은 일을 했을 것입니다. 성경은 가인의 행적에 관하여 많은 말을 하지 않습니다. 대신 가인의 삶을 두 가지로 요약합니다. 성을 쌓았고, 성의 이름을 '에녹'이라 지었다는 것입니다. 성경이 가인의 행적을 두 가지로 요약하는 이유는 이 두 가지가 많은 의미를 내포하고 있기 때문입니다. 먼저 가인이 성을 쌓은 것에 대해 알아보겠습니다.

가인이 왜 성을 쌓았을까요? "성"이라고 번역된 히브리어는 '이르'입니다. 성벽으로 둘러싸인 마을을 일컫는 용어입니다. 일반적으로 평범한 도시는 '하체르', 성벽이 있는 도시는 '이르'라고 합니다. 가인은 평범한 도시에서 살지 않았습니다. 높은 성벽을 쌓고서 그 안에서 살았습니다. 왜 가인은 높은 성벽을 쌓고서 그 안에서 살았을까요? 두려웠기 때문입니다. 누군가가 아벨의 복수를 위해 자신을 죽일지도 모른다는 사실이 두려웠던 것입니다.

사실, 가인은 복수를 두려워할 필요가 없었습니다. 하나님께서 가인을 보호하신다고 약속하셨기 때문입니다. "가인에게 표를 주사 그를 만나는 모든 사람에게서 죽임을 면하게 하시니라"(15절). 따라서 가인이 성벽을 쌓고 그 안에서 살았던 근본적인 이유는 하나님의 약속을 믿지 않았기 때문입니다. 하나님께서 보호하신다는 사실을 믿지 않았기 때문입니다. 우리도 마찬가지입니다. 우리의 두려움도 하나님의 약속을 믿지 않은 데서 올 때가 많습니다. 하나님은 우리에게 다음과 같이 약속하셨습니다.

> 무엇을 먹을까 무엇을 마실까 무엇을 입을까 하지 말라 이는 다 이방인들이 구하는 것이라 너희 하늘 아버지께서 이 모든 것이 너희에게 있어야 할 줄을 아시느니라
> _마 6:31-32

하나님은 우리가 살아가는 데 꼭 필요한 것들을 공급해 주시겠다고 약속하셨습니다. 우리는 어떤 상황에서도 이 약속을 믿어야

합니다. 이 약속에서 힘을 얻어야 합니다. 세상 사람들은 자기 재산을 보면서 평안을 얻습니다. '나에게 돈이 이만큼 있구나' 하고 생각하면서 위로를 얻습니다. 반대로 재산이 적으면 두려워합니다. 그러나 우리는 달라야 합니다. 우리는 재산을 보면서 평안을 얻는 것이 아니라, 하나님의 약속을 생각하면서 평안을 얻어야 합니다. 먹을 것과 마실 것과 입을 것을 주신다고 하신 약속, 살아가는 데 필요한 것들을 공급해 주신다고 하신 약속을 생각하면서 평안을 누려야 합니다.

세상의 부모들은 자녀의 성적표를 보면서 평안을 얻습니다. 자녀의 성적이 좋으면, 자녀의 인생이 안정적일 거라고 생각합니다. 반대로 자녀의 성적이 나쁘면, 자녀의 인생이 불안할 거라고 생각합니다. 그러나 우리는 달라야 합니다. 우리는 자녀의 인생이 성적표에 달려 있다고 믿어서는 안 됩니다. 우리는 자녀들의 인생이 하나님의 은혜에 달려 있다고 믿어야 합니다.

다음으로 가인이 성의 이름을 지은 것에 대해 살펴봅시다. 가인은 성의 이름을 아들의 이름과 같이 '에녹'이라고 지었습니다. 따라서 가인이 성을 쌓은 또 다른 이유는 이름을 남기기 위함이었습니다. 이것은 역사 속에서 흔하게 일어났던 일입니다. 성경에 자주 등장하는 '빌립보'라는 도시가 있습니다. 빌립보는 '필립의 도시'라는 뜻입니다. 필립이라는 왕이 자신의 이름을 남기기 위해 빌립보를 건설했습니다. '데살로니가'라는 도시가 있습니다. 데살로니가는 마케도니아 여왕의 이름입니다. 마케도니아의 카산드로스 왕이 아내의 이름을 남기기 위해 건설한 도시가 데살로니가입니다. 즉,

이름을 남기려고 하는 것은 타락한 인간의 본성입니다. 누구나 여건만 되고 능력만 되면 이름을 남기려고 합니다. 하지만 우리가 남겨야 하는 이름은 하나밖에 없습니다. 하나님의 이름입니다.

> 그런즉 너희가 먹든지 마시든지 무엇을 하든지 다 하나님의 영광을 위하여 하라
> _고전 10:31

우리 인생의 목적이 무엇입니까? 하나님의 영광입니다. 우리는 우리 자신의 영광을 위해 살지 않습니다. 그러하기에, 우리가 남겨야 할 이름도 하나님의 이름밖에 없습니다.

18절부터 가인의 후손들이 소개됩니다. 가인의 후손들은 어떤 삶을 살았을까요? 망했을까요? 아니면 번성했을까요? 일반적으로 가인과 그의 후손들이 하나님을 떠나서 살았기 때문에, 망했을 거라고 생각하기 쉽습니다. 하지만 놀랍게도 가인의 후손들은 망하지 않았습니다. 망하기는커녕 성공하고 번성했습니다.

"아다는 야발을 낳았으니 그는 장막에 거주하며 가축을 치는 자의 조상이 되었고"(20절). 야발은 가축을 치는 자의 조상이 되었습니다. 중동 지방에서는 한 분야에서 대단히 성공한 자들을 그 분야의 '조상'이라고 부릅니다. 따라서 야발은 평범한 목자가 아니라 엄청나게 성공한 목자였습니다.

"그의 아우의 이름은 유발이니 그는 수금과 통소를 잡는 모든 자의 조상이 되었으며"(21절). 유발은 음악가들의 조상이 되었습니다. 이는 대단히 탁월한 음악가였다는 뜻입니다.

"씰라는 두발가인을 낳았으니 그는 구리와 쇠로 여러 가지 기구를 만드는 자요"(22절). 두발가인은 과학이 발달하지 않았던 고대에, 금속을 자유자재로 다루는 과학자가 되었습니다.

이처럼 가인의 후손들은 경제, 예술, 과학 분야에서 대단한 진보를 이루었습니다.

그런데 그게 전부가 아닙니다. "라멕이 아내들에게 이르되 아다와 씰라여 내 목소리를 들으라 라멕의 아내들이여 내 말을 들으라 나의 상처로 말미암아 내가 사람을 죽였고 나의 상함으로 말미암아 소년을 죽였도다"(23절). 라멕은 살인을 저질렀습니다. 그런데 라멕은 살인을 부끄러워하지 않았습니다. 오히려 자신의 살인 행위를 노래로 만들어서 불렀습니다. 이것은 가인의 후손들이 죄를 부끄러워하지 않고, 오히려 자랑스러워했다는 것을 의미합니다. 종합하면 가인의 후손들은 세상적 기준으로는 매우 성공하고 번성했지만, 하나님의 기준으로는 매우 부패하고 타락한 사람들이었습니다.

가인의 후손들에 대한 소개가 끝나고, 25절부터 셋(아벨이 죽고 나서 아담과 하와에게 주신 아들)의 후손들에 대한 소개가 시작됩니다. 그런데 왜 성경은 가인의 후손과 셋의 후손을 나누어서 설명할까요? 세상에 죄가 들어온 이후로 세상이 나누어졌기 때문입니다. 하나님 나라와 세상 나라로 나누어졌기 때문입니다. 가인의 후손들은 세상 나라에 속한 자들이고, 셋의 후손들은 하나님 나라에 속한 자들입니다.

세상 나라의 사람들이 경제, 예술, 과학 분야에서 탁월한 업적을 이루고 있을 때, 하나님 나라의 백성들은 어떤 삶을 살았을까요? "셋도 아들을 낳고 그의 이름을 에노스라 하였으며 그때에 사람들이 비로소 여호와의 이름을 불렀더라"(26절). 성경은 셋의 후손들에 관하여 한 가지 설명밖에 하지 않습니다. 그들이 하나님의 이름을 불렀다는 것입니다. 성경에서 하나님의 이름을 부르는 것은 하나님을 예배하는 행위를 의미합니다. 가인의 후손들이 수단과 방법을 가리지 않고 성공만을 추구할 때, 셋의 후손들은 하나님을 예배하는 삶을 살았습니다.

창세기 4장의 교훈

따라서 하나님께서 창세기 4장을 통해 우리에게 교훈하시는 바는 다음과 같습니다.

첫째, 하나님께서 사람을 평가하시는 기준은 예배입니다. 세상은 재산, 학력, 외모와 같은 것을 기준으로 사람을 평가하곤 합니다. 재산이 많거나, 학력이 높거나, 외모가 아름다운 사람은 세상에서 인정을 받습니다. 하지만 하나님은 그런 것으로 사람을 평가하지 않으십니다. 하나님은 가인보다 아벨을 높게 평가하셨습니다. 아벨이 하나님을 예배하기 위해 최선을 다했기 때문입니다. 하나님의 평가 기준은 예배입니다.

둘째, 하나님은 습관적인 예배를 받지 않으십니다. 하나님은 아벨의 예배는 받으셨지만, 가인의 예배는 받지 않으셨습니다. 가인의 예배는 습관적인 예배인 반면, 아벨의 예배는 믿음으로 드리는 예배였고(히 11:4), 목적이 있는 예배였기 때문입니다. 아벨은 예배를 통해 하나님께 영광을 돌리려고 했습니다. 우리는 어떤 마음으로 예배를 드리고 있습니까? 하나님을 믿음으로 예배드리고 있습니까? 만약 우리가 아무런 목적도 믿음도 없이 습관적으로 예배의 자리에 앉아 있다면, 하나님은 우리의 예배를 받지 않으실 것입니다.

셋째, 하나님께 제물보다 중요한 것은 사람입니다. 하나님은 '아벨의 제물'만 받으신 것이 아니라, '아벨'도 받으셨습니다. 그 말은 '아벨의 삶'을 받으셨다는 뜻입니다. 아벨의 지나온 삶을 좋게 보셨다는 뜻입니다. 하지만 하나님은 가인의 제물뿐만 아니라, 가인의 삶도 받지 않으셨습니다. 가인의 지나온 삶이 죄로 가득했기 때문입니다. 이처럼 하나님은 예배드리는 순간만을 보시지 않습니다. 하나님은 우리의 삶 전체를 보십니다. 하나님은 우리가 살아온 삶을 기준으로 우리의 예배를 평가하십니다.

넷째, 우리는 서로를 경쟁의 대상이 아니라 사랑의 대상으로 생각해야 합니다. 가인은 아벨을 죽였습니다. 아벨이 동생임에도 사랑의 대상이 아닌 경쟁의 대상으로 생각했기 때문입니다. 이런 일은 교회에서도 일어날 수 있습니다. 교인들이 서로를 사랑의 대상으로 생각하지 않고, 경쟁의 대상으로 생각할 수 있습니다. 실제로 그런 일은 자주 일어납니다. 성도들이 서로를 시기하고, 질투하는 경우가 많습니다. 우리는 기억해야 합니다. 성도들은 경쟁의 대상이 아니라, 사랑의 대상입니다.

다섯째, 하나님의 약속을 믿는 사람은 두려워하지 않습니다. 가인이 높은 성을 쌓은 이유는 두려웠기 때문이고, 두려웠던 이유는 하나님의 약속을 믿지 않았기 때문입니다. 우리도 마찬가지입니다. 하나님의 약속을 믿지 않을 때, 우리 마음에 두려움이 생겨납니다. 따라서 우리는 하나님의 약속을 붙들어야 합니다. 성경에 기록된 하나님의 약속을 되새겨야 합니다. 구원에 관한 약속, 생명과 안전에 관한 약속, 먹을 것과 마실 것에 대한 약속을 기억하고 믿어야 합니다. 하나님의 약속을 잊지 않는다면, 우리는 불안한 세상에서도 평안을 누릴 수 있습니다.

여섯째, 참된 성공은 예배하는 삶에 있습니다. 가인의 후손들은 경제, 예술, 과학 분야에서 대단한 발전을 이루었습니다. 그들은 대대손손 성공한 삶을 살았습니다. 반대로 셋의 후손들은 변변찮은 삶을 살았습니다. 세상적으로는 실패한 삶을 살았습니다. 하지만 셋의 후손들은 하나님을 예배하는 삶을 살았습니다. 하나님과 교제하며 약속을 보장받으며 살았습니다. 따라서 진정으로 성공한 사람은 셋의 후손들이요, 실패한 사람은 가인의 후손들입니다. 우리도 마찬가지입니다. 넉넉하지 못해도 예배에 최선을 다한다면 성공한 인생이요, 성공하기 위해 예배를 포기한다면 실패한 인생입니다.

결론

세상은 외모를 봅니다. 겉으로 드러나는 재산, 학력, 외모를 중시합니다. 하나님은 다릅니다. 하나님은 우리의 내면을 보십니다. 우리 마음에 있는 하나님을 향한 사랑, 하나님을 향한 순종, 하나님을 향한 신뢰(믿음), 하나님을 향한 헌신을 보십니다. 가인의 후손들은 외모를 중시한 자들입니다. 그래서 하나님은 그들을 인정하지 않으셨습니다. 지금도 세상은 가인의 후손들처럼 살아갑니다. 하지만 우리는 셋의 후손들처럼 살아가야 합니다. 예배자로 살아가야 합니다. 최선의 예배를 드리기 위해 노력하는 삶을 살아야 합니다. 그때 하나님은 우리의 인생을 진정 가치 있는 인생이라 여기시고, 우리를 진정한 성공자로 여겨 주실 것입니다.

● 되새겨 보기

1. 왜 아담은 첫째 아들의 이름을 '가인', 둘째 아들의 이름을 '아벨'이라고 지었습니까?

2. 하나님은 무엇을 기준으로 가인과 아벨을 평가하셨습니까?

3. 가인의 예배는 어떤 예배였고, 아벨의 예배는 어떤 예배였습니까?

4. 하나님께 제물보다 중요한 것은 무엇입니까?

5. 왜 가인은 동생을 죽였습니까?

6. 왜 가인은 성을 쌓았고, 그 성의 이름을 '에녹'이라고 지었습니까?

● 생각해 보기

1. 하나님께서 예배를 기준으로 여러분을 평가하신다면, 좋은 평가를 받을 수 있습니까?

2. 혹시 습관적인 예배를 드리고 있지 않습니까?

3. 혹시 사랑하지 않고 시기하는 사람은 없습니까?

05 아들을 낳아 이름을 셋이라 하였고
창 5:1-32

족보를 구분하신 이유

아담에게는 두 명의 아들이 있었습니다. 가인과 아벨입니다. 아벨은 가인 때문에 먼저 세상을 떠났습니다. 그래서 하나님은 아담에게 또 다른 아들을 주셨습니다. 그의 이름은 '셋'입니다. "아담이 다시 자기 아내와 동침하매 그가 아들을 낳아 그의 이름을 셋이라 하였으니 이는 하나님이 내게 가인이 죽인 아벨 대신에 다른 씨를 주셨다 함이며"(창 4:25). 이때부터 인류는 두 부류로 나누어졌습니다. 가인의 후손들과 셋의 후손들입니다.

하나님은 가인의 족보와 셋의 족보를 구분하셨습니다. 창세기 4장은 가인의 족보이고, 창세기 5장은 셋의 족보입니다. 4장에는 가인에게 속한 사람 10명의 이름이, 5장에는 셋에게 속한 사람 10명의 이류이 기록되어 있습니다. 주목할 부분은, 하니님께서 가인의 후손들과 셋의 후손들을 구분하고 계신다는 점입니다. 그 이유는 다음과 같습니다. 첫째, 세상이 구분되어 있다는 사실을 알려 주기 위해서입니다. 세상에 죄가 들어온 이후, 세상은 구분되었습니다. 하나님 나라와 세상 나라로, 하나님의 백성들과 세상 사람들로 구분되었습니다. 둘째, 하나님께서 자기 백성들을 특별하게 대하신다는 사실을 알려 주기 위해서입니다. 대표적으로 하나님께서 자기 백성들을 예수 안에서 보신다는 점을 들 수 있습니다. 신약 성경은 하나님의 백성들을 다음과 같이 표현하곤 합니다. "그리스도 예수 안에 있는 신실한 자들"(엡 1:1), "우리는 그리스도 안에서"(엡 1:7). 즉, '예수 (그리스도) 안에 있는 자들'이라고 표현합니다.

하나님은 우리의 죄를 있는 그대로 보지 않으십니다. 하나님은 예수의 죽음과 부활이라는 렌즈로 우리를 보십니다. 그래서 하나님 보시기에 우리는 죄인이 아니라 의인입니다. 저주받을 백성이 아니라 하나님의 자녀입니다. 바로 이것이 우리가 가지고 있는 복입니다. 하나님의 백성으로 구별되는 것, 예수 안에 있는 자들로 구별되는 것, 하나님께서 '예수'라는 렌즈를 통해 우리를 보시는 것이 우리의 가장 큰 복입니다.

평범하지만 특별한 사람들

본문에는 족보가 기록되어 있습니다. 4장에는 가인의 족보가, 5장에는 셋의 족보가 기록되어 있습니다. 두 족보에는 중요한 차이점이 있습니다. 가인의 족보에는 나이가 기록되어 있지 않지만, 셋의 족보에는 나이가 기록되어 있다는 점입니다. 예를 들어 가인의 족보는 다음과 같습니다. "아다는 야발을 낳았으니 그는 장막에 거주하며 가축을 치는 자의 조상이 되었고 그의 아우의 이름은 유발이니 그는 수금과 퉁소를 잡는 모든 자의 조상이 되었으며 씰라는 두발가인을 낳았으니 그는 구리와 쇠로 여러 가지 기구를 만드는 자요 두발가인의 누이는 나아마였더라"(창 4:20-22). 이처럼 가인의 족보에는 나이가 기록되어 있지 않습니다. 가인의 후손들이 얼마나 살았는지 아무런 정보가 없습니다.

셋의 족보를 보겠습니다. "아담은 백삼십 세에 자기의 모양 곧 자기의 형상과 같은 아들을 낳아 이름을 셋이라 하였고 아담은 셋을 낳은 후 팔백 년을 지내며 자녀들을 낳았으며 그는 구백삼십 세를 살고 죽었더라 셋은 백오 세에 에노스를 낳았고 에노스를 낳은 후 팔백칠 년을 지내며 자녀들을 낳았으며 그는 구백십이 세를 살고 죽었더라"(5:3-8). 이처럼 셋의 족보에는 나이가 기록되어 있습니다. 왜 하나님은 가인의 족보에는 나이가 기록되지 않게 하시고, 셋의 족보에는 나이가 기록되게 하셨을까요? 나이가 기록되지 않았다는 것은, 그들의 인생이 하나님 앞에서 아무런 의미가 없다는 점을 시사합니다.

사실 가인의 후손들은 대단한 사람들이었습니다. 그들은 대단한 성공을 거두었습니다. 경제, 예술, 과학 분야에서 대단한 진보를 이루었습니다. 하지만 그들은 하나님과 상관없는 삶을 살았습니다. 하나님을 예배하지 않는 삶을 살았습니다. 그래서 하나님은 그들의 인생을 가치 있게 여기지 않으셨습니다. 바로 그것이 그들의 나이가 기록되지 않은 이유입니다.

반대로 셋의 후손들은 매우 평범한 삶을 살았습니다. 예를 들어 성경은 에노스의 삶을 다음과 같이 말합니다. "에노스는 구십 세에 게난을 낳았고 게난을 낳은 후 팔백십오 년을 지내며 자녀들을 낳았으며 그는 구백오 세를 살고 죽었더라"(9-11절). 얼마를 살고, 자녀들을 낳은 후 죽었다는 이야기뿐입니다. 이처럼 셋의 후손들은 평범한 사람들이었습니다. 가인의 후손들처럼 대단한 성공을 거둔 사람들이 아니었습니다. 누군가의 아버지였다는 것 외에는 남길 것이 없는 사람들이었습니다. 하지만 하나님은 가인의 후손들을 언급하시면서는 나이를 남기지 않으신 반면, 셋의 후손들을 언급하시면서는 정확한 나이를 기록해 두셨습니다. 만일 역사 학자에게 가인의 후손들과 셋의 후손들에 대해 기록하라고 했다면, 셋 후손들이 아니라 가인 후손들의 나이를 상세하게 적었을 것입니다. 가인의 후손들이 대단한 일들을 많이 이루었기 때문입니다. 하지만 하나님은 가인 후손들이 아니라, 셋 후손들의 나이를 기록해 놓으셨습니다. 하나님께서 보시기에는 셋의 후손들이 더 대단한 사람들이었기 때문입니다.

그렇다면 셋의 후손들은 어떤 점에서 대단한 사람들이었을까요? 셋 후손들의 삶에는, 가인 후손들의 삶에 없는 것이 있었습니다. 하나님과 동행하는 삶입니다. "에녹은 육십오 세에 므두셀라를 낳았고 므두셀라를 낳은 후 삼백 년을 하나님과 동행하며 자녀들을 낳았으며 그는 삼백육십오 세를 살았더라 에녹이 하나님과 동행하더니 하나님이 그를 데려가시므로 세상에 있지 아니하였더라"(21-24절). 셋의 후손인 에녹은 하나님과 동행하는 삶을 살았습니다. 가인의 후손들 중에는 하나님과 동행하며 살던 사람이 없었습니다. 하지만 셋의 후손인 에녹은 하나님과 동행하는 삶을 살았습니다. 바로 이것이 하나님께서 셋 후손들의 삶을 더 특별하게 보신 이유입니다.

세상 사람들은 특별한 존재가 되고 싶어 합니다. 특별한 존재가 되기 위해 대단한 일을 하려고 합니다. 하지만 하나님은 대단한 일을 했다고 해서, 그 사람을 특별하게 여기지 않으십니다. 하나님께서 특별하게 여기시는 사람은 대단한 일을 한 사람이 아니라, 하나님과 동행하기 위해 노력하는 사람입니다. 따라서 우리는 특별한 사람이 되기 위해, 세상 사람들이 대단하다고 여기는 일을 하려고 애쓸 필요가 없습니다. 정말로 대단한 일은, 우리에게 주어진 하루하루를 하나님과 동행하며 사는 것이기 때문입니다. 예를 들면 자녀를 양육하는 일입니다. 우리는 자녀들을 하나님과 동행하는 사람으로 키워야 합니다. 그때 우리의 자녀들은 하나님께서 보시기에 특별한 사람이 될 것입니다.

가인의 족보와 셋의 족보에는 또 다른 차이점이 있습니다. "라멕은 백팔십이 세에 아들을 낳고 이름을 노아라 하여 이르되 여호와께서 땅을 저주하시므로 수고롭게 일하는 우리를 이 아들이 안위하리라 하였더라"(28-29절). 라멕은 아들의 이름을 '노아'라고 지었습니다. 노아는 '위로'라는 뜻입니다. 실제로 노아는 아버지의 위로가 되었습니다. 노아는 하나님 앞에서 의로운 삶을 살았고, 세상에서 구별된 삶을 살았습니다. 그리하여 아버지를 위로하는 아들이 되었습니다. 바로 이것이 가인 후손과 셋 후손의 결정적 차이점입니다. 가인의 후손들은 세상에서 성공하는 것이 인생의 목표였습니다. 실제로 그 목표를 이루었습니다. 하지만 그들은 하나님께 전혀 인정받지 못했습니다. 반대로 셋의 후손들은 세상에서 성공하지 못하더라도, 하나님과 동행하는 것을 인생의 목표로 삼았습니다. 세상 사람들과 거룩하게 구별되는 것을 목표로 삼았습니다.

창세기 5장의 교훈

따라서 하나님께서 창세기 5장을 통해 우리에게 교훈하시는 바는 다음과 같습니다.

첫째, 하나님은 자기 백성과 자기 백성이 아닌 자들을 구분해서 보십니다. 성경은 가인의 후손과 셋의 후손을 구분해서 기록합니다. 그 이유는 하나님께서 그들을 구분해서 보시기 때문입니다. 우리는 이것을 '은혜로운 차별'이라고 부릅니다. 하나님의 차별은 악한 차별이 아니라, 우리의 구원을 이루는 은혜로운 차별입니다. 우리는 세상 사람들보다 더 훌륭하지 않습니다. 오히려 세상 사람 중에는 우리보다 더 똑똑하고, 더 탁월하고, 더 착한 사람들이 많이 있습니다. 그런데도 하나님께서 우리를 사랑해 주시는 이유는 하나님께서 우리를 은혜롭게 차별해 주시기 때문입니다. 바로 이것이 우리의 특권입니다.

둘째, 하나님은 자기 백성들을 예수 안에서 보십니다. 색안경을 쓰면 세상이 다르게 보입니다. 파란 안경을 쓰면 세상이 파랗게 보이고, 빨간 안경을 쓰면 세상이 빨갛게 보입니다. 하나님은 세상 사람들을 투명한 렌즈로 보십니다. 그래서 세상 사람들의 죄를 선명하고 분명하게 보십니다. 하지만 우리는 '예수'라는 렌즈를 통해서 보십니다. 예수의 십자가, 예수의 죽음, 예수의 부활을 통해서 보십니다. 그래서 하나님의 눈에는 우리가 의인으로, 하나님의 자녀로, 사랑스러운 존재로 보입니다.

셋째, 하나님께서 인정해 주시는 사람은 하나님과 동행하기 위해 노력하는 사람입니다. 가인의 족보에는 나이가 기록되어 있지 않습니다. 하나님과 동행하는 삶을 살지 않았기 때문입니다. 셋의 족보에는 나이가 기록되어 있습니다. 하나님과 동행하는 삶을 살았기 때문입니다. 이처럼 하나님은 성공을 기준으로 사람을 평가하지 않으십니다. 하나님께서 사람을 평가하시는 기준은 하나님과 동행하기 위해 얼마나 노력했는가 하는 것입니다. 하나님은 하나님과 동행하기 위해 노력하는 이들의 삶을 인정해 주시고, 그들의 노력을 기뻐하십니다.

넷째, 부모의 역할은 성공이 아니라 신앙을 물려주는 것입니다. 가인은 후손들에게 성공을 물려주었습니다. 가인의 후손들은 대대손손 성공한 삶을 살았습니다. 하지만 가인의 후손들은 홍수 심판으로 멸망했습니다. 셋은 후손들에게 신앙을 물려주었습니다. 그래서 에녹은 죽음을 보지 않고서 하늘로 갔고, 노아는 홍수에서 구원을 받았습니다. 바로 이것이 부모의 역할입니다. 부모의 역할은 세상에서 성공하는 자녀로 키우는 것이 아닙니다. 부모의 역할은 자신의 자녀를 에녹처럼, 노아처럼 키우는 것입니다.

결론

라멕은 아들을 통해 위로받기를 원했습니다. 그래서 아들의 이름을 '노아'라고 지었습니다. 라멕의 소망은 이루어졌습니다. 노아와 그의 가족은 온 세상이 심판을 받을 때, 홀로 구원을 받았습니다. 노아는 세상과 구별된 믿음, 세상과 구별된 삶을 통해 아버지를 위로했습니다.

세상 사람들은 돈을 통해 위로받기 원합니다. 성공을 통해 위로받기 원합니다. 무언가를 소유하는 것을 통해 위로받기 원합니다. 그러나 그런 것들은 참된 위로를 주지 않습니다. 노아는 다른 방식으로 아버지를 위로했습니다. 노아는 거룩한 사람이 되는 것으로 아버지의 기쁨이 되었습니다.

우리도 마찬가지입니다. 우리는 거룩한 남편이 됨으로써 아내의 기쁨이 될 수 있습니다. 우리는 거룩한 아내가 됨으로써 남편의 기쁨이 될 수 있습니다. 우리는 거룩한 자녀가 됨으로써 부모의 기쁨이 될 수 있습니다. 우리는 거룩한 부모가 됨으로써 자녀의 기쁨이 될 수 있습니다. 결정적으로, 우리는 거룩한 사람이 됨으로써 하나님의 기쁨이 될 수 있습니다.

● 되새겨 보기

1. 창세기 4장에는 누구의 족보가, 5장에는 누구의 족보가 기록되어 있습니까?

2. 왜 하나님은 두 후손을 구분하십니까?

3. 하나님은 우리를 어떤 렌즈로 보십니까?

4. 왜 가인의 족보에는 나이가 기록되어 있지 않습니까?

5. 왜 하나님은 가인의 후손들보다 셋의 후손들을 더 대단하게 보셨습니까?

● 생각해 보기

1. 여러분은 하나님과 동행하기 위해서 어떤 노력을 하고 있습니까?

2. 자녀에게 신앙을 물려주기 위해서 어떤 노력을 하고 있습니까?

3. 하나님의 기쁨이 되기 위해서 어떤 노력을 하고 있습니까?

06 사람이 땅 위에 번성하기 시작할 때에

창 6:1-22

성공에 대한 동경은 결국 …

창세기 4장은 가인의 족보이고, 창세기 5장은 셋의 족보입니다. 성경은 가인의 족보와 셋의 족보를 구분해서 기록합니다. 세상은 하나님 나라의 백성들과 세상 나라의 사람들로 나누어져 있기 때문입니다. 하나님의 백성들과 세상 사람들 가운데 누가 더 번성했을까요? 지난 시간 살펴본 바에 따르면 세상 사람들입니다. 세상 사람들은 경제, 예술, 과학 분야에서 탁월한 업적을 이루었지만, 하나님의 백성들은 평범한 삶을 살았습니다. 그때 하나님의 백성들은 어떤 생각을 했을까요? '그래도 우리는 세상 사람들과 구별되어 거룩하게 살아야 해'라고 생각했을까요? 아니면 '이제 우리도 세상 사람들처럼 살자'라고 생각했을까요? 창세기 6장에서 그 답을 발견할 수 있습니다.

"사람이 땅 위에 번성하기 시작할 때에 그들에게서 딸들이 나니"(창 6:1). 여기서 "사람"은 가인의 후손을 말합니다. 즉, 가인의 후손들은 대대손손 번성하는 삶을 살았습니다. 그러자 셋의 후손은 다음과 같이 반응했습니다. "하나님의 아들들이 사람의 딸들의 아름다움을 보고 자기들이 좋아하는 모든 여자를 아내로 삼는지라"(2절). 여기서 "하나님의 아들들"은 셋의 후손을 말합니다. 셋의 후손은 가인의 후손을 좋아했습니다. 이것은 셋의 후손들이 가인의 후손들을 동경하고 부러워했다는 뜻입니다. 심지어 셋의 후손들은 가인의 후손들과 결혼하기까지 했습니다. 그러자 하나님은 다음과 같이 말씀하셨습니다. "여호와께서 이르시되 나의 영이 영원히 사람과 함께 하지 아니하리니 이는 그들이 육신이 됨이라 그러나 그들의 날은 백이십 년이 되리라"(3절). 하나님은 120년 후에, 타락한 세상을 심판한다고 하셨습니다.

셋의 후손들이 하나님의 뜻을 어기고, 가인의 후손들과 결혼한 결과는 무엇입니까? "당시에 땅에는 네피림이 있었고 그 후에도 하나님의 아들들이 사람의 딸들에게로 들어와 자식을 낳았으니 그들은 용사라 고대에 명성이 있는 사람들이었더라"(4절). 당시 세상에는 '네피림'이라고 하는 존재가 있었습니다. 네피림은 고대의 용사를 일컫는 용어로서, '성공'의 대명사였습니다. 여기서 네피림을 언급하는 이유는 셋의 후손들이 네피림을 동경했기 때문입니다. 자기 자녀들도 네피림처럼 되기를, 네피림처럼 성공하기를 간절히 원했기 때문입니다. 바로 이것이 셋의 후손들이 가인의 후손들과 결혼한 이유입니다. 그 결과는 다음과 같았습니다. "⋯ 그들은 용사라 고대에 명성이 있는 사람들이었더라"(4절). 셋의 후손들은 가인의 후손들과 결혼함으로써 그토록 원했던 성공을 얻었습니다.

하지만 잃은 것도 있었습니다. 그들은 하나님을 잃어버렸습니다. 하나님은 셋의 후손들마저 자신을 떠나자, 몹시 슬퍼하셨습니다. "땅 위에 사람 지으셨음을 한탄하사 마음에 근심하시고"(6절). 셋의 후손들이 성공을 얻고, 하나님을 잃어버린 결과는 다음과 같았습니다. "내가 창조한 사람을 내가 지면에서 쓸어 버리되 사람으로부터 가축과 기는 것과 공중의 새까지 그리하리니 이는 내가 그것들을 지었음을 한탄함이니라"(7절). 여기서 쓸어 버린다는 표현은 지우개로 지운 것처럼 흔적을 남기지 않는다는 뜻입니다. 하나님은 완전한 심판을 선언하셨습니다.

은혜 아니면

하지만 모든 사람이 하나님의 마음을 아프게 한 것은 아니었습니다. 여전히 믿음을 지키며, 하나님의 마음을 기쁘게 한 사람이 있었습니다. 노아입니다. "그러나 노아는 여호와께 은혜를 입었더라"(8절). 노아는 심판이 아니라 은혜를 받았습니다. 노아가 하나님께 은혜를 입었다는 의미는 다음과 같습니다. "노아는 의인이요 당대에 완전한 자라 그는 하나님과 동행하였으며"(9절). 가인의 후손들은 이미 오래전에 하나님을 떠났습니다. 셋의 후손들도 결국에는 하나님을 떠났습니다. 그러나 노아는 여전히 하나님의 말씀대로 살기 위해 노력하고 있었습니다. 바로 이것이 노아가 은혜를 입었다는 의미입니다.

노아는 하나님께 은혜를 입었지만, 세상에서는 고난을 받았습니다. 하나님께서 주신 사명 때문입니다. 하나님은 노아에게 방주를 건설하는 사명을 주셨습니다. "너는 고페르 나무로 너를 위하여 방주를 만들되 그 안에 칸들을 막고 역청을 그 안팎에 칠하라"(14절). 방주는 직사각형 형태의 거대한 배를 의미합니다. 아마 사람들은 노아에게 물었을 것입니다. "왜 그렇게 큰 배를 만드시오?" 노아는 이렇게 대답했을 것입니다. 120년 후에 하나님께서 온 세상을 홍수로 심판하신다고 하셨소." 그 말을 들은 사람들은 노아에게 뭐라고 했을까요? 분명 미쳤다고 했을 것입니다. 실제로 노아가 만든 방주에 노아의 가족을 제외하고는 아무도 타지 않았습니다. 아무도 노아의 말을 믿지 않았습니다. 120년 동안, 노아는 사람들에게 미쳤다는 손가락질을 받았습니다.

사람들은 노아를 미친 사람이라고 평가했지만, 하나님의 평가는 달랐습니다. "노아가 그와 같이 하여 하나님이 자기에게 명하신 대로 다 준행하였더라"(22절). 성경은 노아에 대해 하나님이 명하신 것을 다 준행한 사람이라고 말합니다. 이것은 사람이 하나님께 받을 수 있는 최고의 칭찬입니다. 노아는 사람들에게 미친 사람이라는 말을 들었지만, 하나님께는 누구보다 소중하고 특별한 사람이었습니다.

창세기 6장의 교훈

따라서 하나님께서 창세기 6장을 통해 우리에게 교훈하시는 바는 다음과 같습니다.

첫째, 하나님의 백성들은 세상에서 유혹을 받습니다. 가인이 하나님을 떠나고, 이어서 가인의 후손들도 하나님을 떠난 데다가, 셋의 후손들까지 하나님을 떠났습니다. 결국 노아의 가정만 남았습니다. 그 이유는 무엇일까요? 세상 사람들이 하나님의 백성들을 유혹했기 때문입니다. 이처럼 사탄은 우리가 하나님과 바른 관계를 맺으며 살도록 내버려두지 않습니다. 사탄은 하나님의 백성들을 유혹하고, 넘어뜨리기 위해 최선을 다합니다.

둘째, 하나님은 자기 백성들에게 은혜를 베푸십니다. 세상 사람들이 하나님의 백성들을 유혹했습니다. 하지만 노아는 세상 사람들의 유혹에 넘어가지 않았습니다. 끝까지 믿음을 지켰습니다. 그 비결은 무엇일까요? "노아는 여호와께 은혜를 입었더라"(8절). 하나님께서 노아에게 은혜를 베푸셨습니다. 그 결과 노아는 끝까지 믿음을 지킬 수 있었습니다. 우리의 힘으로는 세상의 유혹을 이길 수 없습니다. 우리에게는 하나님의 은혜가 필요합니다.

셋째, 성공하고 싶은 욕망은 우리를 망하게 합니다. 셋의 후손들이 하나님을 떠난 결정적 이유는 무엇일까요? 세상 사람들의 삶을 동경했기 때문입니다. 특히 네피림을 동경했기 때문입니다. 네피림처럼 되고 싶은 욕망을 품었기 때문입니다. 우리 역시 욕망의 노예가 된다면, 셋의 후손들처럼 파멸하게 될 것입니다.

결론

가인의 후손들 중에는 네피림이 많았습니다. 네피림은 용사로서, 고대에 성공한 사람들이었습니다. 셋의 후손들은 자기 자녀들도 네피림이 되기를 원했습니다. 그래서 자기 자녀들을 가인의 후손들과 결혼시켰습니다. 그 결과 셋의 후손들 중에도 네피림이 나왔습니다. 하지만 그들에 대한 성경의 평가는 이러합니다. "땅 위에 사람 지으셨음을 한탄하사 마음에 근심하시고"(6절). 성공을 위해 하나님을 떠난 자들에 대한 성경의 평가는, "하나님의 마음을 근심하게 한 사람"입니다.

셋의 후손들이 가인의 후손들을 동경하고, 셋의 후손들이 자기 자녀를 가인의 후손들과 결혼시킬 때, 끝까지 거룩함을 지킨 사람이 있었습니다. 노아입니다. 노아는 자신의 자녀를 가인의 후손들과 결혼시키지 않았습니다. 노아의 자식과 며느리들이 함께 방주를 만들고, 함께 방주에 탑승한 것을 보면 알 수 있습니다.

노아는 방주를 만들라는 하나님의 말씀에 순종했습니다. 그것은 그 자체로 힘든 일이었을 뿐만 아니라, 세상 사람들의 손가락질을 받는 일이었습니다. 그래도 노아는 포기하지 않고 120년 동안 방주를 만들었습니다. 그래서 노아는 하나님께 이런 평가를 받았습니다. "노아가 그와 같이 하여 하나님이 자기에게 명하신 대로 다 준행하였더라"(22절). 노아에 대한 성경의 평가는, "하나님이 명하신 것을 다 준행한 사람"입니다. 노아는 사람으로서 하나님께 받을 수 있는 최고의 평가를 받았습니다.

언젠가 우리도 이 세상을 떠날 것입니다. 그때 하나님께서 우리를 향해서, "너는 이 땅에서 사는 동안 내가 명한 것을 다 준행했구나." 이렇게 인정받는다면, 그것보다 더 큰 영광이 어디 있을까요?

그러므로 우리 모두 세상의 영광을 추구하지 말고, 하늘의 영광을 추구합시다. 세상에서 성공하기 위해 노력하기보다 하나님과 동행하기 위해 노력합시다. 그리하여 노아와 같이 은혜를 입은 사람, 은혜를 입은 가정이 되도록 합시다.

● 되새겨 보기

1. 하나님의 아들들, 사람의 딸들은 각각 누구를 의미합니까?

2. 네피림은 어떤 사람입니까?

3. 셋의 후손들이 가인의 후손들과 결혼한 결과는 무엇입니까?

4. 셋의 후손들이 하나님을 잃어버린 결과는 무엇입니까?

5. 노아는 방주를 만들면서 어떤 일을 겪었을까요?

6. 하나님은 노아를 어떻게 평가하십니까?

● 생각해 보기

1. 여러분은 사탄과 세상의 유혹을 경계하고 있습니까?

2. 유혹을 이기기 위해 하나님의 은혜를 구하고 있습니까?

3. 욕망의 노예가 되지 않기 위해 노력하고 있습니까?

07 여호와께서 노아에게 이르시되
창 7:1-24

세상의 관점, 하나님의 관점

하나님을 외면하는 세상은 철저하게 물질적인 관점을 가지고서 살아갑니다. 이 사실을 잘 보여 주는 소설이 있습니다. 〈어린 왕자〉입니다. 이 소설에는 다음과 같은 내용이 나옵니다.

어른들은 숫자를 몹시 좋아합니다. 새로 사귄 친구에 대해서도 중요한 것은 물어보지 않습니다. 예를 들어 "친구의 취미는 무엇이니?", "친구의 목소리는 어떻니?" 이런 질문은 하지 않습니다. "그 아이의 아버지는 돈을 얼마나 가지고 있니?" 이따위의 질문만 합니다. 어른들은 이렇게 말하면 이해하지 못합니다. "창가에 화분이 놓여 있고, 지붕에는 비둘기가 있는 아름다운 분홍 벽돌집을 보았어요." 그러면 어른들은 그것이 어떤 집인지 떠올리지 못합니다. 어른들에게는 "10만 프랑짜리 집을 구경했어요"라고 말해야 합니다. 그러면 어른들은 감동하면서, "이야! 10만 프랑짜리 집이라니, 훌륭하군!"이라고 말합니다.

이것이 세상의 관점입니다. 세상 사람들은 철저하게 물질적인 관점을 가지고서 살아갑니다. 모든 것을 돈과 숫자로 환산하는 관점을 가지고서 바라봅니다. 그러나 하나님의 관점은 다릅니다. 하나님은 '선(의)'과 '악'이라는 관점으로 판단하십니다. 이것은 하나님께서 노아를 대하시는 사건에서 잘 드러납니다. "여호와께서 노아에게 이르시되 너와 네 온 집은 방주로 들어가라 이 세대에서 네가 내 앞에 의로움을 내가 보았음이니라"(창 7:1). 하나님은 6장에서 세상이 악하다고 하셨습니다. 그리고 7장 1절에서는 노아가 의롭다고 하셨습니다. 이처럼 하나님은 선(의)과 악이라는 기준으로 사람들을 판단하셨습니다. 하나님은 노아의 어떤 부분을 보시고서 의롭다고 판단하셨을까요? 성경은 다음과 같이 말합니다.

> 믿음으로 노아는 아직 보이지 않는 일에 경고하심을 받아 경외함으로 방주를 준비하여 그 집을 구원하였으니 이로 말미암아 세상을 정죄하고 믿음을 따르는 의의 상속자가 되었느니라 _히 11:7

노아가 하나님께 의롭다는 평가를 받은 이유는 크게 두 가지입니다. 첫째, 믿음입니다. 노아는 홍수가 날 징후를 눈으로 전혀 보지 않았지만, 반드시 홍수가 일어날 거라고 믿었습니다. 둘째, 순종입니다. 노아는 방주를 만들라는 하나님의 말씀에 군말하지 않고 순종했습니다. 6장에서 언급했듯이, 방주를 만드는 일은 쉽지 않았습니다. 방주를 만드는 일은 온 세상의 비판과 조롱을 감수하는 일이었습니다. 그런데도 노아는 방주를 만들라는 말씀에 기꺼이 순종했습니다.

2절부터는 방주에 관한 이야기가 본격적으로 등장합니다. 하나님은 방주에 짐승을 태울 준비를 하라고 하셨습니다. "너는 모든 정결한 짐승은 암수 일곱씩, 부정한 것은 암수 둘씩을 네게로 데려오며"(2절). 특이한 사실이 하나 있습니다. 하나님은 노아에게 정결한 짐승은 일곱 쌍을, 부정한 짐승은 두 쌍을 태우라고 하셨습니다. 왜 하나님은 정결한 짐승을 훨씬 많이 태우라고 하셨을까요? 그 이유는 다음과 같습니다. "노아가 여호와께 제단을 쌓고 모든 정결한 짐승과 모든 정결한 새 중에서 제물을 취하여 번제로 제단에 드렸더니"(8:20). 정결한 짐승을 더 많이 태우라고 하신 이유는 예배 때문이었습니다. 정결한 짐승은 하나님을 예배하는 일에 필요했기 때문에 더 많이 태우라고 하셨습니다.

우리는 여기서 하나님께서 세상을 심판하신 이유를 알 수 있습니다. 하나님은 예배를 회복하기 위해 세상을 심판하셨습니다. 하나님의 관점에서 당시의 세상은 많이 잘못되어 있었습니다. 하나님은 물질적인 측면이 아니라, 영적인 측면에서 세상이 잘못되었다고 판단하셨습니다. 핵심은 예배였습니다. 하나님은 노아 시대의 세상이 예배가 상실된 세상이기에 존재할 필요가 없다고 여기셨습니다.

우리의 삶도 마찬가지입니다. 우리 삶에서 예배가 중요한 위치를 차지하고 있다면, 하나님 보시기에 바른 삶을 사는 것입니다. 하지만 우리가 예배를 소홀히 하는 삶을 살고 있다면, 하나님 보시기에 잘못된 삶을 사는 것입니다.

우리의 일, 하나님의 일

마침내 방주가 완성되었습니다. 그러자 다음과 같은 일이 일어났습니다. "하나님이 노아에게 명하신 대로 암수 둘씩 노아에게 나아와 방주로 들어갔으며"(9절). 방주를 만드는 것은 노아가 할 수 있는 일이었습니다. 반면, 동물들을 종류별로 방주에 태우는 것은 노아가 할 수 없는 일이었습니다. 하지만 노아는 걱정할 필요가 없었습니다. 동물들은 자발적으로 암수 짝을 지어 방주로 들어갔습니다. 하나님께서 동물들을 방주에 태우신 것입니다. 우리는 여기서 우리가 할 수 있는 것과 우리가 할 수 없는 것을 구분하는 지혜를 발견할 수 있습니다. 할 수 있는 것과 할 수 없는 것을 구분하는 일은 중요합니다. 이것을 구분하지 못할 때 어려움을 겪기 때문입니다.

이것을 우리 삶에 적용해 봅시다. 자녀에게 성경을 가르치는 것은 우리가 할 수 있는 일입니다. 자녀들을 예배에 참여시키는 것은 우리가 할 수 있는 일입니다. 하지만 자녀의 전 인생을 책임지는 일은 우리가 할 수 없는 일입니다. 그것은 하나님께 맡겨야 합니다. 마찬가지로, 책을 읽고, 단어를 암기하고, 문제를 푸는 것은 우리가 할 수 있는 일입니다. 하지만 원하는 점수와 결과를 얻는 일은 우리가 할 수 없는 일입니다. 그것은 하나님께 맡겨야 합니다. 또 이웃에게 복음을 전하는 일은 우리가 할 수 있는 일입니다. 새 가족이 왔을 때 친절히 대하는 일은 우리가 할 수 있는 일입니다. 하지만 교회를 부흥시키는 일은 우리가 할 수 없는 일입니다. 그것은 하나님께 맡겨야 합니다.

마지막으로 16절을 보겠습니다. "들어간 것들은 모든 것의 암수라 하나님이 그에게 명하신 대로 들어가매 여호와께서 그를 들여보내고 문을 닫으시니라"(16절). 우리는 16절 말씀을 통해 홍수 사건의 주인공이 하나님이라는 사실을 알 수 있습니다. 흔히 홍수 사건의 주인공이 노아라고 생각하기 쉽지만, 주인공은 노아가 아닙니다. 주인공은 하나님이십니다. 성경은 "여호와께서 그를 들여보내"셨다고 말합니다. 노아를 방주 안으로 들여보내신 분은 하나님이었습니다. 물론 방주 안으로 들어가는 것은 노아의 용기가 필요한 일이었습니다. 만약 홍수가 일어나지 않는다면 노아는 평생 사람들 앞에서 얼굴을 들지 못하고서 살아갈 것입니다. 노아는 평생 수치와 조롱을 받으며 살게 되었을 것입니다. 그런데도 노아가 방주 안으로 들어갈 수 있었던 것은, 하나님께서 노아에게 믿음과 용기를 주심으로 그를 들여보내셨기 때문입니다.

이처럼 노아는 자격과 조건을 갖추었기 때문에 구원받은 것이 아닙니다. 노아는 하나님의 은혜로 구원받았습니다. 우리도 마찬가지입니다. 우리는 자격과 조건을 갖춘 사람들이어서 구원을 받은 것이 아닙니다. 우리는 하나님의 은혜 때문에 구원받았습니다. 그래서 우리는 항상 겸손해야 합니다. 자격이 없음에도 불구하고 구원받은 것을 기억하고 항상 감사하고 겸손해야 합니다.

창세기 7장의 교훈

따라서 하나님께서 창세기 7장을 통해 우리에게 교훈하시는 바는 다음과 같습니다.

첫째, 하나님은 선(의)과 악의 기준으로 세상을 보십니다. 하나님은 세상에 대해서는 악함을 보셨고, 노아에 대해서는 의로움을 보셨습니다. 하나님께서 세상을 심판하신 이유는 그들이 악했기 때문이고, 하나님께서 노아를 기뻐하신 이유는 노아가 의로웠기 때문입니다. 하나님은 물질과 성공을 기준으로 사람을 판단하지 않으십니다. 하나님은 선과 악이라는 기준으로 사람을 판단하십니다. 하나님께서 인정하시는 사람은 큰 부자이거나 큰 성공을 거둔 사람이 아닙니다. 죄와 싸우는 사람, 믿음으로 순종하는 사람이 하나님 보시기에 '의로운 사람'입니다.

둘째, 하나님은 우리 삶에서 예배가 회복되기를 원하십니다. 하나님은 정결한 짐승을 부정한 짐승보다 방주에 더 많이 태우셨습니다. 홍수가 끝나면, 정결한 짐승으로 하나님께 제사를 드려야 했기 때문입니다. 하나님께서 홍수로 세상을 심판하신 이유 중 하나는 예배를 회복하기 위함이었습니다. 하나님은 예배하지 않는 자들을 세상에서 심판하신 다음에, 예배하는 자들로 세상을 가득 채우기를 원하셨습니다. 따라서 우리는 예배를 회복하는 자들이 되어야 합니다. 예배를 잘 드리기 위해 노력해야 합니다. 그리고 예배가 계속 이어질 수 있도록, 우리의 자녀들을 예배자로 세워야 합니다.

셋째, 우리가 할 수 있는 일은 최선을 다하되, 우리가 할 수 없는 일은 하나님께 맡겨야 합니다. 우리가 할 수 없는 일을 하려고 할 때, 우리는 두려움에 사로잡힙니다. 예를 들어 자녀들의 인생을 모두 다 책임지려고 할 때, 우리는 불안에 사로잡히게 됩니다. 우리가 원하는 점수를 얻으려 할 때, 우리는 두려움에 사로잡히게 됩니다. 그래서 우리는 어떤 일을 하기 전에, 우리가 그것을 할 수 있는지를 생각해야 합니다. 그리고 우리가 할 수 없는 일이라면, 하나님께 맡겨야 합니다. 하나님은 우리가 할 수 없는 일을, 우리에게 요구하지 않으십니다. 우리의 사명은 우리가 할 수 있는 일을 최선을 다해서 하는 것입니다.

넷째, 노아의 구원이 전적인 은혜이듯이, 우리의 구원도 전적인 은혜입니다. 노아가 방주에 들어갈 수 있었던 것은 하나님께서 노아를 방주로 들여보내셨기 때문입니다. 노아는 자격과 능력이 있었기 때문이 아니라, 하나님의 은혜로 방주에 탑승했습니다. 우리도 마찬가지입니다. 우리는 자격이 있어서 구원받은 것이 아니라, 자격이 없음에도 불구하고 구원받았습니다. 그래서 우리는 항상 겸손해야 합니다. 절대로 자신을 자랑하지 말아야 합니다.

결론

노아는 단순히 방주를 준비한 사람이 아닙니다. 노아는 예배를 준비한 사람입니다. 노아는 예배를 상실한 세상에서 예배를 회복하는 사람으로 부름받았습니다. 그래서 노아가 방주에서 나온 후 가장 처음으로 한 일은 제사를 드리는 일, 곧 예배를 드리는 일이었습니다. 우리 역시 참된 예배자가 되기 위해 다음과 같이 노력해야 합니다.

첫째, 예배를 드리기 전에 기도로 준비해야 합니다. 예배를 위해서, 설교자를 위해서 기도해야 합니다. 둘째, 예배를 드린 다음에, 설교 말씀을 반복해서 생각해야 합니다. 설교를 마음에 새기기 위해 반복해서 생각해야 합니다. 셋째, 예배 때 들은 말씀을 실천하기 위해 노력해야 합니다. 설교를 듣기만 하는 자가 아니라, 실천하는 자가 되어야 합니다.

우리는 점점 예배가 사라지고 예배가 타락하는 세상을 살고 있습니다. 그런 세상 속에서, 우리가 예배를 회복하기 위해 노력하고 예배를 잘 드리기 위해 노력한다면, 우리는 하나님의 관점으로 볼 때 세상에서 가장 가치 있는 삶을 사는 것입니다. 그렇게 가치 있는 삶을 살아서 하나님께 인정받는 여러분이 되시기를 바랍니다.

● 되새겨 보기

1. 노아가 의롭다는 평가를 받은 이유는 무엇입니까?

   ①

   ②

2. 왜 하나님은 방주에 정결한 짐승을 더 많이 태우라고 하셨습니까?

3. 하나님께서 세상을 심판하신 이유는 무엇입니까?

4. 노아를 방주 안으로 들여보내신 분은 누구입니까?

5. 노아가 방주에서 나온 후 가장 처음으로 한 일은 무엇입니까?

● 생각해 보기

1. 여러분은 하나님 앞에서 의로운 사람이 되기 위해 노력하고 있습니까?

2. 혹시 '우리가 할 수 없는 일'을 하려고 하지는 않습니까?

08 하나님이 노아를 기억하사
창 8:1-22

시간 속에서 일하시는 하나님

어떤 사람의 말이 사실인지 아닌지, 어떻게 판단할 수 있을까요? 아무 근거가 없는 주장이라면, 그 주장을 사실이라고 믿을 수 없을 것입니다. 반대로 근거가 있다면 사실이라고 믿을 수 있겠지요. 예를 들어 장소와 시간을 구체적으로 언급하며 무언가를 주장한다면, 그 사람의 주장은 사실일 가능성이 높습니다. 노아의 홍수 사건도 마찬가지입니다.

현대 신학자들은 노아의 홍수를 역사적 사실로 보지 않으려고 합니다. 그들은 노아의 홍수를 일종의 신화로 생각합니다. 그들은 "노아의 홍수가 중요한 교훈을 주는 것은 분명하지만, 그 사건이 역사적 사실은 아니다"라고 주장합니다. 하지만 노아의 홍수가 역사적 사실이 아니라고 볼 이유는 전혀 없습니다. 오늘 본문도 노아의 홍수가 역사적 사실임을 강조합니다.

물이 땅에서 물러가고 점점 물러가서 백오십 일 후에 줄어들고 _3절

일곱째 달 곧 그달 열이렛날에 방주가 아라랏 산에 머물렀으며 _4절

물이 점점 줄어들어 열째 달 곧 그달 초하룻날에 산들의 봉우리가 보였더라_ 5절

육백일 년 첫째 달 곧 그달 초하룻날에 땅 위에서 물이 걷힌지라 노아가 방주 뚜껑을 제치고 본즉 지면에서 물이 걷혔더니 _13절

둘째 달 스무이렛날에 땅이 말랐더라 _14절

성경이 홍수의 날짜와 장소를 정확하게 기록한 이유가 무엇이겠습니까? 노아의 홍수가 역사적 사실임을 강조하기 위해서입니다. 따라서 우리는 본문의 사건이 역사적 사실임을 전제해야 합니다.

창세기 8장은 하나님께서 기억하셨다는 말씀으로 시작합니다. "하나님이 노아와 그와 함께 방주에 있는 모든 들짐승과 가축을 기억하사 하나님이 바람을 땅 위에 불게 하시매 물이 줄어들었고"(1절). 하나님께서 노아를 기억하셨다는 말은, 하나님께서 노아를 잊어버리셨다가 다시 기억하셨다는 뜻이 아닙니다. 하나님께서 한순간도 방주 안에 있는 노아를 잊지 않으셨다는 뜻입니다. 이때 노아의 마음은 어땠을까요? 노아가 방주에 갇혀 있던 기간은 대략 1년입니다. 그 1년 동안 노아의 마음은 어땠을까요?

우리는 어려움이 계속되면 이런 생각을 합니다. "혹시 하나님이

나를 잊으신 것은 아닐까?"노아도 마찬가지였을 것입니다. 1년라는 긴 시간 동안, '혹시 하나님이 나를 잊으신 것은 아닐까?' 하고 생각했을 것입니다. 그래서 성경은 하나님께서 노아를 잊지 않으셨음을 강조하는 것입니다.

이제 노아는 깜깜한 방주의 창문을 열고, 햇빛을 볼 수 있게 되었습니다. 그런데 노아는 곧바로 창문을 열지 않았습니다. 노아는 40일이 지난 다음에야 창문을 열었습니다. "사십 일을 지나서 노아가 그 방주에 낸 창문을 열고"(6절).

왜 노아는 비가 그치자마자 곧바로 창문을 열지 않고, 40일이나 지난 후에 창문을 열었을까요? 만약 우리가 오랫동안 창문을 열지 못하고, 깜깜한 공간에 갇혀 있다면, 우리는 너무나 창문 밖 세상이 보고 싶을 것입니다. 창문을 열고 햇빛을 받고 싶을 것입니다. 그런데 노아는 비가 그친 후에도 40일 동안 창문을 열지 않았습니다. 그 이유는 무엇일까요? 그 이유는 잠시 후에 살펴보겠습니다.

때를 기다릴 줄 아는 믿음

시간이 지난 후, 노아는 바깥으로 나가기 위해 땅의 상태를 확인했습니다. 노아는 먼저 까마귀를 날려 보냈고, 이후에 비둘기를 날려 보냈습니다. 노아가 날려 보낸 비둘기는 기쁜 소식을 가지고 돌아왔습니다. "저녁때에 비둘기가 그에게로 돌아왔는데 그 입에 감람나무 새 잎사귀가 있는지라 이에 노아가 땅에 물이 줄어든 줄을 알았으며"(11절). 비둘기가 물어온 것은 새 잎사귀였습니다. 홍수가 끝났고, 세상이 다시 정상으로 돌아왔다는 증거입니다. 이제 노아가 바깥세상으로 나갈 수 있는 환경이 조성되었습니다. 그런데 노아는 이때로부터 몇 달이 지나도록 바깥세상으로 나가지 않았습니다. 40일 동안 창문을 열지 않았던 것처럼, 몇 달 동안 문밖으로 나가지 않았습니다.

예전에 저는 코로나 19에 감염되어 일주일간 격리된 적이 있습니다. 단 일주일만 격리되었을 뿐인데, 집 밖으로 나가고 싶어 미칠 것 같았습니다. 일주일만 격리되어도 마음이 그렇게 힘든데, 노아는 거의 1년을 방주 안에 갇혀 있었습니다. 분명 노아도 방주 밖으로 나가고 싶었을 것입니다. 그런데 노아는 홍수가 그치고, 물이 줄어들고, 땅이 마른 후에도, 방주 밖으로 나가지 않았습니다. 노아는 언제 방주 밖으로 나갔을까요? "하나님이 노아에게 말씀하여 이르시되 너는 네 아내와 네 아들들과 네 며느리들과 함께 방주에서 나오고"(15-16절). 노아는 하나님께서 방주에서 나오라고 하신 다음에야, 방주 밖으로 나갔습니다. 방주 밖으로 너무나도 나가고 싶었지만, 하나님의 신호를 기다렸던 것입니다.

이제 노아가 40일 동안 창문을 열지 않았던 이유를 알 수 있습니다. 몇 달 동안 문을 열지 않았던 것과 마찬가지로, 40일 동안 창문을 열지 않았던 것은 하나님의 신호를 기다렸기 때문입니다. 노아는 하나님의 신호가 있기 전에는 창문을 열지 않았고, 문을 열고 방주 밖으로 나가지도 않았습니다. 하나님의 신호가 떨어진 다음에야 비로소 노아는 방주 밖으로 나왔습니다. 물론 지금 우리는 창문을 열거나, 문을 열 때, 하나님의 신호를 기다릴 필요가 없습니다. 하지만 방주에서 창문을 열고 문을 여는 것은 특별한 일이었습니다. 그때는 하나님의 심판이 진행되고 있었기 때문에, 노아는 작은 것 하나도 신중하게 행동해야 했습니다.

방주 밖으로 나온 노아는 가장 먼저 무엇을 했을까요? 노아가 가장 먼저 한 것은 예배였습니다. "노아가 여호와께 제단을 쌓고 모든 정결한 짐승과 모든 정결한 새 중에서 제물을 취하여 번제로 제단에 드렸더니"(20절). 노아가 예배를 드리자 하나님은 그 예배를 받으셨습니다. "여호와께서 그 향기를 받으시고"(21절). 여기서 "향기"라고 번역된 단어는 두 개의 단어가 합쳐진 것입니다. '니호아흐'라는 단어와 '레아흐'라는 단어입니다. '니호아흐'는 '마음을 기쁘게 하다'라는 뜻이고, '레아흐'는 '향기' 또는 '냄새'라는 뜻입니다. 노아의 예배가 하나님의 마음을 기쁘게 했음을 알 수 있는 표현입니다.

그리고 하나님은 다음과 같이 말씀하셨습니다. "내가 다시는 사람으로 말미암아 땅을 저주하지 아니하리니 이는 사람의 마음이 계획하는 바가 어려서부터 악함이라 내가 전에 행한 것 같이 모든 생물을 다시 멸하지 아니하리니"(21절). 하나님은 노아의 홍수와 같은 전지구적인 재앙을 다시는 내리지 않겠다고 약속하셨습니다. 세상이 마지막 날까지 평범한 일상을 유지하게 하신다고 약속하셨습니다.

그런데 어떤 사람들은 이런 생각을 합니다. '언젠가 소행성이 지구와 충돌해서 지구가 사라질지 모른다. 또는 기후 재앙으로 인해 전 지구적인 기근이 닥칠지 모른다.' 하지만 이 세상은 21절의 말쓸대로, 예수님께서 다시 오실 때까지 지금과 같은 일상의 평온함을 유지할 것입니다. 따라서 우리는 세상 사람들이 두려워하는 전 지구적인 재앙을 두려워할 필요가 없습니다. 하나님은 예수님께서 다시 오실 때까지 평범한 일상을 살아가도록 해 주실 것입니다. 그리고 평범한 일상이 반복되던 어느 날에, 사람들이 아무 낌새도 눈치채지 못하고 있을 때, 예수님은 오실 것입니다.

> 노아의 때와 같이 인자의 임함도 그러하리라 홍수 전에 노아가 방주에 들어가던 날까지 사람들이 먹고 마시고 장가들고 시집가고 있으면서 홍수가 나서 그들을 다 멸하기까지 깨닫지 못하였으니 인자의 임함도 이와 같으리라 _마 24:37-39

창세기 8장의 교훈

따라서 하나님께서 창세기 8장을 통해 우리에게 교훈하시는 바는 다음과 같습니다.

첫째, 하나님은 우리를 잊지 않으십니다. 하나님은 방주 안에 있던 노아를 잊지 않으셨습니다. 마찬가지로 하나님은 우리를 잊지 않으십니다. 우리가 자주 두려움을 느끼는 것은 하나님께서 우리를 잊으신 것 같다고 생각하기 때문입니다. 하나님은 결코 자기 백성을 잊으시거나 내버려 두시지 않습니다. 우리는 항상 하나님의 마음에 있습니다. 우리가 어떤 어려움을 겪더라도 하나님께서 우리를 잊어버렸기 때문이라고 생각해서는 안 됩니다.

둘째, 우리는 하나님의 신호를 기다려야 합니다. 노아는 창문을 열고 싶었을 것입니다. 방주 밖으로 나가고 싶었을 것입니다. 하지만 노아는 하나님께서 신호를 주실 때까지 기다렸습니다. 우리도 마찬가지입니다. 우리는 자주 중요한 결정을 내려야 하는 순간을 맞이합니다. 그때는 신중하게 행동해야 합니다. 하나님의 뜻을 찾기 위해 노력해야 하고, 하나님의 신호가 있을 때까지 기다려야 합니다.

셋째, 하나님은 우리가 예배자로 살아가기를 원하십니다. 방주에서 나온 노아가 가장 먼저 한 일은 예배였습니다. 이것은 하나님의 뜻을 따른 행동이었습니다. 하나님은 홍수 이후의 세상이 하나님을 예배하는 세상이 되기를 원하셨고, 그 뜻을 따라 노아는 가장 먼저 예배를 드렸습니다. 우리도 마찬가지입니다. 우리는 예배를 상실한 세상에서 예배를 수호하는 자들이 되어야 합니다. 우리는 예배를 타협하거나 예배를 중단해서는 안 됩니다.

결론

우리는 모두 여러 가지 이유로 두려움을 안고 있습니다. 해결되지 않는 문제들 때문에 마음이 아픈 분들도 있을 것입니다. 그때 꼭 기억해야 하는 것이 있습니다. 하나님께서 우리를 기억하신다는 사실입니다. 우리 한 명 한 명이 하나님의 마음에 있습니다.

우리가 어려움을 겪을 때, 세상은 우리에게 다음과 같이 말합니다.

많은 사람이 나를 대적하여 말하기를 그는 하나님께 구원을 받지 못한다 하나이다
_시 3:2

세상은 하나님이 우리에게 무관심하다고, 하나님이 우리를 돕지 않으신다고 말합니다. 하지만 성경은 다음과 같이 말합니다.

여호와여 주는 나의 방패시요 나의 영광이시요 나의 머리를 드시는 자이시니이다
_시 3:3

하나님은 우리에게 무관심한 분이 아닙니다. 하나님은 우리의 방패, 우리의 영광, 우리의 도움이십니다. 하나님은 우리의 처지를 다 아시고, 가장 좋은 시간에, 가장 적절한 방식으로 우리를 도와주시는 분입니다.

성도 여러분, 세상이 주는 헛된 생각과 유혹을 이겨 내시길 바랍니다. 세상의 말이 아니라, 하나님의 말씀을 들으시길 바랍니다. 하나님의 말씀을 여러분의 마음에 채우시길 바랍니다. 그 말씀을 통해 힘과 용기를 얻으실 줄 믿습니다.

● 되새겨 보기

1. 성경이 홍수의 날짜와 장소를 정확하게 기록한 이유는 무엇입니까?

2. 하나님께서 노아를 기억하셨다는 것은 어떤 뜻입니까?

3. 왜 노아는 40일 후에 창문을 열었습니까?

4. 노아는 언제 방주 밖으로 나갔습니까?

5. 지구가 갑자기 멸망할 수 있습니까?

● 생각해 보기

1. 여러분은 하나님께서 우리를 잊지 않으신다고 믿습니까?

2. 중요한 결정을 앞두고서 기도하며 하나님의 신호를 기다립니까?

3. 혹시 예배를 타협하고 있진 않습니까?

09 하나님이 노아에게 복을 주시며
창 9:1-29

징계가 있으면 은혜가 있다

하나님은 세상을 홍수로 심판하셨습니다. 방주에 탄 노아의 가족과 소수의 짐승 외에는 모두 죽임을 당했습니다. 이 일로 인해 사람들은 하나님께서 생명을 귀하게 여기지 않으신다고 오해할 수 있었습니다. 그래서 하나님은 9장 전반부의 말씀을 통해 생명의 소중함을 말씀하셨습니다. 이 생명의 소중함을 강조하기 위해 세 가지를 말씀하셨는데요.

첫째, 하나님은 사람들에게 생육하고 번성하라고 말씀하셨습니다. "하나님이 노아와 그 아들들에게 복을 주시며 그들에게 이르시되 생육하고 번성하여 땅에 충만하라"(창 9:1). 사람을 향한 하나님의 뜻은 심판과 죽음이 아니라, 생육하고 번성하는 것입니다.

둘째, 하나님은 짐승의 생명도 소중하다고 말씀하셨습니다. "그러나 고기를 그 생명 되는 피째 먹지 말 것이니라"(4절). 피는 생명을 상징합니다. 짐승을 피째 먹지 말라는 것은, 사람의 생명이 소중하듯 짐승의 생명도 소중하다는 뜻입니다. 물론 육식을 할 수는 있습니다. 그러나 짐승의 생명을 하찮게 여겨서는 안 됩니다.

셋째, 하나님은 사람의 생명은 특히 더 소중하다고 말씀하셨습니다. "다른 사람의 피를 흘리면 그 사람의 피도 흘릴 것이니 이는 하나님이 자기 형상대로 사람을 지으셨음이니라"(6절). 하나님은 사람이 죄를 지었어도 여전히 하나님의 형상이라고 하셨습니다. 따라서 사람은 모든 피조물 가운데 가장 중요한 존재입니다.

그리고 나서 하나님은 노아와 언약을 맺으셨습니다. 이른바 '노아 언약'입니다. "내가 너희와 언약을 세우리니 다시는 모든 생물을 홍수로 멸하지 아니할 것이라 땅을 멸할 홍수가 다시 있지 아니하리라"(11절). 노아 언약의 내용은 노아의 홍수와 같은 전 지구적인 재앙은 다시는 일어나지 않는다는 것입니다. 만약 하나님께서 노아 언약을 약속하지 않으셨다면, 사람들은 정상적인 삶을 살 수 없었을 것입니다. 비가 올 때마다 홍수 심판이라고 생각할 수 있었기 때문입니다.

하나님은 노아 언약을 맺으시면서, 무지개를 언약의 보증으로 사용하셨습니다. "내가 내 무지개를 구름 속에 두었나니 이것이 나와 세상 사이의 언약의 증거니라"(13절). 이처럼 언약의 증거는 무지개입니다. 물론 이때부터 무지개가 생겨났다는 말은 아닙니다. 하나님은 원래 있던 무지개 현상을 언약의 보증으로 사용하셨습니다. 그런데 왜 하필 무지개일까요? 그 이유는 다음과 같습니다. 구름 다음에는 무지개가 있고, 무지개 전에는 구름이 있습니다. 구름은 하나님의 심판을 상징하고, 무지개는 하나님의 은혜를 상징합니다. 따라서 구름 다음에 무지개가 나타난다는 것은, 심판하신 후에는 은혜가 찾아온다는 뜻입니다. 슬픔과 고통 다음에는 기쁨과 회복이 찾아온다는 뜻입니다.

우리는 구름을 볼 때마다 하나님의 심판과 징계를 생각해야 합니다. 그리고 무지개를 볼 때마다 하나님의 용서와 은혜를 생각해야 합니다. 구름 뒤에는 무지개가 찾아오듯이, 하나님의 징계 뒤에는 은혜가 찾아옵니다. 슬픔과 고통 뒤에는 기쁨과 회복이 찾아옵니다. 바로 이것이 무지개 언약이 우리에게 주는 교훈입니다.

다시 하나님 나라와 세상 나라

노아를 통해 새로운 시대가 시작되었습니다. 새로운 세상에서 죄가 사라졌을까요? 그렇지 않습니다. "노아가 농사를 시작하여 포도나무를 심었더니 포도주를 마시고 취하여 그 장막 안에서 벌거벗은지라"(20-21절). 새로운 시대가 시작되었습니다. 하지만 죄는 사라지지 않았습니다. 역설적이게도 새 시대의 비극은 노아로부터 시작되었습니다.

우리는 앞에서 세상에 죄가 들어온 결과, 세상이 하나님 나라와 세상 나라로 나누어졌음을 보았습니다. 홍수 이후에도 마찬가지였습니다. 노아에게는 세 명의 아들이 있었습니다. 셈과 함과 야벳입니다. 이들 역시 하나님 나라와 세상 나라로 나누어졌습니다. 세상 나라에 속한 자는 함이었습니다. "가나안의 아버지 함이 그의 아버지의 하체를 보고 밖으로 나가서 그의 두 형제에게 알리매"(22절).

함은 아버지의 부끄러운 모습을 가장 먼저 보았음에도 아버지의 수치를 덮어 주지 않았습니다. 아버지의 수치를 공개하고, 아버지의 명예를 훼손했습니다.

반면 셈과 야벳은 하나님 나라에 속한 자였습니다. "셈과 야벳이 옷을 가져다가 자기들의 어깨에 메고 뒷걸음쳐 들어가서 그들의 아버지의 하체를 덮었으며 그들이 얼굴을 돌이키고 그들의 아버지의 하체를 보지 아니하였더라"(23절). 셈과 야벳은 아버지의 수치를 덮어 주었습니다. 아버지의 명예를 높여 주었습니다.

여기서 잠시 생각해 볼 것이 있습니다. 창세기의 배경입니다. 창세기는 모세가 기록했고, 창세기의 1차 독자는 애굽을 떠나 가나안으로 향하던 이스라엘 백성입니다. 이스라엘이 가나안으로 향한 이유가 무엇이었습니까? 가나안 족속을 정복하고 가나안 땅에 하나님 나라를 세우기 위함이었습니다. 가나안으로 향하던 이스라엘은 창세기 9장의 말씀을 들으면서 어떤 생각을 했을까요? 가나안의 원주민과 싸워서 이길 수 있다는 생각을 하지 않았을까요? 이스라엘은 축복받은 셈의 후손이지만, 가나안 원주민들은 저주받은 함의 후손이기 때문입니다.

셈이 받은 축복과 함이 받은 저주의 내용은 다음과 같습니다. "이에 이르되 가나안은 저주를 받아 그의 형제의 종들의 종이 되기를 원하노라 하고 또 이르되 셈의 하나님 여호와를 찬송하리로다 가나안은 셈의 종이 되고"(25-26절). 그런데 여기서, 왜 함이 아니라 함의 아들 가나안이 저주를 받는다고 말할까요? 이스라엘이 싸움을 앞둔 가나안 족속이 바로 함의 아들 가나안의 후손이기 때문입니다. 이처럼 하나님은 이미 오래전에, 이스라엘이 가나안과 싸워서 이길 것이라고 약속해 주셨습니다.

창세기 9장의 교훈

따라서 하나님께서 창세기 9장을 통해 우리에게 교훈하시는 바는 다음과 같습니다.

첫째, 하나님의 징계 다음에는 은혜가 있습니다. 우리가 죄를 지으면 하나님은 심판하십니다. 우리가 연약하면 하나님은 연단하십니다. 하지만 심판과 연단만 있는 것은 아닙니다. 그 후에는 은혜가 있고, 기쁨이 있고, 회복이 있습니다. 다윗은 이 사실을 다음과 같이 말했습니다. "내게 즐겁고 기쁜 소리를 들려 주시사 주께서 꺾으신 뼈들도 즐거워하게 하소서"(시 51:8). 다윗이 죄를 지어, 하나님은 다윗을 징계하셨습니다. 그 결과 다윗은 뼈가 부러지는 듯한 고통을 겪었습니다. 하지만 다윗은 징계 이후에는 은혜가 있다는 것을 알았습니다. 그래서 다윗은 구원의 즐거움을 회복시켜 달라고 기도했습니다. 기쁨과 즐거움을 회복시켜 달라고 기도했습니다. "주의 구원의 즐거움을 내게 회복시켜 주시고 자원하는 심령을 주사 나를 붙드소서"(시 51:12). 이처럼 심판 다음에는 구원이, 징계 다음에는 은혜가, 연단 다음에는 기쁨과 즐거움이 찾아옵니다.

둘째, 하나님의 백성은 세상을 이길 수 있습니다. 노아는 가나안을 저주했고, 셈은 축복했습니다. 그 결과 셈의 후손인 이스라엘은 가나안을 정복할 수 있었습니다. 그런데 실제 군사력은 누가 더 강했을까요? 실제 군사력은 가나안이 훨씬 강했습니다. 가나안 족속이 신체 조건도 좋았고 무기도 좋았습니다. "거기서 네피림 후손인 아낙 자손의 거인들을 보았나니 우리는 스스로 보기에도 메뚜기 같으니 그들이 보기에도 그와 같았을 것이니라"(민 13:33). "요셉 자손이 이르되 그 산지는 우리에게 넉넉하지도 못하고 골짜기 땅에 거주하는 모든 가나안 족속에게는 벧 스안과 그 마을들에 거주하는 자이든지 이스르엘 골짜기에 거주하는 자이든지 다 철 병거가 있나이다 하니"(수 17:16).

이처럼 가나안 족속은 거인 같았고, 이스라엘은 메뚜기 같았습니다. 가나안 족속은 철 병거를 가지고 있었고, 이스라엘은 변변찮은 무기 하나 없었습니다. 하지만 실제로 승리한 것은, 가나안이 아니라 이스라엘이었습니다. 메뚜기 같았고 제대로 된 무기도 없었던 이스라엘이 승리했습니다. 그 이유는 하나님의 은혜가 이스라엘과 함께했기 때문입니다.

자녀를 키우는 부모의 마음에는 두려움이 있습니다. 세상은 너무 커 보이고, 우리 자녀들은 너무 작아 보이기 때문입니다. 하지만 우리에게는 세상에 없는 무기가 있습니다. 하나님의 은혜라는 무기입니다. 세상 사람들이 자기 자녀들에게 아무리 많은 돈을 써도, 그들에게는 하나님의 은혜가 없습니다. 반면 우리 자녀들은 혹여 부족하고 연약할지라도 하나님의 은혜가 있습니다.

세상 사람들은 자기 자녀를 실력 있는 사람으로 기우려고 합니다. 실력만 갖추면 승리한다고 믿기 때문입니다. 그러나 실력보다 중요한 것은 하나님의 은혜요, 하나님의 은혜를 구하는 겸손한 태도입니다. 따라서 우리는 자녀들에게 다음과 같이 가르쳐야 합니다. "우리는 부족하단다. 하지만 우리 하나님은 강하시단다. 우리는 가진 것이 없단다. 하지만 하나님은 모든 것을 가지고 계신단다. 그러니 너는 평생 하나님을 의지하고 하나님의 도움을 구하면서 살아야 해. 그러면 너는 승리하는 인생, 복된 인생을 살 수 있을 거야."

결론

노아가 살던 세상에는 힘과 권세와 명예를 가진 사람들이 많이 있었습니다. 하지만 그 시대의 진정한 승리자는 하나님과 동행한 노아였습니다. 모세가 살던 세상에서는 애굽이 가장 강한 나라였고, 가나안 역시 이스라엘보다는 훨씬 강한 나라였습니다. 하지만 결국 승리한 것은, 하나님의 백성이었던 이스라엘입니다.

마찬가지로 우리는 많은 부분에서 부족합니다. 우리의 자녀들도 마찬가지입니다. 하지만 주눅 들 필요는 없습니다. 두려워할 필요도 없습니다. 우리에게는 세상에 없는 무기가 있기 때문입니다. 하나님의 은혜입니다. 우리가 겸손히 하나님의 은혜를 구한다면, 우리 자녀들이 신실하게 하나님과 동행한다면, 우리는 이 치열한 경쟁 사회에서 진정한 승리자가 될 것입니다. 그러한 은혜가 여러분과 자녀들의 삶에 가득하기를 바랍니다.

● 되새겨 보기

1. 홍수 심판 때문에 사람들은 어떤 오해를 할 수 있었습니까?

2. 하나님께서 생명의 소중함을 일깨워 주기 위해서 무엇을 말씀하셨습니까?

   ①

   ②

   ③

3. 구름과 무지개는 각각 무엇을 상징합니까?

4. 새 시대의 비극은 누구로부터 시작되었습니까?

5. 노아의 아들 중 세상 나라에 속한 자는 누구입니까?

● 생각해 보기

1. 여러분은 하나님이 심판 후에 은혜를, 연단 후에 기쁨을 주시는 분임을 믿습니까?

2. 하나님의 은혜로, 세상을 이기는 삶을 살 수 있다고 믿습니까?

10   노아의 아들 셈과 함과 야벳의 족보는
창 10:1-32

온 세상을 가득 채우시는 하나님의 복

창세기 10장은 홍수 이후에 어떤 일이 있었는지를 보여 줍니다. 홍수 후에 셈과 함과 야벳은 '아들들'을 낳았습니다(창 10:1). 본문에서 "아들"이라고 번역된 히브리어는 '벤'입니다. 이 단어는 '후손'으로도 번역할 수 있습니다. 본문을 그렇게 번역하면, 셈과 함과 야벳이 여러 민족의 조상이 되었다는 뜻입니다.

실제로 셈과 함과 야벳은 여러 민족의 조상이 되었습니다. 셈과 함과 야벳의 후손들은 수십 개의 나라와 민족을 이루었습니다. 이것은 하나님께서 그들에게 복 주신 결과였습니다. "하나님이 노아와 그 아들들에게 복을 주시며 그들에게 이르시되 생육하고 번성하여 땅에 충만하라"(9:1). 하나님께서 노아와 그 아들들에게 복을 주셨습니다. 그 결과 노아의 아들들은 큰 민족의 조상이 되었습니다. 10장을 분석해 보면, 야벳의 후손이 14개 민족, 함의 후손이 30개 민족, 셈의 후손이 26개 민족을 이루었음을 알 수 있습니다. 셈과 함과 야벳의 후손들은 모두 70개의 민족을 이루었습니다.

여기에는 사실 문학적 장치가 숨어 있습니다. "야벳의 아들은 고멜과 마곡과 마대와 야완과 두발과 메섹과 디라스요"(10:2). 이처럼 야벳의 아들은 모두 7명입니다. 그런데 창세기 10장은 7명 모두를 다루지 않습니다. 그중 고멜과 야완만 소개합니다. "고멜의 아들은 아스그나스와 리밧과 도갈마요 야완의 아들은 엘리사와 달시스와 깃딤과 도다님이라"(3-4절). 왜 야벳의 아들이 일곱임에도 불구하고, 두 명만 소개할까요? 실제로 셈과 함과 야벳의 아들은 70명이 훨씬 넘습니다. 그중에서 70명만 선별한 것입니다. 의도적으로 70이라는 숫자를 강조하려는 것인데요. 그 이유가 뭘까요?

성경에서 7과 10은 완전함을 상징합니다. 따라서 70은 완전수인 7과 10을 곱한 것이므로, 셈과 함과 야벳의 후손이 70개의 민족이 되었다고 말하는 것은, 셈과 함과 야벳의 후손이 하나님께 큰 복을 받아 온 세상을 가득 채웠다고 말하는 것과 같습니다.

셈과 함과 야벳의 후손이 온 세상에 흩어진 데는 또 다른 이유도 있었습니다. "이들로부터 여러 나라 백성으로 나뉘어서 각기 언어와 종족과 나라대로 바닷가의 땅에 머물렀더라"(5절). 셈과 함과 야벳의 후손들은 언어를 따라서 여러 나라로 나누어졌습니다. 노아의 세 아들은 다른 언어를 사용하지 않았습니다. 그런데 어떻게 언어대로 나누어졌을까요? 그 이유는 11장에 나옵니다. 하나님은 11장에서 사람들을 심판하셨습니다. 하나님은 언어를 나누는 방식으로 사람들을 심판하셨습니다. 따라서 11장은 10장보다 앞선 사건입니다. 요컨대, 셈과 함과 야벳의 후손들이 온 세상에 퍼진 것은 하나님께서 그들에게 복을 주신 결과이기도 하고, 하나님께서 그들을 벌하신 결과이기도 합니다.

누가 복을 받은 사람들인가?

이어서 6절을 보겠습니다. "함의 아들은 구스와 미스라임과 붓과 가나안이요"(6절). 익숙한 이름이 나옵니다. 함과 가나안입니다. 이들은 9장에서 하나님께 저주를 받은 사람들입니다. 따라서 우리는 함의 후손들이 약소국이 되었을 거라고 생각하기 쉽습니다. 하지만 사실은 정반대였습니다. 이것은 마치 가인 후손들의 삶과 같습니다. 가인의 후손들은 하나님을 떠난 자들이었습니다. 하지만 그들은 번성하고 성공한 삶을 살았습니다. 함의 후손들도 마찬가지입니다. 함의 후손들도 번성하고 성공한 삶을 살았습니다. 대표적인 사람이 니므롯입니다. "구스가 또 니므롯을 낳았으니 그는 세상에 첫 용사라"(8절). 홍수 이전에는 어떤 사람들이 용사가 되었을까요? 하나님을 떠난 사람들이 용사가 되었습니다(6:6). 하나님을 떠나 세상과 결탁한 자들이 그 시대의 유명 인사가 되었습니다. 니므롯도 마찬가지입니다. 따라서 본문에서 니므롯을 '용사'라고 칭하는 것은 부정적인 평가를 함의합니다.

니므롯은 용감한 사냥꾼이기도 했습니다. "그가 여호와 앞에서 용감한 사냥꾼이 되었으므로 속담에 이르기를 아무는 여호와 앞에 니므롯같이 용감한 사냥꾼이로다 하더라"(9절). 니므롯은 무엇을 사냥하는 사람이었을까요? '사냥꾼'의 의미가 무엇일까요? 니므롯은 원래 시날 땅에 자리를 잡았습니다. "그의 나라는 시날 땅의 바벨과 에렉과 악갓과 갈레에서 시작되었으며"(10절). 그런데 그 땅으로 만족하지 않고 앗수르를 정복했다고 합니다. "그가 그 땅에서 앗수르로 나아가 니느웨와 르호보딜과 갈라와 및 니느웨와 갈라 사이의 레센을 건설하였으니 이는 큰 성읍이라"(11-12절). 여기서 말하는 큰 성읍은 11장에 나오는 바벨탑을 말하는 것인데, 바벨탑은 다음 장에서 살펴보겠습니다. 중요한 것은 니므롯이 '앗수르'를 침략하고 정복했다는 것입니다. 앗수르는 셈의 아들이요 니므롯의 삼촌인 앗수르가 세운 도시입니다(22절). 즉, 니므롯이 삼촌이 세운 도시를 공격하고 정복했다는 것입니다.

성경이 그를 뭐라고 지칭하죠? "그가 여호와 앞에서 용감한 사냥꾼이 되었으므로…"(9절). 니므롯이 하나님 앞에서 용감한 사냥꾼이 되었다고 합니다. 그러니까 니므롯은 평범한 사냥꾼이 아니었습니다. 사람을 사냥하는 사냥꾼이요, 하나님께서 보고 계심에도 불구하고 다른 도시나 부족을 정복하고 사람들을 지배하는 '인간 사냥꾼'이 되었다는 것입니다.

9장에서 노아의 축복을 받은 사람들은 셈의 후손이고, 저주를 받은 사람들은 함의 후손입니다. 그런데 현실은 함의 후손이 셈의 후손을 침략하고 약탈했습니다. 그런데도 우리가 함의 후손이 저주를 받았고, 셈의 후손이 축복을 받았다고 말할 수 있을까요? 물론입니다. 함의 후손들은 성공으로 인해서 하나님과 더 멀어졌고, 셈의 후손들은 고난으로 인해서 하나님을 향한 믿음을 지켰기 때문입니다.

결국 함의 후손들은 바벨탑 사건으로 하나님의 심판을 받았습니다. 이후에는 가나안 정복 전쟁으로 하나님의 심판을 받았습니다. 반대로 셈의 후손 가운데서는 아브라함이 출생했습니다. 아브라함의 후손은 이스라엘 민족을 이루었고, 이 이스라엘 가운데서 예수님이 탄생하셨습니다.

창세기 10장의 교훈

따라서 하나님께서 창세기 10장을 통해 우리에게 교훈하시는 바는 다음과 같습니다.

첫째, 하나님의 복은 고난 속에 감추어져 있습니다. 하나님은 셈의 후손에게 복을 주셨고, 함의 후손은 저주하셨습니다. 하지만 역사가 보여 주는 것은 무엇입니까? 함의 손자 니므롯은 셈의 아들 앗수르를 공격해서 그의 도시를 빼앗았습니다. 우리가 보기에는 함의 손자 니므롯은 복을 받은 것 같고, 셈의 아들 앗수르는 저주를 받은 것 같습니다. 하지만 하나님 편에서는 셈의 후손이 복을 받았고, 함의 후손은 저주를 받은 것입니다. 결국 하나님 나라의 계보는 셈의 후손을 통해서 이어지기 때문입니다. 셈의 계보에서 아브라함이 나오고, 다윗이 나오고, 결정적으로 예수님께서 태어나셨기 때문입니다. 그렇게 보면 셈의 후손들이 겪은 고난은 사실 하나님의 복이었습니다. 셈의 후손들이 받은 고난 속에, 하나님의 복이 감추어져 있었습니다.

성경은 하나님께서 고난을 통해 다음과 같이 일하신다고 말합니다. "고난당하기 전에는 내가 그릇 행하였더니 이제는 주의 말씀을 지키나이다"(시 119:67). 고난을 통해 우리가 하나님의 말씀을 지키게 된다는 뜻입니다. "고난당한 것이 내게 유익이라 이로 말미암아 내가 주의 율례들을 배우게 되었나이다"(시 119:71). 고난을 통해 우리가 하나님의 뜻을 배운다는 뜻입니다. "이르되 내가 받는 고난으로 말미암아 여호와께 불러 아뢰었더니 주께서 내게 대답하셨고 내가 스올의 뱃속에서 부르짖었더니 주께서 내 음성을 들으셨나이다"(욘 2:2). 고난을 통해 우리가 하나님께 나아가게 된다는 뜻입니다. "자녀이면 또한 상속자 곧 하나님의 상속자요 그리스도와 함께한 상속자니 우리가 그와 함께 영광을 받기 위하여 고난도 함께 받아야 할 것이니라"(롬 8:17). 고난을 통해 우리가 하나님의 자녀인 것을 확인하게 된다는 뜻입니다. 이 말씀들을 종합하면, 우리가 지금까지 믿음을 지킬 수 있었던 것은 사실 고난 때문입니다. 우리의 믿음이 이만큼 성장할 수 있었던 것도 고난 때문입니다. 이처럼 하나님의 은혜는 고난 속에 감추어져 있습니다.

둘째, 사람의 삶은 하나님의 눈앞에 있습니다. 오늘 본문은 니므롯의 삶이 하나님 앞에 있었다고 말합니다. 하나님께서 니므롯의 삶을 지켜보셨다는 뜻입니다. 빌 하이벨스(Bill Hybels) 목사님이 쓰신, 《아무도 보는 이 없을 때 당신은 누구인가?》라는 책이 있습니다. 사람의 진짜 모습은 아무도 보지 않을 때 드러난다는 내용을 다룬 책입니다. 왜 사람들은 아무도 보지 않을 때 자신의 실체를 드러낼까요? 말 그대로 아무도 보지 않는다고 생각하기 때문입니다. 하지만 우리의 삶에, 아무도 보지 않는 순간은 없습니다. 우리의 삶은, 항상 하나님 앞에 있습니다. 따라서 우리는 아무도 우리를 보고 있지 않을 때도 하나님의 시선을 의식해야 합니다. 혼자 있는 순간에도, 하나님의 임재를 의식하며 살아야 합니다.

결론

노아는 세 명의 아들을 낳았습니다. 셈과 함과 야벳입니다. 그들은 수많은 자손을 낳았습니다. 그들의 족보가 10장에 기록되어 있습니다. 그중에서 셈의 족보는 10장으로 끝나지 않습니다. 셈의 족보는 계속해서 등장합니다. 창세기 11장, 역대상 1장, 그리고 누가복음 3장에도 등장합니다. 왜 셈의 족보는 성경에 계속해서 등장할까요? 하나님 나라의 역사가 셈의 후손들을 통해서 흘러가기 때문입니다.

우리는 힘과 권세를 가진 사람들에 의해 역사가 흘러간다고 생각하기 쉽습니다. 하지만 역사는 하나님의 백성들에 의해 흘러갑니다. 셈의 후손들이 역사의 중심이었던 것처럼, 지금도 역사의 중심은 하나님의 백성들입니다. 우리가 하나님을 예배하는 일, 하나님을 전하는 일, 하나님의 말씀을 실천하는 일은 세상 사람들이 보기에 전혀 중요한 일이 아닙니다. 하지만 우리가 이런 일을 행함으로써 하나님의 나라는 세워져 나갑니다. 하나님의 역사가 흘러갑니다. 성경은 다음과 같이 말합니다.

> 지혜 있는 자는 궁창의 빛과 같이 빛날 것이요 많은 사람을 옳은 데로 돌아오게 한 자는 별과 같이 영원토록 빛나리라 _단 12:3

돈과 명예와 권력을 가져야만 빛나는 것이 아닙니다. 하나님 앞에서 지혜로운 삶을 사는 사람, 많은 사람을 옳은 데로 돌아오게 하는 사람이 정말 빛나는 사람입니다. 여러분의 삶이 이처럼 빛나는 삶이 되기를 바랍니다. 여러분의 삶이 세상의 영광을 추구하다 결국 멸망하는 니므롯의 삶이 아니라, 하나님의 영광을 추구하여 영원토록 빛나는 삶이 되기를 바랍니다.

● 되새겨 보기

1. 왜 본문은 '70'이라는 숫자를 강조합니까?

2. 저주받은 함의 후손들은 어떤 삶을 살았습니까?

3. 함의 후손 중에 대표적인 사람은 누구입니까?

4. 니므롯은 어떤 사냥꾼입니까?

5. 함의 후손이 저주를 받았다고 할 수 있는 이유는 무엇입니까?

6. 셈의 후손이 복을 받았다고 할 수 있는 이유는 무엇입니까?

7. 세상에서 정말로 빛나는 사람은 어떤 사람입니까?

● 생각해 보기

1. 여러분은 지금 겪는 고난 속에 하나님의 복이 감추어져 있음을 믿습니까?

2. 아무도 보지 않을 때, 여러분은 어떤 사람입니까?

11 사람들이 건설하는 성읍과 탑을 보려고
창 11:1-32

거대한 세상 나라 건설의 꿈

원래 온 인류는 하나의 민족, 하나의 국가였습니다. "온 땅의 언어가 하나요 말이 하나였더라"(창 11:1). 온 인류를 이끌던 지도자는 니므롯이었습니다. "구스가 또 니므롯을 낳았으니 그는 세상에 첫 용사라"(10:8). 니므롯이 '세상의 첫 용사'였다는 것은 그가 홍수 이후에 온 인류를 이끌던 지도자였다는 뜻입니다.

니므롯은 백성들을 동방으로 옮겼습니다. 넓은 평지를 찾기 위함이었습니다. "이에 그들이 동방으로 옮기다가 시날 평지를 만나 거기 거류하며"(11:2). 왜 니므롯은 넓은 평지를 찾았을까요? 거대한 도시를 건설하기 위함이었습니다. "자, 성읍과 탑을 건설하여 그 탑 꼭대기를 하늘에 닿게 하여"(4절). 니므롯이 동쪽으로 간 것은 넓은 평지를 찾기 위함이었고, 넓은 평지를 찾은 것은 거대한 도시를 건설하기 위함이었습니다. 왜 니므롯은 거대한 도시를 건설하려고 했을까요? 그 이유는 두 가지입니다.

첫째, 자기 이름을 남기기 위함이었습니다. "그 탑 꼭대기를 하늘에 닿게 하여 우리 이름을 내고"(4절). 사람들이 에펠탑을 보면서 에펠(Eiffel)이라는 사람의 이름을 기억하는 것처럼, 니므롯은 거대한 도시를 통해 자기 이름이 기억되기를 원했습니다. 둘째, 흩어지지 않고 한 장소에 모여 살기 위함이었습니다. "온 지면에 흩어짐을 면하자"(4절). 니므롯은 흩어지지 않고 한 장소에 모여 살기 위해 큰 도시를 건설했습니다. 그런데 이것은 하나님의 뜻을 정면으로 거역하는 일이었습니다. 하나님은 여러 차례 흩어지라고 하셨기 때문입니다. "하나님이 그들에게 이르시되 생육하고 번성하여 땅에 충만하라"(1:28), "하나님이 노아와 그 아들들에게 복을 주시며 그들에게 이르시되 생육하고 번성하여 땅에 충만하라"(9:1).

하나님의 뜻은 백성들이 온 세상에 흩어지는 것입니다. 하나님의 나라가 온 세상으로 확장되는 것입니다. 그런데 니므롯은 흩어지지 않기 위해 거대한 도시를 건설했습니다. 니므롯은 하나님의 나라를 세우기 위해 흩어지는 것을 거부하고, 니므롯의 왕국을 세우기 위해 한자리에 모여서 살자고 했습니다. 따라서 바벨탑 사건의 핵심은 하나님 나라를 세우려 하지 않고, 세상 나라를 세우려고 한 것에 있습니다.

이것은 하나님께서 그냥 두고 보실 수 없는 일이었습니다. 하나님은 이들을 심판하기 위해서 찾아오셨습니다. "여호와께서 사람들이 건설하는 그 성읍과 탑을 보려고 내려오셨더라"(11:5). 그런데 본문의 표현이 특이합니다. 하나님은 어디에나 계시고 모든 것을 보십니다. 그런데 왜 모세는 "보려고 내려오셨더라"라고 했을까요? 이것은 니므롯이 세운 도시가 하나님께서 보시기에 얼마나 작은지를 강조하기 위한 표현입니다. 니므롯은 하늘에 닿을 정도로 높은 탑을 세우려고 했습니다. 그런데 하나님께서 보시기에 니므롯이 세운 탑은 너무나 작고 하찮았습니다. 그래서 성경은 하나님께서 그 탑을 보기 위해서 내려오셨다고 말한 것입니다.

하나님은 바벨탑 사건이 발생한 원인을 다음과 같이 말씀하셨습니다. "이 무리가 한 족속이요 언어도 하나이므로 이같이 시작하였으니 이후로는 그 하고자 하는 일을 막을 수 없으리로다"(6절). 하나님은 바벨탑 사건이 온 인류가 하나의 민족이고 하나의 언어를 사용했기 때문에 발생한 것이라고 하셨습니다. 온 인류가 하나의 민족이어서 니므롯이 선동하기 쉬웠고, 온 인류가 하나의 언어를 사용했기 때문에 니므롯의 악한 계획이 쉽게 퍼져 나갔던 것입니다. 만약 민족이 달랐다면, 온 인류가 니므롯에게 선동당하지 않았을 것입니다. 만약 언어가 달랐다면, 니므롯의 악한 계획이 쉽게 퍼지지 않았을 것입니다. 그래서 하나님은 언어와 민족을 나누셨습니다. "자, 우리가 내려가서 거기서 그들의 언어를 혼잡하게 하여 그들이 서로 알아듣지 못하게 하자 하시고"(7절).

흩으시되, 셈의 후손은

하나님께서 그들의 언어를 혼잡하게 하여 민족을 나누셨습니다. 그 결과는 다음과 같았습니다. 첫째, 한 장소에 모여 있던 사람들이 온 세상에 흩어졌습니다. "여호와께서 거기서 그들을 온 지면에 흩으셨으므로"(8절). 이로써 사람들이 흩어지기를 원하셨던 하나님의 뜻이 이루어졌습니다. 둘째, 거대한 도시를 건설하는 일이 중단되었습니다. "그 도시를 건설하기를 그쳤더라"(8절). 따라서 이 도시는 오랫동안 폐허로 남아 있었을 것입니다. 그리고 하나의 상징이 되었을 것입니다. 하나님의 뜻과 상관없는 것은 결국 무너진다는 증거가 되었을 것입니다.

이제 사람들은 온 세상에 흩어져 살게 되었습니다. 세상에는 수많은 나라와 민족이 생겨났습니다. 하나님께서 여러 민족을 흩으신 이후에, 유일하게 소개되는 민족이 있습니다. 바로 셈의 후손입니다. "셈의 족보는 이러하니라 셈은 백 세, 곧 홍수 후 이 년에 아르박삿을 낳았고"(10절). 왜 하나님은 셈의 후손만 따로 떼어 설명하실까요? 셈의 후손을 통해 믿음이 전수되기 때문입니다. "데라는 칠십 세에 아브람과 나홀과 하란을 낳았더라"(26절). 이처럼 셈의 믿음은 아브람에게 전수되었습니다. 이후에 아브라함은 이스라엘 민족의 시조가 되었고, 이스라엘은 가나안 땅에 하나님 나라를 건설했습니다.

셈의 족보에는 특징이 있습니다. 셈의 족보가 가진 특징은 창세기 5장과 비교할 때 두드러집니다. 5장의 족보는 죽음의 족보로 불립니다. 등장인물들의 삶이 모두 다 죽음으로 끝나기 때문입니다. "그는 구백삼십 세를 살고 죽었더라"(5:5), "그는 구백십이 세를 살고 죽었더라"(5:8), "그는 구백오 세를 살고 죽었더라"(5:11). 그러나 셈의 족보에는 죽음이라는 단어가 나오지 않습니다. 셈의 족보에는 누가 누구를 낳았다는 표현만 있습니다. 이것은 무엇을 의미할까요? 5장의 족보는 세상에 죄가 들어온 결과를 보여 줍니다. 그래서 사람들의 삶이 죽음으로 끝납니다. 셈의 족보는 하나님께서 자기 백성들을 구원하신 결과를 보여 줍니다. 그래서 죽음이 아니라, 생명이 탄생하는 것으로 끝납니다. "아르박삿은 삼십오 세에 셀라를 낳았고"(11:12), "셀라는 삼십 세에 에벨을 낳았고"(14절), "에벨은 삼십사 세에 벨렉을 낳았고"(16절).

여기서 우리는 무엇을 알 수 있습니까? 하나님의 백성들은 죽음에서 구원을 받았다는 사실입니다. 하나님의 백성들은 죄와 사망에서 구원을 받았다는 사실입니다. 어떤 이는 이렇게 질문할 수도 있습니다. "신자들도 죽지 않나요?" 그 질문의 답은 다음과 같습니다. 하나님을 떠난 자들은 죽음 안으로 들어갑니다. 거기서 나오지 못합니다. 하지만 하나님의 백성들은 죽음을 통과합니다. 죽음 안으로 들어가는 것이 아니라, 죽음을 통과해서 영생으로 나아갑니다. 그래서 하나님의 백성들은 죽어도 죽는 것이 아닙니다.

창세기 11장의 교훈

따라서 하나님께서 창세기 11장을 통해 우리에게 교훈하시는 바는 다음과 같습니다.

첫째, 하나님의 뜻을 거스른 것은 결국에는 무너집니다. 니므롯이 세운 바벨탑은 하늘에 닿을 만큼 높은 건물이었습니다. 문제는 높이가 아닙니다. 그것을 쌓은 목적입니다. 니므롯이 바벨탑을 건설한 목적은 두 가지였습니다. 자기 이름을 높이는 것과 흩어지지 않고 모여 사는 것입니다. 이것은 하나님의 뜻이 아닙니다. 하나님의 뜻은 하나님의 이름이 높여지는 것이고, 사람들이 온 세상에 흩어지는 것입니다. 그래서 하나님은 언어와 민족을 나누셨습니다. 그 결과 바벨탑은 완성되지 못하고 폐허로 남게 되었습니다. 우리도 마찬가지입니다. 우리가 하나님의 뜻에 어긋나는 것을 계획한다면, 그 계획은 반드시 실패할 것입니다.

둘째, 국가는 죄를 억제하는 하나님의 도구입니다. 하나님은 언어와 민족을 나누셨습니다. 언어와 민족을 따라 여러 국가가 건설되게 하셨습니다. 죄가 빨리 전파되지 않게 하셨습니다. 이처럼 국가는 어쩌다 우연히 생긴 것이 아닙니다. 죄를 억제하기 위해서 하나님께서 만드신 것입니다. 그래서 성경은 국가의 권세가 하나님에게서 왔다고 말합니다. "각 사람은 위에 있는 권세들에게 복종하라 권세는 하나님으로부터 나지 않음이 없나니 모든 권세는 다 하나님께서 정하신 바라"(롬 13:1).

셋째, 결국에는 하나님의 뜻이 이루어집니다. 하나님의 뜻은 사람들이 온 세상에 흩어지는 것이었습니다. 하지만 사람들은 하나님의 뜻에 순종하지 않았습니다. 사람들은 흩어지지 않으려고 거대한 도시를 건설했습니다. 하지만 결국에는 하나님의 뜻이 이루어졌습니다. 하나님은 언어와 민족을 나누셔서 사람들이 흩어지게 하셨습니다. 이처럼 하나님은 어떤 상황에서도 하나님의 뜻을 이루십니다. 우리가 보기에 너무나 절망적인 상황에서도, 하나님은 하나님의 뜻을 이루십니다. 그러므로 우리는 무엇이 하나님의 뜻인지를 고민해야 합니다. 하나님의 뜻을 따라 행할 때는 하나님께서 이루어 주시지만, 하나님의 뜻을 어기면서 행할 때는 하나님께서 심판하시기 때문입니다.

넷째, 세상에서 가장 소중한 공동체는 교회입니다. 온 인류가 여러 민족으로 나누어져 흩어졌습니다. 그 이후 하나님의 시선은 셈의 후손에게 집중되었습니다. 셈의 후손을 통해 하나님 나라의 계보가 이어지기 때문입니다. 그들이 바로 그 시대의 교회였기 때문입니다. 이처럼 하나님께서 가장 관심을 가지시는 공동체는 교회입니다. 세상에는 수많은 공동체가 있습니다. 그중에 하나님께서 가장 소중히 여기시는 공동체는 교회입니다. 그래서 우리 역시 교회 공동체를 소중하게 생각해야 합니다. 하나님 나라의 계보가 이어질 수 있는 건강한 교회 공동체를 만들기 위해 노력해야 합니다. 교회를 건강하게 세우는 것은 몇몇 사람의 일이 아니라, 우리 모두의 일입니다.

결론

창세기 11장의 핵심 인물은 니므롯입니다. 니므롯은 교만한 사람입니다. 그는 자기 이름을 높이기 위해 온 인류를 시날 평지로 이끌었고, 자기 이름을 높이기 위해 바벨탑을 건설했습니다. 니므롯의 계획은 차질 없이 진행되었습니다. 아무도 니므롯의 계획을 막지 못할 것처럼 보였습니다. 하지만 하나님께서 니므롯의 계획을 지켜보고 계셨습니다. 하나님은 왜 니므롯이 사람들을 시날 평지로 이끌었는지, 왜 니므롯이 바벨탑을 쌓았는지를 아셨습니다.

하나님은 니므롯의 야심과 욕망과 교만을 아셨습니다. 하나님은 니므롯의 계획이 수포가 되게 하셨습니다. 결국 바벨탑 공사는 중단되었고, 폐허로 남게 되었습니다.

우리에게도 바벨탑이 있습니다. 니므롯이 자기 이름을 높이기 위해 바벨탑을 쌓은 것처럼, 우리 자신의 이름을 높이기 위한 행동들이 바벨탑입니다. 니므롯이 흩어지라는 하나님의 뜻을 어기고 바벨탑을 쌓은 것처럼, 하나님의 뜻을 어기는 행위들이 바벨탑입니다.

하나님께서 니므롯의 바벨탑을 폐허가 되게 하신 것처럼, 하나님은 우리의 바벨탑도 폐허가 되게 하실 것입니다. 하지만 우리가 하나님의 뜻을 중요하게 여기고, 어떤 상황에서든 하나님의 뜻대로 행하기 위해 노력한다면, 하나님께서 친히 우리의 계획을 이루어 주실 것입니다. 시편 1편이 오늘 본문의 주제를 잘 요약합니다.

무릇 의인들의 길은 여호와께서 인정하시나 악인들의 길은 망하리로다 _시 1:6

우리가 자신의 바벨탑을 쌓기 위해 노력한다면, 하나님께서 그 바벨탑을 무너뜨리실 것입니다. 반대로 하나님의 나라를 세우기 위해 노력한다면, 하나님께서 우리의 도움이 되실 것입니다. 우리에게 복을 주시고, 힘을 주셔서, 우리의 뜻을 이루어 주실 것입니다.

● 되새겨 보기

1. 홍수 이후에 온 인류를 이끌던 지도자는 누구입니까?

2. 왜 그는 넓은 평지를 찾았습니까?

3. 왜 그는 거대한 도시를 건설하려 했습니까?

    ①

    ②

4. 바벨탑 사건의 핵심은 무엇입니까?

5. 왜 모세는 하나님께서 내려오셨다고 표현합니까?

6. 하나님께서 언어와 민족을 나누신 결과는 무엇입니까?

    ①

    ②

7. 왜 하나님은 셈의 후손만 따로 떼어 설명하십니까?

8. 셈의 족보에는 어떤 특징이 있습니까?

● **생각해 보기**

1. 여러분은 하나님의 뜻을 거슬러 행하는 일이 없습니까?

2. 하나님의 뜻이라면 어떤 상황에서도 이루어진다는 것을 믿습니까?

3. 교회를 소중하게 여기고 있습니까? 교회를 건강하게 하기 위해 어떤 노력을 하고 있습니까?

12 네게 보여 줄 땅으로 가라
창 12:1-9

이제부터 나를 믿고 따르라

이 세상은 본래 하나님 나라로 창조되었습니다. 하나님은 사람들의 왕이시고, 사람들은 하나님의 백성이었습니다. 그런데 세상에 죄가 들어오면서, 하나님께 반역하는 사람들이 생겼습니다. 하나님을 왕으로 섬기지 않은 대표적인 사람은 가인입니다. 가인의 후손들은 대대로 하나님께 반역하는 삶을 살았습니다. 하나님을 왕으로 섬긴 대표적인 사람은 셋입니다. 하나님을 왕으로 섬기는 믿음은 대대로 셋의 후손을 통해 전수되었습니다. "셋도 아들을 낳고 그의 이름을 에노스라 하였으며 그때에 사람들이 비로소 여호와의 이름을 불렀더라"(창 4:26). 셋의 후손들은 세상 사람들과 구별된 하나님의 백성이었습니다. 하지만 시간이 지나자 셋의 후손들도 가인의 후손들과 같아졌습니다. 셋의 후손들도 가인의 후손들처럼 하나님을 떠났습니다. 그래서 하나님은 홍수로 세상을 심판하신 다음에, 노아의 세 아들을 통해 새로운 역사를 시작하셨습니다.

노아의 세 아들은 셈과 함과 야벳입니다. 이 중 셈의 후손을 통해 믿음이 이어졌습니다. 대표적인 사람이 '아브람'입니다. 오늘 본문은 하나님께서 아브람을 부르시는 장면으로 시작합니다. "여호와께서 아브람에게 이르시되 너는 너의 고향과 친척과 아버지의 집을 떠나 내가 네게 보여 줄 땅으로 가라"(12:1). 하나님은 아브람에게 고향을 떠나라고 하셨습니다. 하나님께서 아브람에게 떠나라고 하신 것은 이번이 처음이 아닙니다. 4절을 보면, 지금 아브람이 '하란'에 있음을 알 수 있습니다. 하란은 하나님께서 아브람을 두 번째 찾아오신 곳입니다. 하나님께서 아브람을 첫 번째로 찾아오신 곳은 '우르'입니다. "너를 갈대아인의 우르에서 이끌어 낸 여호와니라"(15:7).

하나님은 아브람이 우르에 있을 때 처음 부르셨습니다. 아브람은 우르를 떠나 가나안으로 향했습니다. 그런데 어떤 이유에서인지 아브람은 가나안이 아니라 하란에 정착했습니다. 그래서 하나님은 아브람에게 다시 한번 떠나라고 말씀하셨습니다. 왜 아브람은 가나안으로 곧바로 가지 않고, 하란에 머물렀을까요? 다음 구절에서 그 질문의 답을 찾을 수 있습니다. "데라는 나이가 이백오세가 되어 하란에서 죽었더라"(11:32). 데라는 아브람의 아버지입니다. 아브람은 아버지가 죽은 후에야 하란을 떠나 가나안으로 출발했습니다. 따라서 아버지 데라가 아브람의 발목을 잡았던 것으로 볼 수 있습니다. 실제로 데라는 우상 숭배자로 알려져 있습니다.

여호수아가 모든 백성에게 이르되 이스라엘의 하나님 여호와께서 이같이 말씀하시기를 옛적에 너희의 조상들 곧 아브라함의 아버지, 나홀의 아버지 데라가 강 저쪽에 거주하여 다른 신들을 섬겼으나 _수 24:2

데라는 아브람과 함께 우르를 떠나 가나안으로 출발했습니다. 하지만 데라는 하란에서 멈추었습니다. 우르와 하란은 같은 문명권이지만, 가나안은 전혀 다른 문명권이었기 때문입니다. 우르와 하란은 티그리스강과 유프라테스강을 끼고 있는 메소포타미아 지방에 속해 있어 고대에 가장 발달한 문명권이었기에, 데라는 이 지역을 벗어나기 싫었던 것입니다. 결국 아브람은 아버지가 죽은 다음에야 가나안으로 가게 됩니다.

본문 1절을 다시 보겠습니다. "여호와께서 아브람에게 이르시되 너는 너의 고향과 친척과 아버지의 집을 떠나 내가 네게 보여 줄 땅으로 가라"(12:1). 하나님은 아브람에게 고향과 친척과 아버지의 집을 떠나라고 하셨습니다. 오늘날에는 고향을 떠나는 것이 썩 어렵지 않습니다. 실제로 많은 사람이 고향을 떠납니다. 하지만 고대에는 고향을 떠나기가 쉽지 않았습니다. 그 이유는 다음과 같습니다.

지금은 경찰과 군인이 우리의 생명과 안전을 지켜 줍니다. 그런데 고대에는 가족과 친척이 생명과 안전을 지켜 주었습니다. 가족과 친척이 모여 살면서, 서로의 생명을 지켜 주었습니다. 그래서 고대에는 고향을 떠나는 것이 지금껏 나의 생명을 보호해 주었던 공동체를 떠나는 것을 의미했습니다. 따라서 하나님의 명령은 곧 다음과 같은 뜻입니다. "아브람아, 너는 지금까지 가족과 친척을 통해 너의 생명을 지켜 왔다. 하지만 이제부터는 내가 너의 생명을 지켜 줄 것이다. 이제부터는 나를 생명의 보호자로 믿고 따라야 한다."

그를 부르신 목적

고향과 친척을 떠나는 것에는 또 다른 의미도 있었습니다. 이 당시 우르는 우상을 숭배하는 지역이었습니다. 앞에서 살펴본 것처럼, 아브람의 아버지 데라도 우상 숭배자였습니다. 따라서 고향과 친척을 떠나라는 말씀은 우상을 숭배하는 지역과 사람을 떠나라는 뜻이기도 합니다.

하나님은 떠나라고 하셨을 뿐만 아니라, 무언가를 주신다고도 하셨습니다. 하나님께서 주신다고 하신 것은 크게 두 가지입니다. 하나는 땅입니다. "내가 네게 보여 줄 땅으로 가라"(1절). 다른 하나는 큰 민족입니다. "내가 너로 큰 민족을 이루고"(2절). 하나님은 아브람에게 땅과 민족을 약속하셨습니다. 왜 하나님은 아브람에게 땅과 민족을 약속하셨을까요? 땅과 민족은 무엇을 만들 때 필요한 요소이죠? 나라를 만들 때 필요한 요소입니다. 하나님의 목적은 아브람을 통해 하나님 나라를 세우는 것이었습니다.

하나님께서 아브람을 통해 나라를 세우시려는 목적은 무엇이었을까요? 그 목적은 다음과 같습니다. "땅의 모든 족속이 너로 말미암아 복을 얻을 것이라"(3절). 하나님께서 아브람을 통해 나라를 세우시려는 목적은 모든 민족에게 복을 주시기 위함이었습니다. 하나님은 아브람을 통해 세상에 복을 나누어 주는 나라를 세우고자 하셨던 것입니다.

하나님의 명령에 아브람은 다음과 같이 행동했습니다. "이에 아브람이 여호와의 말씀을 따라갔고 롯도 그와 함께 갔으며 아브람이 하란을 떠날 때에 칠십오 세였더라"(4절). 아브람은 하나님의 명령에 순종했습니다. 여기에는 주목할 표현이 있습니다. "아브람이 여호와의 말씀을 따라갔고." 즉, 아브람은 계산하거나 따져 보지 않고, 그저 하나님께서 하신 말씀이기에 순종했다는 것입니다. 사람들은 대개 어떤 일을 하기 전에, 손익을 계산하고 따져 봅니다. 그 일이 나에게 이익이 되는지, 손해를 보지는 않는지, 나에게 유리한지 불리한지를 헤아려 본다는 것입니다. 아브람은 계산하거나 따져 보지 않았습니다. 그저 하나님께서 떠나라고 말씀하셨기에 말씀대로 순종했습니다.

우리가 주목할 또 하나의 표현이 있습니다. "아브람이 하란을 떠날 때에 칠십오 세였더라." 왜 성경은 아브람의 나이를 언급했을까요? 이것은 아브람이 무언가를 새로 시작하기에 나이가 너무 많았다는 것을 강조하기 위한 것입니다. 평생을 살아온 고향을 떠나서 다른 지역에서 터를 잡고 새로운 삶을 시작하기에 너무 많은 나이라는 것이지요. 그럼에도 불구하고 아브람은 하나님의 말씀에 순종하기 위해, 평생 살아온 우르를 떠났습니다.

드디어 아브람은 가나안에 도착했습니다. 그런데 곧 큰 문제에 봉착했습니다. "아브람이 그 땅을 지나 세겜 땅 모레 상수리나무에 이르니 그때에 가나안 사람이 그 땅에 거주하였더라"(6절). 누군가가 여러분에게 집을 준다는 약속을 했다고 가정해 봅시다. 여러분은 그 약속을 믿고 짐을 싸서 이사했습니다. 그런데 이사를 가 보니 이미 그 집에 누군가가 살고 있었습니다. 그때 여러분은 어떤 생각을 할까요? '속았구나'라고 생각할 것입니다. 아마 아브람도 마찬가지였을 것입니다. 아브람은 이때 상당한 충격을 받았을 것이 분명합니다. 가나안은 비어 있는 땅이 아니라, 이미 원주민이 거주하는 땅이었습니다.

그래서 하나님은 다시 한번 아브람에게 말씀하셨습니다. "내가 이 땅을 네 자손에게 주리라"(7절). 하나님은 가나안 땅을 주겠다고 한 번 더 약속하셨습니다. 그러자 아브람은 이번에도 하나님의 말씀을 믿고 순종했습니다. 가나안에 도착한 아브람은 두 가지를 행했습니다. 첫째, 아브람은 하나님을 예배했습니다. "그가 그곳에서 제단을 쌓고"(7절). 제단을 쌓았다는 것은 하나님을 예배했다는 뜻입니다. 아브람은 우상을 숭배하던 가나안에서 하나님을 예배하기 시작했습니다. 둘째, 아브람은 하나님의 이름을 전했습니다. "여호와의 이름을 부르더니"(8절). 아브람은 하나님의 이름을 불렀습니다. "부르다"라고 번역된 히브리어는 '카라'입니다. '카라'는 메시지를 전달한다는 뜻입니다. 종교개혁자 루터는 '카라'가 '설교하다'라는 뜻으로 사용되었다고 해석합니다.

아브람은 가나안에 도착하자마자 하나님을 예배했습니다. 그리고 가나안 여기저기를 다니면서 하나님의 이름을 전했습니다. 가나안이라는 선교지에서 하나님을 설교한 것입니다. 왜 아브람은 가나안에 도착하자마자 많고 많은 일 중에 하나님을 예배하는 일과 하나님의 이름 전하는 일을 했을까요? 하나님께서 주신 사명 때문입니다. 아브람은 자신의 사명을 잘 알고 있었습니다. 아브람의 사명은 자신의 나라를 세우는 것이 아니라, 하나님의 나라를 세우는 것이었습니다. 그래서 아브람은 어디를 가든지 하나님을 예배하고 하나님의 이름을 전했던 것입니다.

창세기 12장 1~9절의 교훈

따라서 하나님께서 창세기 12장 1~9절을 통해 우리에게 교훈하시는 바는 다음과 같습니다.

첫째, 하나님은 우리 생명의 보호자이십니다. 하나님은 아브람에게 고향과 친척을 떠나라고 하셨습니다. 아브람에게 고향과 친척은 단순한 인간관계가 아니었습니다. 고대에는 고향과 친척이 삶의 안전망이었습니다. 따라서 하나님께서 아브람에게 고향과 친척을 떠나라고 하신 것은 이제부터 사람이 아니라 하나님을 생명의 보호자로 삼으라는 뜻이었습니다.

바로 이것이 세상 사람과 하나님의 백성을 구분하는 기준입니다. 세상 사람들은 돈과 사람을 의지합니다. 돈과 사람이 생명의 보호자라고 생각하기 때문입니다. 하지만 하나님의 백성은 하나님을 생명의 보호자로 믿습니다. 하나님만이 우리의 삶을 안전하게 지켜 준다고 믿습니다. "내가 평안히 눕고 자기도 하리니 나를 안전히 살게 하시는 이는 오직 여호와이시니이다"(시 4:8). 이 말씀처럼 우리를 안전하게 살게 하시는 이는 오직 하나님뿐입니다.

둘째, 우리는 하나님 나라를 세우기 위해 존재합니다. 하나님께서 아브람을 부르신 목적은 하나님 나라를 세우는 것이었습니다. 아브람은 하나님의 목적을 알았기에, 가나안에 하나님 나라를 세우기 위해 노력했습니다. 우리도 마찬가지입니다. 성경은 하나님께서 우리를 구원하신 목적을 다음과 같이 말합니다. "우리를 깨끗하게 하사 선한 일을 열심히 하는 자기 백성이 되게 하려 하심이라"(딛 2:14). 이 말씀처럼 우리가 이 땅에 존재하는 목적은 하나님 나라를 세우는 것이며, 하나님의 백성으로 사는 것입니다.

셋째, 우리는 복을 나누어 주기 위해 존재합니다. 하나님은 아브람이 복을 나누어 주는 사람이 될 거라고 하셨습니다. 바로 이것이 하나님 나라를 세우는 방법입니다. 세상 사람들은 자기 나라를 세우려고 합니다. 그래서 복을 나누어 주기보다 혼자서 간직합니다. 우리는 하나님 나라를 세우기 위해 존재합니다. 그래서 우리는 하나님께 받은 복을 세상에 나누어 주어야 합니다. 하나님께 받은 복을 하나님의 뜻을 이루기 위해 사용해야 합니다. 실제로 하나님은 나누는 사람들을 통해 하나님 나라를 세우셨습니다. "또 재산과 소유를 팔아 각 사람의 필요를 따라 나눠 주며 … 하나님을 찬미하며 또 온 백성에게 칭송을 받으니 주께서 구원받는 사람을 날마다 더하게 하시니라"(행 2:45-47). 하나님은 자신의 것을 아낌없이 나누었던 사람들을 통해 초대 교회의 부흥을 이루셨습니다.

넷째, 하나님은 우리가 계산하거나 따져 보지 않고 믿음으로 순종하기를 원하십니다. 아브람은 하나님의 말씀을 따라갔습니다. 계산하거나 따져 보지 않고, 하나님의 말씀이기에 순종했습니다. 만약 자기에게 이익이 되거나 도움이 되는 말씀에만 순종한다면,

그것은 참된 순종이 아닐 것입니다. 성경은 아브람을 순종의 모범으로 제시합니다. 계산하거나 따져 보지 않고서 하나님 말씀에 순종했기 때문입니다.

결론

아브람은 우르를 떠나라는 하나님의 말씀에 순종했습니다. 당시 우르는 가장 발달한 지역이었고, 가장 살기 좋은 지역이었습니다. 그럼에도 불구하고 아브람은 우르를 떠나라는 하나님의 말씀에 순종했습니다.

아브람은 고향과 친척을 떠나라는 하나님의 말씀에 순종했습니다. 고대에는 가족과 친척이 생명의 보호자였습니다. 가족과 친척들 가까이 살아야 안전했습니다. 그럼에도 불구하고 아브람은 고향과 친척을 떠나라는 하나님의 말씀에 순종했습니다.

아브람은 75세의 나이에도 불구하고 하나님의 말씀에 순종했습니다. 무언가를 새로 시작하기에는 너무 많은 나이임에도 불구하고, 새로운 지역으로 떠나라는 하나님의 말씀에 순종했습니다. 성경은 순종에 관하여 다음과 같이 말합니다.

> 사무엘이 이르되 여호와께서 번제와 다른 제사를 그의 목소리를 청종하는 것을 좋아하심같이 좋아하시겠나이까 순종이 제사보다 낫고 듣는 것이 숫양의 기름보다 나으니 _삼상 15:22

하나님은 제사보다 순종을 기뻐하십니다. 하나님께서 무엇보다 기뻐하시는 것은 순종입니다. 만약 우리가 계산을 해 보고서 이익이 될 때만 순종한다면, 그것은 하나님을 이용하는 것이나 다름없습니다. 참된 순종은 계산하거나 따지지 않고, 하나님의 말씀이기 때문에 따르는 것입니다. 하나님의 뜻이기 때문에, 나에게 손해가 될지라도 순종하는 사람. 하나님은 그런 사람을 기뻐하십니다. "순종이 제사보다 낫고 듣는 것이 숫양의 기름보다 나으니"라는 말씀처럼, 순종을 통해 하나님의 마음을 기쁘시게 하고, 순종을 통해 하나님의 나라를 세워 가길 바랍니다.

● 되새겨 보기

1. 믿음을 지킨 셈의 후손 가운데 대표적인 사람은 누구입니까?

2. 하나님께서 아브람을 처음으로 부르신 장소는 어디입니까?

3. 왜 아브람의 아버지 데라는 가나안까지 가지 않고 하란에서 멈추었습니까?

4. 왜 고대에는 고향과 친척을 떠나는 것이 어려운 일이었습니까? 고향과 친척을 떠나라는 명령이 내포하는 하나님의 뜻은 무엇입니까?

5. 하나님은 아브람에게 무엇을 주신다고 하셨습니까? 왜 그것을 주시겠다고 하셨습니까?

6. 왜 하나님은 아브람을 통해 하나님의 나라를 세우려고 하십니까?

7. 가나안에 도착한 아브람이 행한 두 가지는 무엇이었습니까?

● 생각해 보기

1. 여러분은 하나님이 우리 생명의 보호자이심을 믿습니까?

2. 타락한 세상 나라 가운데 거룩한 하나님의 나라를 세우기 위해 노력하고 있습니까?

3. 세상에 복을 나누어 주는 삶을 살고 있습니까?

4. 계산하거나 따져 보지 않고 하나님 말씀에 순종하고 있습니까?

13 그대는 나의 누이라 하라

창 12:10-20

위기 때, 약속을 믿어야

구약에서 가장 중요한 본문을 꼽으라고 하면 창세기 12장을 꼽을 수 있습니다. 창세기 12장에 기록된 아브라함 언약이 구약을 이해하는 열쇠가 되기 때문입니다. 아브라함 언약은 크게 세 가지로 구성됩니다. 첫째, 땅입니다. "내가 네게 보여 줄 땅으로 가라"(창 12:1). 둘째, 큰 민족입니다. "내가 너로 큰 민족을 이루고"(2절). 셋째, 보호하심입니다. "너를 축복하는 자에게는 내가 복을 내리고 너를 저주하는 자에게는 내가 저주하리니"(3절). 땅, 민족, 보호. 하나님은 세 가지를 약속하셨습니다.

그런데 아브람은 하나님의 약속을 믿지 않았습니다. 아브람의 불신은 기근 때에 분명하게 드러났습니다. "그 땅에 기근이 들었으므로 아브람이 애굽에 거류하려고 그리로 내려갔으니 이는 그 땅에 기근이 심하였음이라"(10절). 아브람은 기근이 찾아오자, 가나안을 떠나서 애굽으로 갔습니다. 여기서 두 가지를 알 수 있습니다.

첫째, 아브람은 가나안에 머물면 복을 주신다는 하나님의 언약을 믿지 않았습니다. 둘째, 아브람은 하나님보다 '문제'를 더 크게 보았습니다.

만약 아브람이 하나님의 언약을 믿고서 가나안에 계속 머물렀다면 어떻게 되었을까요? 하나님은 언약하신 대로 기근의 문제를 해결해 주셨을 것입니다. 아브람을 보호하시고 그에게 복을 주셨을 것입니다. 하지만 아브람은 하나님의 언약을 믿지 않았고, 하나님보다 문제를 더 크게 보고서 가나안을 떠나 애굽으로 갔습니다. 애굽에 가는 것으로 문제가 해결되었을까요? 아닙니다. 새로운 문제가 발생했습니다. "그가 애굽에 가까이 이르렀을 때에 그의 아내 사래에게 말하되 내가 알기에 그대는 아리따운 여인이라 애굽 사람이 그대를 볼 때에 이르기를 이는 그의 아내라 하여 나는 죽이고 그대는 살리리니"(11-12절).

고대에는 남편을 죽이고서 아내를 빼앗는 일이 자주 발생했습니다. 애굽에 도착한 아브람은 아내를 빼앗기고 죽임을 당할지 모른다는 두려움을 느꼈습니다. 하지만 아브람은 두려워할 필요가 없었습니다. 그 이유는 다음과 같습니다. 첫째, 아브람은 아내를 빼앗길 수 없었습니다. 하나님께서 아브람에게 큰 민족을 약속하셨고, 아브람이 큰 민족을 이루려면 아내 사래가 반드시 있어야 했기 때문입니다. 둘째, 아브람은 죽임을 당할 수 없었습니다. 하나님께서 아브람을 보호하신다고 약속하셨기 때문입니다.

그러나 아브람은 하나님의 언약을 믿지 않았습니다. 그래서 두려움을 느꼈고, 두려웠기 때문에 잘못된 행동을 했습니다. 아브람이 두려워서 행한 일은 거짓말입니다. "원하건대 그대는 나의 누이라 하라 그러면 내가 그대로 말미암아 안전하고 내 목숨이 그대로 말미암아 보존되리라 하니라"(13절). 거짓말로 문제를 해결했을까요? 아닙니다. 전혀 해결하지 못했습니다. "아브람이 애굽에 이르렀을 때에 애굽 사람들이 그 여인이 심히 아리따움을 보았고 바로의 고관들도 그를 보고 바로 앞에서 칭찬하므로 그 여인을 바로의 궁으로 이끌어들인지라"(14-15절).

아무리 못났어도, 약속을 지키시는 하나님

아브람은 거짓말로 문제를 해결하려고 했지만, 문제를 해결하지 못했습니다. 오히려 더 심각한 문제를 만났습니다. 결국 아브람은 애굽 왕에게 아내를 빼앗기고 말았습니다. 아브람만 심각한 위험에 처한 것이 아닙니다. 아브람의 잘못된 행동으로 인해, 하나님의 언약도 위험에 처했습니다. 아브람의 아내 사래가 없이는 하나님의 언약이 성취될 수 없었기 때문입니다. 그래서 하나님은 언약을 이루기 위해 일하셨습니다. "여호와께서 아브람의 아내 사래의 일로 바로와 그 집에 큰 재앙을 내리신지라"(17절). 하나님은 아브람과 맺은 언약을 성취하시기 위해, 바로의 가문에 큰 재앙을 내리셨습니다.

바로는 아브람이 보통 사람이 아님을 알게 되었습니다. 아브람은 하나님의 백성이요, 하나님께서 친히 보호하시는 존재임을 알게 되었습니다. 그래서 바로는 다음과 같이 행동했습니다. "네가 어찌 그를 누이라 하여 내가 그를 데려다가 아내를 삼게 하였느냐 네 아내가 여기 있으니 이제 데려가라 하고"(19절).

아브람이 하나님과의 언약을 믿지 않아 그 언약이 위기에 처했기에, 하나님은 신적으로 개입하셨습니다. 직접 바로를 찾아가셔서, 그에게 경고하셨습니다. 아브람의 불신과 어리석음에도 불구하고, 하나님은 언약을 성취하기 위해 역사하셨고, 하나님의 언약은 계속해서 보존되었습니다.

창세기 12장 10~20절의 교훈

따라서 하나님께서 창세기 12장 10~20절을 통해 우리에게 교훈하시는 바는 다음과 같습니다.

첫째, 하나님의 언약을 믿지 않으면 두려움이 찾아옵니다. 하나님은 아브람에게 땅과 민족을 보호하시겠다고 약속하셨습니다. 하지만 아브람은 하나님의 언약을 믿지 않았습니다. 그 결과 아브람은 두려움에 휩싸였고, 두려웠기 때문에 잘못된 행동을 했습니다. 우리도 마찬가지입니다. 하나님의 약속을 믿지 않을 때 두려움에 사로잡히며, 죄를 짓기 쉽습니다.

우리가 붙들어야 할 약속은 무엇일까요? 하늘 아버지께서 우리를 돌보아 주신다는 약속입니다. "목숨을 위하여 무엇을 먹을까 무엇을 마실까 몸을 위하여 무엇을 입을까 염려하지 말라 … 공중의 새를 보라 심지도 않고 거두지도 않고 창고에 모아들이지도 아니하되 너희 하늘 아버지께서 기르시나니 너희는 이것들보다 귀하지 아니하냐(마 6:25-26). 하나님은 우리에게 약속하셨습니다. 공중의 새를 먹이시듯, 우리를 먹이고 입힌다고 약속하셨습니다. 우리는 이 약속을 믿어야 합니다. 이 약속을 믿고, 두려움과 싸워야 합니다.

둘째, 하나님보다 더 큰 문제는 없습니다. 아브람은 언약의 땅 가나안을 떠나서 애굽으로 갔습니다. 하나님보다 기근이라는 문제를 더 크게 보았기 때문입니다. 하지만 하나님보다 더 큰 문제는 없습니다. 만약 아브람이 하나님을 믿고 가나안에 계속 머물렀다면, 하나님은 아브람의 문제를 해결해 주셨을 것입니다. 우리도 마찬가지입니다. 지금 우리가 겪는 문제들 가운데, 하나님보다 더 큰 문제는 없습니다. 우리가 하나님께 문제를 맡긴다면, 하나님은 우리가 생각하지 못한 방법으로 우리를 도와주실 것입니다.

셋째, 잘못된 방법으로 문제를 해결할 때는 반드시 나쁜 결과를 가져옵니다. 아브람은 문제를 해결하기 위해 거짓말을 했습니다. 거짓말은 문제를 해결해 주지 않았습니다. 우리도 마찬가지입니다. 문제를 해결하기 위해 잘못된 방법을 사용하곤 합니다. 하지만 잘못된 방법은 반드시 잘못된 결과를 가져옵니다.

넷째, 우리의 부족함에도 불구하고 하나님은 언약을 이루십니다. 아브람은 여러 면에서 부족했습니다. 아브람은 가나안을 떠나 애굽으로 갔고, 아내를 여동생이라고 거짓말했습니다. 그럼에도 불구하고 하나님은 언약을 지키셨습니다. 우리의 부족함에도 불구하고 하나님은 언약을 이루십니다. 이것을 하나님의 신실하심이라고 합니다. 하나님이 신실하다는 것은 어떤 상황에서도 언약을 이루신다는 뜻입니다.

하나님은 우리에게 구원을 약속하셨습니다. 예수님을 믿으면 영생을 주신다고 약속하셨습니다. 하지만 우리는 늘 부족합니다. 여전히 죄를 지으며 살아갑니다. 그래서 하나님의 언약이 취소될까요? 아니요. 하나님의 언약은 우리의 부족함 때문에 취소되지 않습니다. 하나님은 우리의 부족함에도 불구하고 우리를 구원하십니다. 하나님은 언약을 이루시는 신실하신 하나님이시기 때문입니다.

결론

하나님은 아브람의 부족함에도 불구하고 아내를 되찾아 주셨습니다. 하나님은 아브람의 못남에도 불구하고 언약을 이루어 주셨습니다. 우리도 마찬가지입니다. 하나님은 우리의 부족함에도 불구하고 우리를 구원하실 것입니다. 하나님은 우리의 연약함에도 불구하고 우리를 영원한 나라로 인도하실 것입니다. 신실하신 하나님, 언약을 이루시는 하나님, 그 하나님을 믿고 의지합시다. 죄악으로 가득한 험난한 세상을 두려워하고 걱정하며 사는 것이 아니라, 찬송하고 감사하며 살아갑시다.

● 되새겨 보기

1. 아브라함 언약을 구성하는 세 가지는 무엇입니까?

    ①

    ②

    ③

2. 아브람이 흉년 때 애굽으로 간 것을 보고서 우리는 무엇을 알 수 있습니까?

    ①

    ②

3. 아브람이 애굽에서 아내를 빼앗길 수 없는 이유는 무엇입니까?

4. 아브람이 애굽에서 죽임을 당할 수 없는 이유는 무엇입니까?

5. 아브람의 거짓말로 무엇이 위험에 처했습니까?

● 생각해 보기

1. 여러분은 하나님을 신뢰하지 않아서 두려워하고 있진 않습니까?

2. 하나님보다 문제를 더 크게 보고 있진 않습니까?

3. 문제를 해결하기 위해 잘못된 방법을 사용하고 있진 않습니까?

14 네가 우하면 나는 좌하리라
창 13:1-18

양보할 수 있는 믿음

앞 장에서 아브람은 하나님의 뜻을 어겼습니다. 가나안에 머물라는 하나님의 뜻을 어기고서 애굽으로 갔습니다. 그 결과 어떻게 되었나요? 하나님의 뜻을 어기고서 어떻게 되었나요? 소유물을 빼앗겼나요? 아내를 빼앗겼나요? 심한 상해를 입었나요? 아니요. 아이러니하게도, 아브람은 부자가 되었습니다. "아브람에게 가축과 은과 금이 풍부하였더라"(창 13:2).

아브람은 애굽 왕 앞에서 아내를 여동생이라고 거짓말했습니다. 그 결과 애굽 왕은 아브람에게 많은 선물을 주었습니다. "바로가 그로 말미암아 아브람을 후대하므로 아브람이 양과 소와 노비와 암수 나귀와 낙타를 얻었더라"(12:16). 그렇게 아브람은 부자가 되었습니다. 그런데 아브람만 부자가 된 게 아닙니다. 아브람의 조카 롯도 부자가 되었습니다. "아브람의 일행 롯도 양과 소와 장막이 있으므로"(13:5). 당시 아브람과 롯의 관계는 부자(父子) 관계나 마찬가지였습니다. 아브람에게는 아들이 없었고, 롯에게는 아버지가 없었기 때문입니다. 그래서 아브람이 아들처럼 대했던 롯에게 자기 재산을 나누어 주었던 것으로 보입니다.

아브람은 부유하게 된 결과, 큰 어려움도 겪었습니다. 아브람의 목자들과 롯의 목자들이 한정된 초목과 물을 두고서 다투었기 때문입니다(7절). 그 다툼이 너무 심해져서, 아브람과 롯이 함께 거주하는 것이 불가능한 지경에 이르렀습니다. 아브람은 이 문제를 어떻게 해결했을까요? 아브람은 롯에게 선택권을 주는 것으로 문제를 해결했습니다. 좋은 땅을 먼저 선택할 수 있는 권리를 주었던 것입니다. "네 앞에 온 땅이 있지 아니하냐 나를 떠나가라 네가 좌하면 나는 우하고 네가 우하면 나는 좌하리라"(9절).

아브람이 조카 롯에게 선택권을 양보할 수 있었던 이유는 무엇일까요? 물론 롯을 사랑하는 마음도 있었겠죠. 그러나 아브람은 무엇보다 하나님의 언약을 믿었기 때문에 롯에게 선택권을 양보할 수 있었습니다. 아브람은 애굽에서 겪은 사건을 통해 하나님이 어떤 분인지 알게 되었습니다. 하나님은 반드시 언약을 지키시는 분임을 알게 되었습니다. 아브람은 자신이 좋은 땅을 조카에게 양보할지라도, 하나님께서 자기 삶을 안전하게 지켜 주실 거라 믿었습니다. 그래서 조카 롯에게 선택권을 기꺼이 양보할 수 있었습니다.

그러자 롯은 다음과 같이 행동했습니다. "이에 롯이 눈을 들어 요단 지역을 바라본즉 소알까지 온 땅에 물이 넉넉하니 여호와께서 소돔과 고모라를 멸하시기 전이었으므로 여호와의 동산 같고 애굽 땅과 같았더라"(10절). 롯은 소돔 땅을 선택했습니다. 롯이 소돔 땅을 선택한 이유는 순전히 경제적인 이유 때문이었습니다. 그곳이 마치 에덴동산과 같았기 때문입니다. 하지만 롯이 전혀 고려하지 않은 것이 있었습니다. 롯은 신앙적인 문제는 전혀 고려하지 않았습니다. "소돔 사람은 여호와 앞에 악하며 큰 죄인이었더라"(13절).

당시 소돔 사람들은 하나님 앞에서 큰 죄인이었습니다. 소돔은 가나안 일대에서 가장 타락한 지역이었습니다. 그곳은 하나님의 백성들이 가서는 안 되는 곳이었습니다. 이에 대해 칼뱅은 다음과 같이 주석했습니다. "롯은 자신이 낙원에 거한다고 상상했지만, 실제로는 지옥에 떨어진 것이나 마찬가지였다."

인내할 수 있는 믿음

이렇게 롯은 아브람을 떠났습니다. 이때 아브람의 마음은 편하지 않았을 것입니다. 아마도 아브람이 가나안에 온 이후, 가장 힘든 순간이 바로 이때였을 것입니다. 고향과 친척을 다 떠나서 가나안으로 오지 않았습니까. 가나안에 아브람이 아는 사람은 아무도 없었습니다. 아브람은 가나안의 나그네였습니다. 따라서 아브람에게 가장 힘이 되는 사람은 롯이었을 것입니다. 고향에서부터 가나안까지 함께한 롯, 아들 같은 롯이 아브람에게 가장 힘이 되는 사람이었을 것입니다. 그런 롯을 떠나보냈기에, 아브람의 마음은 크게 힘들었을 것입니다.

하지만 아브람이 롯 대신 얻은 것이 있었습니다. 아브람은 하나님과의 관계를 회복했습니다. "롯이 아브람을 떠난 후에 여호와께서 아브람에게 이르시되 너는 눈을 들어 너 있는 곳에서 북쪽과 남쪽 그리고 동쪽과 서쪽을 바라보라"(14절). 롯이 떠나자 하나님께서 아브람을 찾아오셨습니다. 롯이 떠난 빈자리를 하나님께서 친히 채워 주셨습니다. 하나님은 한 번 더 언약을 확인시켜 주셨습니다. 땅에 대한 약속과 자손에 관한 약속을 한 번 더 말씀해 주셨습니다. "보이는 땅을 내가 너와 네 자손에게 주리니 영원히 이르리라 내가 네 자손이 땅의 티끌 같게 하리니 사람이 땅의 티끌을 능히 셀 수 있을진대 네 자손도 세리라"(15-16절).

땅과 자손에 관한 언약은 빨리 이루어지지 않았습니다. 아브람은 100세에 자손을 얻었고, 137세에 땅을 차지했습니다. 따라서 자손에 관한 약속은 약 20년 후, 땅에 관한 약속은 약 60년 후에 이루어졌습니다. 어떻게 아브람은 그토록 긴 시간 동안 하나님의 언약을 믿을 수 있었을까요? 어떻게 아브람은 포기하지 않고 계속 인내할 수 있었을까요? 오늘 본문의 마지막 절이 그 비결을 보여 줍니다. "이에 아브람이 장막을 옮겨 헤브론에 있는 마므레 상수리 수풀에 이르러 거주하며 거기서 여호와를 위하여 제단을 쌓았더라"(18절).

아브람은 제단을 쌓았습니다. 하나님께 예배를 드렸습니다. 바로 이것이 아브람이 하나님의 언약을 계속해서 믿을 수 있었던 비결입니다. 아브람은 계속해서 하나님을 예배했습니다. 아브람은 예배를 통해 하나님을 향한 경건을 다지고, 은혜와 힘을 공급받았습니다. 그 결과 아브람은 가나안이라는 영적인 황무지에서 믿음을 지키며 살 수 있었습니다.

창세기 13장의 교훈

따라서 하나님께서 창세기 13장을 통해 우리에게 교훈하시는 바는 다음과 같습니다.

첫째, 죄를 지으며 번성하는 것은 은혜가 아닙니다. 아브람은 하나님의 말씀을 어겼습니다. 아브람은 하나님의 뜻을 어기고서 애굽으로 갔고, 애굽으로 가서도 거짓말을 했습니다. 그 결과 아브람은 부자가 되었습니다. 따라서 성공하고 번성하는 것이 모두 다 하나님의 은혜라고 생각해서는 안 됩니다. 정직하게 일해서 번성하는 것은 하나님의 은혜이지만, 불법을 통해서 번성하게 되는 것은 하나님의 은혜가 아니기 때문입니다. 실제로 아브람은 번성한 것 때문에 롯과 이별했고, 롯 역시 부유하게 된 것 때문에 아브람과 헤어져서 여러 가지 어려움을 겪었습니다.

둘째, 말씀을 믿는 사람은 온유하게 행동할 수 있습니다. 아브람은 더 많이, 더 좋은 것을 가지기 위해 롯과 다투지 않았습니다. 롯에게 선택권을 양보했습니다. 아브람은 머리를 굴리거나 다투지 않고, 기꺼이 양보하며 온유하게 행동했습니다. 아브람이 그렇게 할 수 있었던 근거는 하나님의 언약 때문입니다. 아브람은 하나님이 어떤 분이신지를 알았고, 하나님이 언약을 믿었습니다. 땅에 관한 언약과 자손에 관한 언약을 믿었습니다. 아브람은 자신이 롯에게 기꺼이 양보할지라도, 무엇을 선택하게 될지라도, 하나님께서 좋은 것을 허락해 주실 것이라고 믿었습니다. 우리도 마찬가지입니다. 하나님은 우리 대신 원수까지도 갚아 주신다고 약속하셨습니다. "내 사랑하는 자들아 너희가 친히 원수를 갚지 말고 하나님의 진노하심에 맡기라 기록되었으되 원수 갚는 것이 내게 있으니 내가 갚으리라고 주께서 말씀하시니라"(롬 12:19). 이 말씀을 믿는 사람은 원수에게도 온유할 수 있습니다.

셋째, 보이는 것에 속지 않도록 조심해야 합니다. 롯이 소돔을 선택한 이유는 무엇일까요? 외관상 좋아 보였기 때문입니다. 하지만 소돔은 칼뱅의 말처럼 천국이 아니라 지옥이었습니다. 겉으로는 좋아 보였지만, 그 안은 영적으로 부패해 있었습니다. 우리도 롯처럼 실수할 때가 많습니다. 눈에 보이는 것만으로 판단하여 어려움을 겪을 때가 많습니다. 하지만 정말 중요한 것은 눈에 보이지 않습니다. 사람이 특히 그러합니다. 사람의 됨됨이는 눈에 보이는 것만으로 판단할 수 없습니다. 겉으로는 정직해 보이지만 속은 거짓으로 가득 찬 사람들이 있고, 겉으로는 성실해 보이지만 속은 게으른 사람이 있습니다. 그러므로 우리는 눈에 보이는 것만으로 섣불리 판단하지 말아야 합니다.

넷째, 하나님은 신실한 사람에게 지속적으로 은혜를 부어 주십니다. 아브람은 롯에게 선택권을 양보했습니다. 하나님의 말씀을 믿었기에 양보할 수 있었습니다. 그러자 하나님께서 아브람을 찾아오셨습니다. 언약을 재확인해 주셨습니다. 반드시 땅과 자손에 관한 언약을 이루어 준다고 하셨습니다. 이처럼 하나님은 신실한 자들을 사랑하십니다. 신실한 자들에게 은혜를 주십니다.

다섯째, 믿음을 지키는 방법은 예배입니다. 아브람은 계속해서 제단을 쌓았습니다. 평생 하나님을 예배했습니다. 바로 이것이 아브람이 믿음을 지킬 수 있었던 비결입니다. 우리가 예배를 지키면, 예배가 우리를 지켜 줍니다. 우리가 주일 예배를 드릴 때마다 예배가 우리의 영혼을 살리고 우리의 신앙을 살립니다.

결론

아브람과 롯은 서로 다른 선택을 했습니다. 롯은 눈으로 보기에 좋은 것을 선택했습니다. 자기에게 이익이 되는 것을 선택했습니다. 철저하게 계산적이고 이기적인 선택을 했습니다. 반면, 아브람은 믿음으로 선택했습니다. 자신에게는 손해가 될지라도, 하나님의 뜻에 합당한 것을 선택했습니다. 아브람은 철저하게 신앙적이고 온유한 선택을 했습니다. 결국 롯은 언약의 복에서 점점 벗어났습니다. 점점 비참한 인생을 살았습니다. 반대로 아브람은 언약의 복 안에서 점점 번성했습니다. 하나님의 은혜로 말미암아 점점 복된 인생을 살았습니다.

여러분, 눈에 보이는 것으로 선택하지 말고, 하나님의 말씀을 따라 선택하기 바랍니다. 나에게 이익이 되는 것을 선택하지 말고, 하나님의 뜻이라고 생각되는 것을 선택하기 바랍니다. 나에게 손해가 될지라도, 하나님 나라를 세우는 선택을 하기 바랍니다. 그러면 하나님께서 우리가 희생한 것보다 훨씬 더 많은 것을 주실 것입니다.

아브람은 믿음으로 롯에게 양보했습니다. 그러자 하나님은 가나안뿐만 아니라, 하늘나라도 선물로 주셨습니다. 우리가 하나님을 믿어 손해를 본다 할지라도, 하나님은 더 큰 것으로, 영원한 것으로 갚아 주십니다. 그런 은혜가 여러분에게 있기를 바랍니다.

● 되새겨 보기

1. 아브람은 롯과의 갈등을 어떻게 해결했습니까?

2. 아브람이 롯에게 선택권을 양보할 수 있었던 이유는 무엇입니까?

3. 롯이 소돔 땅을 선택한 이유는 무엇입니까?

4. 아브람은 롯을 잃은 대신 무엇을 얻었습니까?

5. 아브람이 긴 시간 동안 언약을 믿을 수 있었던 이유는 무엇입니까?

● 생각해 보기

1. 여러분은 죄를 지어서라도 성공하고 싶은 마음을 가지고 있진 않습니까?

2. 하나님의 뜻을 따라 믿음으로 양보하면, 하나님께서 복 주신다는 사실을 믿습니까?

3. 원수 갚는 것 또한 하나님께 맡기고 있습니까?

15

모든 빼앗겼던 재물을 다 찾아왔더라

창 14:1-24

위기의 순간에 약속을 붙들다

고대에는 전쟁이 자주 발생했습니다. 당시 전쟁은 그다지 특별한 일이 아니었습니다. 하지만 본문의 전쟁은 특별합니다. 약속의 땅 가나안에서 일어난 전쟁이기 때문입니다. 왜 가나안을 '약속의 땅'이라고 할까요? 하나님께서 가나안 땅을 아브람과 그의 후손에게 주신다고 약속하셨기 때문입니다. 따라서 아브람은 가나안에서 무슨 일이 일어난다 해도 그곳에 남아야 했습니다. 하나님의 약속이 성취되기까지 가나안에 계속 머물러야 했습니다.

하지만 기근이 찾아왔을 때, 아브람은 가나안을 떠나서 애굽으로 갔습니다. 하나님의 약속을 신뢰하지 않고 어리석게 행동했습니다. 그런데 아브람은 기근보다 더 심각한 문제를 만나게 됩니다. 바로 전쟁입니다. "시날 왕 아므라벨과 엘라살 왕 아리옥과 엘람 왕 그돌라오멜과 고임 왕 디달이 소돔 왕 베라와 고모라 왕 비르사와 아드마 왕 시납과 스보임 왕 세메벨과 벨라 곧 소알 왕과 싸우니라"(창 14:1-2). 북쪽의 네 나라와 남쪽의 다섯 나라 사이에 전쟁이 일어났습니다. 이 사건이 창세기 14장의 배경입니다. 전쟁이 일어난 이유는 다음과 같습니다. "이들이 십이 년 동안 그돌라오멜을 섬기다가 제십삼년에 배반한지라"(4절).

남쪽의 다섯 나라는 12년 동안 그돌라오멜을 섬겼습니다. 12년 동안 정기적으로 공물을 바쳤습니다. 하지만 13년째 되는 해에는 공물을 바치지 않았습니다. 그러자 그돌라오멜이 북방 연합군을 이끌고 남쪽으로 쳐들어온 것입니다. 그돌라오멜은 순식간에 남쪽의 다섯 나라를 초토화시켰습니다. 이때 심각한 문제가 발생했습니다. 아브람의 조카 롯이 전쟁 포로가 된 것입니다. "소돔에 거주하는 아브람의 조카 롯도 사로잡고 그 재물까지 노략하여 갔더라"(12절).

롯이 포로가 된 이유를 생각해 볼 필요가 있습니다. 왜 그는 포로가 되었을까요? 소돔에 거주했기 때문입니다. 소돔에 왜 거주했습니까? 경제적인 이익에 눈이 멀어 하나님의 뜻을 생각하지 않았기 때문입니다. 결국 롯이 전쟁의 포로가 된 것, 그리고 아브람이 전쟁의 소용돌이에 휘말리게 된 것은 롯이 하나님의 뜻을 생각하지 않았기 때문입니다. 얼마 후 아브람은 롯이 전쟁 포로가 되었다는 사실을 알게 되었습니다. "도망한 자가 와서 히브리 사람 아브람에게 알리니"(13절). 여기에 주목해야 할 표현이 있습니다. "히브리 사람"이라는 호칭입니다. 이 말은 아브람이 가나안 사람이 아니라는 뜻입니다. 아브람이 가나안에서 철저하게 나그네였다는 뜻입니다.

가나안에는 아브람을 지켜 줄 가족과 친척이 없었습니다. 그래서 아브람은 가나안 사람들과 동맹을 맺었습니다. "마므레는 에스골의 형제요 또 아넬의 형제라 이들은 아브람과 동맹한 사람들이더라"(13절). 아브람이 가나안 사람들과 동맹을 맺은 것은 불신앙적 행동인가요? 그렇지 않습니다. 아브람이 가나안 사람들과 동맹을 맺은 것은 가나안에 계속 머물기 위한 노력의 일환이었을 뿐입니다. 예를 들어, 학생들은 시험과 입시를 위해 기도해야 합니다. 동시에 무엇을 해야 합니까? 공부를 해야 합니다. 우리는 건강을 위해 기도해야 합니다. 동시에 무엇을 해야 합니까? 식단을 관리하고 운동을 해야 합니다. 우리는 부흥을 위해 기도해야 합니다. 동시에 무엇을 해야 합니까? 가서 복음을 전해야 합니다. 우리는 하나님께 기도하는 동시에 우리가 할 수 있는 일을 해야 합니다. 마찬가지로 아브람은 자신의 생명과 안전을 하나님께 맡겼지만, 동시에 자신이 할 수 있는 일을 한 것입니다.

약속을 믿고 하나님의 영광을 위해

아브람이 가나안에 계속 거주하기 위해서 행한 것이 또 하나 있습니다. "아브람이 그의 조카가 사로잡혔음을 듣고 집에서 길리고 훈련된 자 삼백십팔 명을 거느리고 단까지 쫓아가서"(14절). 아브람은 가나안에서 쫓겨나지 않기 위해 군대를 조직했습니다. 아브람 개인 사병의 수는 무려 318명이나 되었습니다. 개인 사병으로는 매우 많은 수입니다. 그러나 북방 연합군과는 비교할 수 없이 적었습니다. 북방 연합군은 남방 연합군을 쉽게 무찌를 정도로 강력했습니다. 그러나 놀랍게도 아브람은 기적 같은 승리를 얻었습니다. "그와 그의 가신들이 나뉘어 밤에 그들을 쳐부수고 다메섹 왼편 호바까지 쫓아가 모든 **빼앗겼던** 재물과 자기의 조카 롯과 그의 재물과 또 부녀와 친척을 다 찾아왔더라"(15-16절).

사실 아브람은 겁이 많은 사람입니다. 아브람은 기근이 무서워서 애굽으로 떠났고, 애굽 사람들이 무서워서 아내를 여동생이라고 거짓말했던 사람입니다. 그랬던 아브람이 어떻게 소수의 군대로, 강력한 군대와 싸울 생각을 했을까요? 하나님의 언약을 믿었기 때문입니다. 하나님은 아브람에게 다음과 같이 약속하셨었습니다. "너를 축복하는 자에게는 내가 복을 내리고 너를 저주하는 자에게는 내가 저주하리니 땅의 모든 족속이 너로 말미암아 복을 얻을 것이라 하신지라"(12:3). 이 언약을 믿었기에, 아브람은 담대하게 맞서 싸울 수 있었습니다. 이 언약대로 아브람과 동맹을 맺었던 사람들은 복을 받았습니다. 반대로 아브람과 싸웠던 북방 연합군들은 저주를 받고 말았습니다.

이 언약은 두 왕을 통해서도 성취되었습니다. 아브람이 승리했다는 소식을 듣고, 두 왕이 아브람을 기다렸습니다. 첫 번째는 '소돔 왕'입니다. "소돔 왕이 사웨 골짜기 곧 왕의 골짜기로 나와 그를 영접하였고"(14:17). 소돔 왕은 맨손으로 아브람을 기다렸습니다. 아브람이 그를 대신하여 적군을 무찔렀음에도, 그는 아무런 감사 표시를 하지 않았습니다. 두 번째는 '살렘 왕'입니다. "살렘 왕 멜기세덱이 떡과 포도주를 가지고 나왔으니 그는 지극히 높으신 하나님의 제사장이었더라"(18절). 살렘 왕은 소돔 왕과 달리 떡과 포도주를 가지고서 아브람을 기다렸습니다. 소돔 왕과 달리 아브람을 축복했습니다. "그가 아브람에게 축복하여 이르되 천지의 주재이시요 지극히 높으신 하나님이여 아브람에게 복을 주옵소서"(19절).

그러자 아브람은 살렘 왕 멜기세덱에게 전리품의 십일조를 바쳤습니다. "십분의 일을 멜기세덱에게 주었더라"(20절). 멜기세덱은 아브람을 축복한 결과 복을 받았습니다. 이 때문에 멜기세덱은 '아브람을 축복하여 하나님께 복을 받는 사람'을 상징합니다. 그러나 소돔 왕은 정반대였습니다. "소돔 왕이 아브람에게 이르되 사람은 내게 보내고 물품은 네가 가지라"(21절). 소돔 왕은 아브람을 축복하지 않았습니다. 대신 거래를 제안했습니다. 사람은 자신(소돔 왕)이 가지고, 재물은 아브람이 갖는 것으로 하자고 했습니다. 만약 아브람이 이 제안에 응하면 어떻게 될까요? 하나님께서 아브람에게 승리를 주셨다는 사실은 사라지고, 소돔 왕이 아브람을 부자로 만들었다는 사실만 부각될 것입니다. 그래서 아브람은 소돔 왕의 제안에 응하지 않았습니다.

대신 다음과 같이 말했습니다. "네 말이 내가 아브람으로 치부하게 하였다 할까 하여 네게 속한 것은 실 한 오라기나 들메끈 한 가닥도 내가 가지지 아니하리라"(23절). 아브람이 왜 소돔 왕의 제안에 응하지 않았다고요? 소돔 왕이 아브람을 부자로 만들었다는 말을 듣기 싫었기 때문입니다. 아브람은 하나님께서 승리를 주셨다는 사실만 부각되기를 원했습니다. 하나님의 영광만을 위했다는 말입니다. 만약 아브람이 소돔 왕의 제안을 받아들인다면, 아브람은 부자가 되겠지만, 하나님의 영광은 가려지게 될 것입니다. 아브람은 그렇게 되기를 원하지 않았습니다.

창세기 14장의 교훈

따라서 하나님께서 창세기 14장을 통해 우리에게 교훈하시는 바는 다음과 같습니다.

첫째, 가장 안전한 길은 말씀에 순종하는 길입니다. 롯이 왜 포로가 되었을까요? 하나님의 뜻을 어기고 자신의 욕망대로 행동했기 때문입니다. 만약 롯이 하나님의 뜻을 따르고자 했다면 소돔으로 가지 않았을 것입니다. 당시 소돔은 가장 타락한 도시였기 때문입니다. 따라서 롯이 전쟁 포로가 된 것은, 그가 하나님의 뜻과 상관없이 살았기 때문입니다. 그렇다면 가장 안전한 삶은 무엇일까요? 매일 하나님의 말씀을 묵상하면서, 그 말씀 속에서 길을 찾는 삶입니다. 매일 하나님의 말씀을 묵상하면서, 그 말씀 속에서 방향을 결정하는 삶입니다. 성경은 다음과 같이 말합니다. "행위가 온전하여 여호와의 율법을 따라 행하는 자들은 복이 있음이여"(시 119:1). 이처럼 가장 안전한 삶을 살기 위해서는, 하나님의 말씀을 매일 매일 묵상하고, 그 하나님의 말씀대로 살기 위해 노력해야 합니다.

둘째, 고난은 우리를 성숙하게 합니다. 아브람은 어떻게 용감한 사람으로 변화될 수 있었을까요? 애굽에서 겪은 고난 때문입니다. 아브람은 가나안에서는 기근을 겪었고, 애굽에서는 아내를 빼앗길

뻔한 어려움을 겪었습니다. 그러한 여러 가지 어려움을 통해 하나님의 능력을 경험했고, 그러한 고난의 시간을 통해 용감한 사람으로 변화되었습니다. 우리가 겪는 어려움도 마찬가지입니다. 신자에게 의미 없는 고난이란 없습니다. 하나님께서 원하시는 것은 우리가 아무 어려움 없이 사는 것이 아니라, 고난과 시련을 통해 성숙하게 변화되는 것입니다. 이 사실은 자녀를 키우는 부모들에게 특히 중요합니다. 부모의 본질적인 역할은 자녀를 어려움에서 건지는 것이 아닙니다. 부모의 본질적인 역할은 자녀가 고생하지 않게 하는 것이 아닙니다. 부모의 본질적인 역할은 자녀가 고난과 시련을 겪을 때, 그것을 잘 견딜 수 있도록 도와주는 것입니다. 자녀가 믿음과 신앙의 문제로 어려움을 겪을 때, 믿음을 버리지 않도록 도와주는 것입니다.

셋째, 우리는 다른 신자를 축복하는 사람이 되어야 합니다. 하나님은 아브람에게 다음과 같이 언약하셨습니다. "너를 축복하는 자에게는 내가 복을 내리고 너를 저주하는 자에게는 내가 저주하리니 땅의 모든 족속이 너로 말미암아 복을 얻을 것이라 하신지라"(12:3). 이 말씀은 아브람뿐만 아니라, 모든 하나님의 백성들에게 주어진 약속입니다. 이 말씀처럼 아브람을 축복한 멜기세덱은 복을 받았고, 아브람을 저주한 소돔 왕은 저주를 받았습니다. 그러므로 교회를 너무 쉽게 비난해서는 안 됩니다. 성도들을 지나치게 비판해서는 안 됩니다. 물론 꼭 필요한 비난도 있습니다. 교회와 성도들이 비판을 받아야 할 때도 있습니다. 하지만 신중하게, 사랑으로 해야 합니다. 하나님은 자기 백성을 축복하는 자에게 복을 주시고, 자기 백성을 저주하는 자에게 벌을 주신다는 사실을 기억해야 합니다.

결론

아브람은 재물을 모두 가지라는 소돔 왕의 제안에, 왜 응하지 않았습니까? 만약 소돔 왕의 제안을 받아들이면, 하나님이 아니라 소돔 왕이 아브람에게 복을 준 것처럼 보일 수 있었기 때문입니다. 하나님께서 아브람에게 승리를 주셨다는 사실은 사라지고, 소돔 왕이 아브람을 부자로 만들었다는 사실만 부각될 수 있었기 때문입니다. 그래서 아브람은 소돔 왕의 제안을 받아들이지 않았습니다. 아브람은 하나님의 영광을 위해 부자가 될 기회를 스스로 버렸습니다. 하지만 아브람은 망하지 않았습니다. 오히려 점점 더 강해졌습니다. 이후에 아브람은 주변 국가들이 두려워하는 강한 족장으로 성장했습니다.

여러분, 우리가 하나님의 영광을 위해 사사로운 이익을 포기하면, 나중에 하나님께서 더 좋은 것으로 갚아 주실 것입니다. 우리가 하나님 나라를 위해 자신을 희생하면, 하나님께서 더 복된 것으로 갚아 주실 것입니다. 마지막으로 시편 말씀을 함께 보겠습니다.

> 너희 성도들아 여호와를 경외하라 그를 경외하는 자에게는 부족함이 없도다 젊은 사자는 궁핍하여 주릴지라도 여호와를 찾는 자는 모든 좋은 것에 부족함이 없으리로다 _시 34:9-10

● 되새겨 보기

1. 가나안에서 발생한 전쟁 때문에 어떤 문제가 발생했습니까?

2. 롯이 전쟁의 포로가 된 근본 원인은 무엇입니까?

3. 아브람이 소수의 군대로 강력한 군대와 싸울 수 있었던 이유는 무엇입니까?

4. 소돔 왕은 어떤 사람을 상징하며, 살렘 왕은 어떤 사람을 상징합니까?

5. 왜 아브람은 소돔 왕의 제안에 응하지 않았습니까?

● 생각해 보기

1. 여러분은 말씀에 순종하는 삶이 가장 안전한 삶임을 믿습니까?

2. 우리에게 닥친 고난이 결국에는 우리에게 도움이 된다는 것을 믿습니까?

3. 성도(교회)들을 비난하기보다 축복해 주며 살고 있습니까?

16 나는 네 방패요 지극히 큰 상급이니라

창 15:1–21

믿음이 약해질 때

이번 본문은 하나님의 구원 역사에서 아주 중요한 주제를 다루고 있습니다. 특히나 이번 본문은 로마서 4장의 배경이 되는데요. 로마서의 핵심 주제는 '이신칭의', 즉 '믿음으로 의롭다 함을 얻는다'입니다. 바울이 이신칭의를 설명하면서 근거로 삼는 본문이 바로 이번 본문입니다. 이 사실을 염두에 두고 본문을 살펴보겠습니다.

"이후에 여호와의 말씀이 환상 중에 아브람에게 임하여 이르시되 아브람아 두려워하지 말라 나는 네 방패요 너의 지극히 큰 상급이니라"(창 15:1). 당시 아브람의 마음에는 두려움이 있었습니다. 북방 연합군이 복수할지 모른다고 생각했기 때문입니다. 14장의 아브람에게는 분명 하나님의 언약에 대한 믿음이 있었습니다. 하지만 시간이 지나 15장에 이르러서는 그 믿음이 상당히 약해져 있음을 볼 수 있습니다. 왜 아브람은 하나님의 언약에 대한 믿음이 약해졌을까요? 그 이유는 다음과 같습니다. "아브람이 또 이르되 주께서 내게 씨를 주지 아니하셨으니 내 집에서 길린 자가 내 상속자가 될 것이니이다"(3절). 아브람의 믿음이 약해진 이유는 자손에 관한 언약이 이루어지지 않았기 때문입니다.

하나님은 우르에 살고 있던 아브람을 가나안으로 부르시면서 두 가지를 약속하셨습니다. 자손과 땅입니다. 그 약속이 아직도 이루어지지 않았습니다. 그래서 아브람의 믿음이 약해진 것입니다. 그러자 하나님은 다음과 같이 말씀하셨습니다. "여호와의 말씀이 그에게 임하여 이르시되 그 사람이 네 상속자가 아니라 네 몸에서 날 자가 네 상속자가 되리라 하시고"(4절). 하나님은 한 번 더 자손에 관한 언약을 말씀하셨습니다. 그리고 하나님의 언약을 믿으면 이런 일이 일어날 것이라고 하셨습니다. "그를 이끌고 밖으로 나가 이르시되 하늘을 우러러 뭇별을 셀 수 있나 보라 또 그에게 이르시되 네 자손이 이와 같으리라"(5절). 만약 아브람이 하나님의 언약을 믿는다면, 아브람은 하늘의 별처럼 많은 후손을 얻게 될 거라는 말씀입니다.

그러자 아브람은 다음과 같이 반응했습니다. "아브람이 여호와를 믿으니 여호와께서 이를 그의 의로 여기시고"(6절). 아브람은 다시 하나님에 대한 믿음을 회복했습니다. 아브람이 믿음을 회복하자, 하나님은 다음과 같이 반응하셨습니다. "아브람이 여호와를 믿으니 여호와께서 이를 그의 의로 여기시고"(6절). 하나님은 아브람의 믿음을 보시고서 그를 의롭다고 하셨습니다. 이처럼 신약의 성도나 구약의 성도나, 의롭게 되는 방법은 하나밖에 없습니다. 오직 믿음입니다.

하나님 홀로 약속을 이루신다

그런데 아브람의 믿음은 온전하지 않았습니다. 여전히 아브람은 하나님을 의심했습니다. "그가 이르되 주 여호와여 내가 이 땅을 소유로 받을 것을 무엇으로 알리이까"(8절). 그래서 하나님은 다음과 같이 행하셨습니다. "여호와께서 그에게 이르시되 나를 위하여 삼 년 된 암소와 삼 년 된 암염소와 삼 년 된 숫양과 산비둘기와 집비둘기 새끼를 가져올지니라"(9절). 하나님은 소와 염소와 비둘기를 준비하라고 하셨습니다. 왜 소와 염소와 비둘기를 준비하라고 하셨을까요? 고대에는 국가들끼리 언약식을 체결할 때 소와 염소와 비둘기를 준비했습니다. 즉, 하나님께서 아브람과 언약식을 체결하려고 하신 것입니다.

언약식을 체결할 때 소와 염소와 비둘기를 준비하는 이유는, 언약을 어겼을 때 어떻게 되는지를 시각적으로 강조하기 위함입니다. "아브람이 그 모든 것을 가져다가 그 중간을 쪼개고 그 쪼갠 것을 마주 대하여 놓고 그 새는 쪼개지 아니하였으며"(10절). 아브람은 소와 염소를 반으로 잘랐습니다. 그 자리가 피로 흥건하게 되었습니다. 이 피는 언약을 어긴 사람의 최후를 상징합니다.

고대의 왕들은 언약식을 체결할 때, 두 사람이 함께 쪼갠 짐승 사이를 지나갔습니다. 언약을 지키기 위해 두 사람 모두 최선을 다한다는 뜻입니다. 그런데 하나님과 아브람이 맺은 언약식은 특이했습니다. "해 질 때에 아브람에게 깊은 잠이 임하고 큰 흑암과 두려움이 그에게 임하였더니"(12절). 하나님은 언약식을 맺으면서 아브람을 잠들게 하셨습니다. 그리고 하나님 홀로 짐승 사이를 지나가셨습니다. "해가 져서 어두울 때에 연기 나는 화로가 보이며 타는 횃불이 쪼갠 고기 사이로 지나더라"(17절).

왜 하나님은 홀로 짐승 사이를 지나가셨을까요? 땅과 자손에 관한 언약은 아브람의 능력이 아니라, 하나님의 능력으로 이루어진다는 것을 강조하시기 위함입니다. 언약의 성취는 아브람의 능력이 아니라, 하나님의 능력으로 이루어진다는 것을 가르치시기 위함입니다.

왜 하나님은 아브람의 능력이 아니라, 하나님의 능력으로 언약을 이루시는 걸까요? 왜 하나님은 다른 자격과 조건을 따지지 않고, 오직 믿음을 통해서 언약을 이루시는 걸까요? 우리가 겸손하기를 원하시기 때문입니다.

> 만일 아브라함이 행위로써 의롭다 하심을 받았으면 자랑할 것이 있으려니와 하나님 앞에서는 없느니라 _롬 4:2

만약 아브람이 자기 능력으로 의롭다 함을 받으면, 자신의 능력과 행위를 자랑하고 싶지 않겠습니까? 내세울 무언가가 있어 자신을 높이고 교만해지는 것이죠. 그러나 하나님은 아브람이 하나님만 자랑하기를 원하셨습니다. 그래서 하나님은 아브람의 '행위'가 아니라, 아브람의 '믿음'을 보시고서 아브람을 의롭다고 여겨 주셨습니다.

창세기 15장의 교훈

따라서 하나님께서 창세기 15장을 통해 우리에게 교훈하시는 바는 다음과 같습니다.

첫째, 하나님에 대한 믿음이 약해지면 두려움이 찾아옵니다. 14장에서 아브람은 용감하게 북방 연합군과 싸웠습니다. 하나님의 언약을 믿었기에 용감하게 싸울 수 있었습니다. 그러나 시간이 지나면서 믿음이 약해졌습니다. 아브람의 마음은 점점 두려움으로 가득하게 되었습니다. 만약 우리 마음에 두려움이 가득하다면, 우리의 믿음을 돌아보아야 합니다. 우리가 하나님을 올바르게 믿고 있는지, 우리가 하나님을 신뢰하고 있는지를 살펴봐야 합니다.

둘째, 우리의 믿음은 쉽게 약해집니다. 아브람은 대단한 믿음을 가진 사람이었습니다. 소수의 군대로 강력한 적군과 싸울 정도로 큰 믿음을 가진 사람이었습니다. 그런 아브람의 믿음도 순식간에 약해졌습니다. 우리도 마찬가지입니다. 우리의 믿음도 순식간에 약해질 수 있습니다. 믿음은 항상 견고하게 유지되지 않습니다. 그래서 우리는 항상 깨어 있어야 합니다. 우리는 우리 자신이 쉽게 약해지고 두려움에 빠지는 연약한 존재임을 자각해야 합니다.

셋째, 믿음을 굳세게 하는 방법은 하나님의 말씀입니다. 믿음이 약해진 아브람에게 하나님은 말씀을 전해 주셨습니다. 반복해서 말씀을 듣는 것이 믿음을 지키는 방법입니다(롬 10:17 참고). 하나님의 말씀을 가까이하고 꾸준하게 들어야만 우리의 믿음이 약해지지 않습니다.

넷째, 우리의 능력이 아니라, 하나님의 능력이 우리를 구원합니다. 하나님은 아브람과 언약식을 체결하셨습니다. 고대의 왕들은 언약식을 체결할 때 쪼개진 짐승 사이를 함께 지나갔습니다. 하지만 하나님은 아브람과 함께 지나가지 않으시고, 혼자서 지나가셨습니다. 아브람의 능력이 아니라, 하나님의 능력으로 언약을 이루신다는 사실을 알려 주시기 위함입니다. 우리의 구원도 마찬가지입니다. 우리의 능력이 아니라, 하나님의 능력이 우리를 구원합니다. 우리가 구원을 받은 것은 우리가 대단한 사람이어서가 아닙니다. 우리를 구원하시는 하나님이 대단하시기에 우리가 구원을 받은 것입니다.

다섯째, 은혜로 구원받은 신자는 겸손하게 살아야 합니다. 하나님은 우리의 능력이 아니라, 하나님의 능력으로 우리를 구원하셨습니다. 우리가 겸손하게 하나님께만 영광을 돌리기 원하셨기 때문입니다. 겸손에는 하나님께 영광을 돌리는 요소만 있지 않습니다. 겸손의 또 다른 요소는 어려운 이웃을 돌아보는 것입니다. "오직 겸손한 마음으로 각각 자기보다 남을 낫게 여기고 각각 자기 일을 돌볼뿐더러 또한 각각 다른 사람들의 일을 돌보아 나의 기쁨을 충만하게 하라"(빌 2:3-4). 그러므로 우리는 겸손히 다른 사람을 돌아볼 줄 알아야 합니다. 나의 어려움만 생각하지 말고, 이웃의 어려움을 생각해야 합니다.

결론

하나님은 겸손한 사람을 사랑하십니다. 겸손한 사람은 다음과 같은 복을 받습니다. 첫째, 하나님께서 그의 기도를 들으십니다. "여호와여 주는 겸손한 자의 소원을 들으셨사오니 그들의 마음을 준비하시며 귀를 기울여 들으시고"(시 10:17). 둘째, 하나님께서 그의 필요를 넉넉하게 채워 주십니다. "겸손한 자는 먹고 배부를 것이며 여호와를 찾는 자는 그를 찬송할 것이라"(시 22:26). 셋째, 하나님께서 그를 안전하게 지켜 주십니다. "여호와께서 겸손한 자들은 붙드시고 악인들은 땅에 엎드러뜨리시는도다"(시 147:6).

그러므로 겸손하게 살아가기를 바랍니다. 자기 이름이 아니라 하나님의 이름을 높이는 삶을 사십시오. 자기만 생각하는 삶이 아니라 이웃을 돌아보는 삶을 사십시오. 그러면 하나님께서 우리의 기도를 들으시고, 우리의 필요를 채워 주시며, 우리를 안전하게 지켜 주실 것입니다. 그런 복이 여러분의 삶에 가득하기를 바랍니다.

● 되새겨 보기

1. 왜 아브람의 마음에는 두려움이 있었습니까? 왜 언약에 대한 믿음이 약해졌습니까?

2. 왜 하나님은 아브람이 의롭다고 하셨습니까?

3. 하나님의 언약식은 어떤 점에서 특이합니까?

4. 왜 그런 방식으로 언약식을 행하셨습니까?

5. 겸손한 사람이 받는 복은 무엇입니까?

   ①

   ②

   ③

● 생각해 보기 ━━━━━━━━━━━━━━━━━━━━━━

1. 여러분은 하나님을 신뢰함으로 두려움을 극복하고 있습니까?

2. 최근 믿음이 더 약해지지는 않았습니까?

3. 믿음의 성장을 위해 말씀을 꾸준히 묵상하고 있습니까?

17 네 고통을 들으셨음이라
창 16:1-16

신자의 문제 해결 방법

세상에 문제가 없는 사람은 없습니다. 그래서 우리는 두 가지를 알아야 합니다. 첫째, 하나님은 왜 우리에게 문제를 주시는가? 둘째, 우리는 어떻게 그 문제를 해결해야 하는가? 오늘 본문을 통해 이 두 가지 질문의 답을 찾아보겠습니다.

하나님은 아브람에게 자손을 약속하셨습니다. "내가 너로 큰 민족을 이루고 네게 복을 주어 네 이름을 창대하게 하리니 너는 복이 될지라"(창 12:2). 하지만 10년이 지나도록 자손에 관한 언약은 이루어지지 않았습니다. 바로 이것이 아브람의 문제였습니다. 이 문제를 해결하는 교과서적인 방법은 '기도하며 기다리는 것'입니다. 하지만 기도하며 기다리는 것은 쉬운 일이 아닙니다. 사람은 본능적으로 기다리는 것을 싫어합니다. 아브람과 사래도 마찬가지였습니다. 그런데, 기다리다 지친 두 사람의 눈에 문제를 빨리 해결할 방법이 보였습니다. "그에게 한 여종이 있으니 애굽 사람이요 이름은 하갈이라"(16:1).

당시에는 가문의 대를 이을 후계자가 없을 때, 첩의 자녀를 입양하여 후계자로 삼곤 했습니다. 많은 사람이 이런 방법을 사용했고, 법적으로도 문제가 없었습니다. 하지만 하나님의 백성이 사용할 방법은 아니었습니다. 하나님의 뜻은 한 남자와 한 여자가 결혼하여 가정을 이루는 것이기 때문입니다. 그런데 사래가 다음과 같이 아브람을 설득했습니다. "여호와께서 내 출산을 허락하지 아니하셨으니 원하건대 내 여종에게 들어가라 내가 혹 그로 말미암아 자녀를 얻을까 하노라"(2절).

사래는 세상 사람들이 다들 사용하는 방법으로 문제를 해결하자고 했습니다. 이때 아브람은 단호하게 거절해야 했습니다. 거절할 뿐만 아니라, 사래에게 하나님의 뜻을 가르쳐야 했습니다. 아브람은 가정의 지도자였기 때문입니다. 하지만 아브람은 그렇게 하지 않았습니다. 아브람은 하나님의 뜻이 아니라, 아내의 뜻대로 행했습니다. 하나님의 방법이 아니라, 아내의 방법을 사용했습니다. 많은 이들이 사용하는 방법이라고 해서 올바른 방법이라고 볼 수는 없었습니다. 세상 사람들의 방법을 사용한 결과, 어떻게 되었습니까?

첫째, 사래는 여종인 하갈에게 멸시를 받았습니다. "하갈이 임신하매 그가 자기의 임신함을 알고 그의 여주인을 멸시한지라"(4절). 둘째, 아브람은 사래와 갈등을 겪었습니다. "사레기 아브람에게 이르되 내가 받는 모욕은 당신이 받아야 옳도다"(5절). 사래는 세상 사람들의 방법을 사용하자고 아브람을 설득했습니다. 아브람은 올바른 방법이 아님을 알면서도, 아내의 말을 따랐습니다. 그 결과 아브람의 가정은 서로를 멸시하고 저주하는 지옥 같은 가정이 되었습니다.

아브람과 사래가 하갈을 첩으로 들인 이유는 가정의 행복을 위해서였습니다. 후계자 문제를 해결하면, 더 행복한 가정이 될 거라고 생각했기 때문입니다. 하지만 실제로는 지옥 같은 가정이 되었습니다. 우리는 여기서 사탄이 어떤 방식으로 우리를 유혹하는지 알 수 있습니다. 사탄은 우리가 올바른 방법이 아니라, 효과적인 방법을 선택하도록 유혹합니다. 그리고 우리가 하나님의 방법이 아니라, 쉬운 방법을 선택하도록 유혹합니다. 과정의 올바름보다 쉽고 빠르게 결과를 만들어 내는 지혜를 택하게 한다는 것입니다.

따라서 우리는 효과적인 방법이 아니라, 올바른 방법을 찾아야 합니다. 어떤 방법이 올바른 방법이고, 어떤 방법이 하나님의 뜻인지를 고민해야 합니다. 올바르지 않은데 효과적으로 보인다면, 그것은 분명 사탄의 유혹입니다. 효과적이지는 않아도 그 방법이 올바르다면, 그것이 바로 하나님의 뜻입니다.

아브람은 문제를 해결하기 위해 효과적인 방법을 사용했습니다. 그 결과 새로운 문제가 발생했습니다. 아브람은 이 문제 또한 올바른 방식으로 해결하지 않았습니다. "아브람이 사래에게 이르되 당신의 여종은 당신의 수중에 있으니 당신의 눈에 좋을 대로 그에게 행하라"(6절). 아브람이 선택한 해결책은 무엇입니까? 하갈의 운명을 전적으로 사래에게 맡기는 것이었습니다.

모든 고통을 아신다

이로 인해 또 다른 문제가 발생했습니다. 사래는 하갈을 학대했고, 하갈은 사래를 피해 도망쳤습니다. "사래가 하갈을 학대하였더니 하갈이 사래 앞에서 도망하였더라"(6절). 이제 하갈에게 문제가 생겼습니다. 하갈은 가족 공동체를 잃어버렸습니다. 광야의 나그네가 되었습니다. 고대에는 가족 공동체가 삶의 모든 것이었습니다. 가족 공동체를 떠나서는 살 수가 없었습니다. 그런데 하갈은 혼자 힘으로 광야에서 살아남아야 했습니다.

여기서 주목할 부분이 있습니다. 아브람의 문제는 10년 동안 해결되지 않았었는데, 하갈의 문제는 단 며칠 만에 해결되었습니다. "여호와의 사자가 광야의 샘물 곁 곧 술 길 샘 곁에서 그를 만나"(7절). 하나님은 곧바로 하갈의 문제를 해결해 주셨습니다. 이상하죠? 하갈의 문제는 즉시 해결하신 하나님께서, 왜 아브람의 문제는 10년 동안이나 해결해 주지 않으셨던 걸까요? 하나님께 문제 해결 능력이 없어서가 아니라, 다른 뜻이 있었기 때문입니다.

우리가 또 하나 주목해야 하는 것은 천사가 알려 준 이름입니다. "그 이름을 이스마엘이라 하라 이는 여호와께서 네 고통을 들으셨음이니라"(11절). 하나님은 하갈의 아들에게 '이스마엘'이라는 이름을 지어 주셨습니다. '이스마엘'의 뜻은 '들으셨다'입니다. 하나님께서 다 듣고 계셨다는 것입니다. 하나님은 자기 백성들의 힘들고 어려운 처지를 다 알고 계신다는 뜻이죠. 그런데, 하나님은 왜 이런 이름을 지어 주셨을까요? 이 이름에는 아브람에게 주시는 하나님의 메시지가 담겨 있었습니다. 하나님은 이스마엘이라는 이름을 통해 아브람에게 이렇게 말씀하셨습니다. "아브람아, 나는 너의 어려움을 다 듣고 있단다. 그런데도 내가 문제를 즉시 해결해 주지 않는 것은 다른 뜻이 있기 때문이란다." 바로 이것이 아브람에게 주시는 하나님의 메시지였습니다.

처음으로 돌아가 보겠습니다. 왜 아브람과 사래는 잘못된 방법을 사용했을까요? 두 사람의 마음에 이런 생각이 있었기 때문입니다. '하나님은 우리의 어려움을 모르실 거야. 그러니 우리 힘으로 문제를 해결하는 게 좋겠어.' 바로 이것이 아브람과 사래가 잘못된 방법을 사용한 이유였습니다.

오늘 본문은 이름이 중요한 역할을 합니다. 14절을 봅시다. "이러므로 그 샘을 브엘라해로이라 불렀으며"(14절). "브엘라해로이"는 세 개의 단어가 합쳐진 단어입니다. '우물'을 뜻하는 '베에르'라는 단어와, '살아 있는'을 뜻하는 '하이'라는 단어와, '보는'을 뜻하는 '로에'라는 단어입니다. 세 단어를 연결하면 다음과 같습니다. '나를 보시는, 살아 있는 자의, 우물.' 즉, 하나님은 살아 계셔서 나를 항상 살피신다는 뜻입니다. '브엘라헤로이'는 하갈의 고백입니다. 그런데 하나님의 궁극적인 목적은 하갈이 아니라 아브람이었습니다. 하나님은 아브람이 이 사실을 깨닫기 원하셨습니다. 하나님께서 하갈을 깨우치신 것은 하갈을 통해 아브람을 깨우치시기 위함이었습니다.

하갈은 집으로 돌아가 자신이 겪은 일을 아브람에게 알려 주었습니다. 하갈을 통해 하나님께서 하신 일을 들은 아브람은 하나의 말씀대로 아들의 이름을 이스마엘이라고 지었습니다. "아브람이 하갈이 낳은 그 아들을 이름하여 이스마엘이라 하였더라"(15절). 본문에는 이스마엘이라는 이름이 두 번 등장합니다. 11절과 15절입니다. 11절의 이스마엘은 하나님의 가르침이고, 15절의 이스마엘은 아브람의 깨달음입니다. 아브람은 하갈에게서 일어난 일을 듣고, 하나님이 어떤 분이신지 알게 되었습니다. 하나님은 '들으시는 분'이시요, '우리가 겪고 있는 어려움을 다 아시는 분'이심을 알게 되었습니다.

창세기 16장의 교훈

따라서 하나님께서 창세기 16장을 통해 우리에게 교훈하시는 바는 다음과 같습니다.

첫째, 하나님께서 우리에게 문제를 주시는 이유는, 문제 극복 과정을 통해서만 배울 수 있는 것들이 있기 때문입니다. 왜 하나님은 아브람에게 문제를 주셨을까요? 아브람을 믿음의 조상으로 세우시기 위해서입니다. 아브람은 여러 가지 문제를 겪으면서, 믿음의 조상으로 성장할 수 있었습니다. 문제를 감당하면서, 하나님의 뜻을 구하고 깨달으며 믿음이 성장하고 성숙해질 수 있었습니다. 우리가 겪는 문제들도 마찬가지입니다. 정말 중요한 지식은 글자로 배울 수 없습니다. 정말 중요한 지식은 삶으로만 배울 수 있습니다. 부모의 사랑이 그렇습니다. 실제로 부모가 되어서 자식을 키우는 어려움을 겪어야만 부모의 사랑을 알 수 있습니다.

하나님을 믿고 신뢰하는 것도 마찬가지입니다. 글만으로 배울 수 없습니다. 하나님 외에 다른 도움을 구할 수 없는 상황이 되어야만, 하나님을 믿고 신뢰하는 것을 배울 수 있습니다. 이처럼 신앙에 있어서 정말 중요한 것들은 삶의 경험 가운데 어려움과 문제를 극복하는 과정에서만 배울 수 있습니다. 바로 이것이 하나님께서 우리에게 문제를 주시는 이유입니다.

둘째, 우리는 쉬운 방법이 아니라, 하나님의 방법을 찾아야 합니다. 아브람은 쉬운 방법으로 문제를 해결하려고 했습니다. 그 결과 또 다른 문제를 만났습니다. 우리도 마찬가지입니다. 쉬운 방법으로 문제를 해결하려고 하다가, 더 큰 어려움에 직면하는 경우가 많습니다. 그러므로 우리는 쉬운 방법이 아니라, 하나님의 방법을 찾아야 합니다. 효과적인 방법이 아니라, 올바른 방법을 찾아야 합니다.

세상 사람들이 너도나도 가려고 하는 쉬운 길이 있습니다. 성경은 그런 길을 '넓은 길'이라고 합니다. 그 길은 하나님의 방법이 아닐 가능성이 높습니다. 반면 세상 사람들이 가지 않으려고 하는 어려운 길이 있습니다. 성경은 그런 길을 '좁은 길'이라고 합니다. 그 길은 하나님의 방법일 가능성이 높습니다. "좁은 문으로 들어가라 멸망으로 인도하는 문은 크고 그 길이 넓어 그리로 들어가는 자가 많고 생명으로 인도하는 문은 좁고 길이 협착하여 찾는 자가 적음이라"(마 7:12-13).

결론

문제가 없는 사람은 존재하지 않습니다. 모두에게 문제가 있습니다. 하지만 그 문제에 따른 결과는 다릅니다. 문제를 어떤 식으로 해결하느냐에 따라 어떤 사람은 성장하고, 어떤 사람은 퇴보합니다. 문제를 통해 성장하려면, 한 가지를 기억해야 합니다. '이스마엘'입니다. 이스마엘은 '하나님께서 알고 계신다'라는 뜻입니다.

'이스마엘'이라는 이름처럼, 하나님은 우리의 억울함, 우리의 고통, 우리의 눈물을 다 알고 계십니다. 이스마엘을 기억할 때, 세상의 방법을 사용하게 하는 유혹을 이길 수 있습니다. 하나님께서 우리의 처지를 다 알고 계심을 믿을 때, 쉬운 방법을 사용하도록 하는 그 유혹을 이길 수 있습니다. 이스마엘의 하나님을 기억하여, 어떤 상황에서도 하나님의 방법을 사용하는 여러분이 되기를 바랍니다. 그리하여 더욱 성장하고 성숙하게 되기를 바랍니다.

● 되새겨 보기

1. 아브람이 하나님의 뜻을 버리고 아내의 뜻을 따른 결과는 무엇입니까?

    ①

    ②

2. 하갈의 문제는 무엇이며, 얼마 만에 해결되었습니까?

3. 하나님은 아브람의 문제를 왜 10년 넘게 해결해 주지 않으셨습니까?

4. '이스마엘'이라는 이름이 의미하는 것은 무엇입니까?

5. '브엘라해로이'라는 이름이 의미하는 것은 무엇입니까?

● 생각해 보기

1. 여러분은 지금 겪고 있는 문제 속에 하나님의 뜻이 있음을 믿습니까?

2. 문제 앞에서 쉬운 방법이 아니라 하나님의 방법을 찾고 있습니까?

3. 나의 고통을 하나님께서 다 알고 계심을 믿습니까?

18 나와 너희 사이의 언약의 표징이니라
창 17:1-27

너의 이름이 무엇인지 기억해

아브람은 75세의 나이에 하나님의 부르심을 받았습니다(12:4). 하나님은 75세의 아브람에게 자손을 약속하셨습니다. 75세의 아브람은 자손에 관한 언약을 품고 고향을 떠났습니다. 지금은 고향을 떠나는 일이 그다지 특별하지 않습니다. 실제로 많은 사람이 고향을 떠나 타향에서 살아갑니다. 아브람 당시에는 고향을 떠나는 경우가 없었습니다. 고대는 가족 중심의 사회였기 때문입니다. 고대에는 가족이 곧 국가이고, 경찰이고, 군대였습니다. 가족이 모여 사는 고향을 떠나는 일은 국가와 경찰과 군대를 떠나는 것과 같았습니다.

아브람이 고향을 떠난 것은 대단한 결심이었습니다. 아브람이 대단한 결심을 할 수 있었던 것은, 하나님의 언약 때문이었습니다. 아브람은 자손에 관한 언약을 믿었기에 고향을 떠날 수 있었습니다. 그리고 24년이 지났습니다. 아브람은 99세의 노인이 되었습니다. "아브람이 구십구 세 때에…"(17:1). 24년 동안 아브람은 하나님에 대해 어떤 생각을 가지게 되었을까요? 아마 '하나님은 언약을 이루실 능력이 없으신가?'라거나 '나와 맺은 언약을 잊으신 거 아니야?'라고 생각했을 것입니다. 그래서 하나님은 아브람에게 다음과 같이 말씀하셨습니다. "나는 전능한 하나님이라 너는 내 앞에서 행하여 완전하라"(1절).

하나님은 아브람에게 두 가지를 말씀하셨습니다. 첫째, 자신을 "전능한 하나님"이라고 하셨습니다. 이것은 하나님께 언약을 지킬 능력이 있다는 뜻입니다. 둘째, "행하라"라고 하셨습니다. 특히 두 가지를 행하라고 하셨는데, 우선 이름을 바꾸라고 하셨습니다. "이제 후로는 네 이름을 아브람이라 하지 아니하고 아브라함이라 하리니 이는 내가 너를 여러 민족의 아버지가 되게 함이니라"(5절). 그리고 할례를 행하라고 하셨습니다. "너희 중 남자는 다 할례를 받으라 이것이 나와 너희와 너희 후손 사이에 지킬 내 언약이니라"(10절).

아브람이 행해야 하는 것을 하나씩 살펴보겠습니다. 하나님은 '아브람'의 이름을 '아브라함'으로 바꾸라고 하셨습니다. '아브람'은 '아버지'라는 뜻입니다. 거기에 '함'을 더해서 '아브라함'이 되었습니다. '함'은 많다는 뜻입니다. 따라서 '아브라함'은 '여러 민족의 아버지'라는 뜻입니다.

왜 하나님은 아브람에게 이름을 바꾸라고 하셨을까요? 일반적으로 우리가 가장 자주 듣는 말은 자기 이름입니다. 우리가 이름을 잊지 않는 것은 일평생 가장 많이 듣는 말이기 때문입니다. 하나님은 아브람의 이름을 '아브라함'으로 바꾸어 주셨습니다. 이제 아브라함은 자신의 이름이 의미하는 '여러 민족의 아버지'라는 말을 가장 많이 듣게 될 것입니다.

아브라함은 이름을 들을 때마다 어떤 생각을 하게 될까요? '나는 장차 여러 민족의 아버지가 될 것이다'라고 생각할 것입니다. 따라서 하나님께서 새로운 이름을 주신 이유는 무엇이겠습니까? 하나님께서 언약을 더디게 이루실지라도 소망을 잃지 말고, 하나님께서 언약을 이루실 날을 소망하면서 살아가라는 것입니다. 하나님께서 나를 위해 아무것도 하지 않으시는 것처럼 보이고, 하나님께서 내 기도에 침묵하시는 것처럼 보일지라도, 하나님을 의심하지 말고 하나님께 불평하지 말며 계속해서 소망을 품고 기도하라는 뜻입니다.

할례로 너의 신앙을 보여 줘

다음으로 할례에 대해 알아보겠습니다. 왜 하나님은 할례를 행하라고 하셨을까요? 그 전에 우선, 할례가 무엇입니까? "너희는 포피를 베어라 이것이 나와 너희 사이의 언약의 표징이니라"(11절). 할례는 포피의 일부를 자르는 것입니다. 포피란 남자 생식기의 겉 피부입니다. 고대에 남자의 생식기는 힘을 상징했습니다. 따라서 생식기의 일부를 자르는 것은 자기 힘을 내려놓는 것을 의미했습니다.

왜 하나님은 아브라함에게 힘을 내려놓으라고 하셨을까요? 그 이유는 다음과 같습니다. 아브라함이 하나님을 의심한 이유는 먼저 자기 자신을 의심했기 때문입니다. "백 세 된 사람이 어찌 자식을 낳을까"(17절). 아브라함은 자신의 능력을 불신했습니다. 그래서 하나님의 언약도 이루어질 수 없다고 생각했습니다. 하나님의 능력을 보지 않고 자기 능력을 본 것입니다.

아브라함은 많은 민족의 조상이 되는 일이 자기 능력에 달린 일이라고 생각했습니다. 그래서 실망하지 않을 수 없었습니다. 자신을 보면 볼수록 자신이 부족하다는 사실만 알게 되었기 때문입니다. 바로 이것이 할례를 명하신 이유입니다. 아브라함이 계속 자기 능력을 의지했기에, 앞으로는 하나님의 능력을 의지하며 살겠다고 고백하라는 뜻으로 할례를 행하라고 하신 것입니다.

창세기 17장의 교훈

따라서 하나님께서 창세기 17장을 통해 우리에게 교훈하시는 바는 다음과 같습니다.

첫째, 우리의 시간과 하나님의 시간은 다릅니다. 하나님은 아브라함이 75세일 때 부르셨습니다. 아마 아브라함은 적어도 80세쯤에는 자녀를 얻을 거라고 생각했을 것입니다. 하지만 하나님의 시간과 아브라함의 시간은 달랐습니다. 하나님의 시간은 100세였습니다.

이처럼 우리의 시간과 하나님의 시간은 다를 때가 많습니다. 우리의 시간은 가장 '빠른' 시간입니다. 하지만 하나님의 시간은 가장 '좋은' 시간입니다. 우리가 당면하는 크고 작은 문제들 앞에서, 우리는 그 문제들이 빨리 해결되기를 바랍니다. 하지만 하나님의 시간은 그렇지 않습니다. 하나님의 시간은 우리의 시간보다 빠를 수도 있고 느릴 수도 있습니다. 중요한 것은 하나님의 시간이 가장 좋은 시간이라는 사실입니다. 그래서 우리는 기다려야 합니다. 하나님의 시간이 오기를 기다려야 합니다. 그때까지 인내하고, 또 인내해야 합니다.

둘째, 하나님은 우리가 자기 힘을 의지하지 않고 하나님의 힘을 의지하길 원하십니다. 하나님은 아브라함에게 할례를 행하라고 하셨습니다. 할례는 자기 힘을 의지하지 않고, 하나님의 힘을 의지하겠다는 것을 의미합니다. 하나님께서 아브라함에게 할례를 명하신 것은 아브라함이 하나님의 능력을 의지하지 않고 자기 능력을 의지했기 때문입니다. 아브라함은 자신의 힘과 능력을 의지하는 사람이었습니다. 아브라함은 나이가 들고 힘이 빠지자, 절망하고 슬퍼하며 좌절했습니다. 그래서 하나님은 아브라함에게 할례를 행하라고 하셨습니다. 할례를 통해서, 이제부터는 자기 힘을 의지하는 사람이 아니라, 하나님의 힘을 의지하는 사람이 되라고 하신 것입니다.

여러분은 자기 힘을 의지하는 사람입니까, 아니면 하나님의 힘을 의지하는 사람입니까? 만약 여러분이 하나님의 힘을 의지하는 사람이라면, 여러분의 삶에는 두 가지가 있어야 합니다. 하나는 주기적으로 성경을 묵상하는 것이고, 다른 하나는 시간을 정해서 기도하는 것입니다. 말씀과 기도는 하나님이 은혜를 공급받는 통로입니다. 이 두 가지를 주기적으로 하지 않는 사람은 하나님의 힘을 의지하지 않고 자기 힘을 의지하는 사람이라고 할 수 있습니다.

결론

아브라함은 계속해서 좌절하고 절망했습니다. 자신의 힘과 능력을 의지하며 살았기 때문입니다. 아브라함과 비슷한 경험을 한 사람이 있습니다. 종교개혁자 마르틴 루터(Martin Luther, 1483-1546)입니다. 루터는 늘 죽음과 심판의 고통에 짓눌려 살았습니다. 자기가 심판받을지도 모른다는 생각 때문에 늘 두려워하며 살았습니다. 그러다가 로마서 말씀을 통해 고통에서 해방되었습니다. 루터를 해방시킨 말씀은 다음과 같습니다.

> 복음에는 하나님의 의가 나타나서 믿음으로 믿음에 이르게 하나니 기록된 바 오직 의인은 믿음으로 말미암아 살리라 함과 같으니라 _롬 1:17

지금까지 루터는 자기 힘으로 하나님의 의를 이루어야 한다고 생각했습니다. 율법을 지켜서 하나님의 의를 이루어야 한다고 생각했습니다. 루터는 자기 힘으로 하나님의 의를 이루기 위해 노력했습니다. 하지만 사람이 율법을 모두 지키는 것은 불가능합니다. 루터는 계속해서 좌절하고 절망했습니다. 마치 아브라함처럼 끊임없이 자신에게 실망했습니다. 그러다가 루터는 로마서를 통해 복음이 무엇인지 알게 되었습니다. 하나님께서 예수님을 믿는 자들을 값없이 의롭게 하신다는 사실을 알게 되었습니다. 바로 이것이 복음입니다. 복음이란 우리의 힘으로 의롭게 될 수 있고, 우리의 힘으로 구원을 이룰 수 있다는 소식이 아닙니다. **복음이란, 하나님**

의 힘으로 의롭게 되고 하나님의 힘으로 구원을 이룬다는 은혜의 소식입니다. 예수님을 믿는 자에게 값없이 구원을 베푸신다는 진리! 바로 이것이 복음입니다.

우리의 힘으로 구원을 이루려고 하면, 아브라함처럼 좌절하고 절망하게 됩니다. 아브라함처럼 실패하고 자신에게 실망하게 됩니다. 구원이란 그런 것이 아닙니다. 아무도 자기 힘으로 구원을 얻을 수 없습니다. 100세의 아브라함이 자기 힘으로 자녀를 가질 수 없는 것처럼, 우리의 힘으로 의롭게 될 수 없습니다. 우리는 하나님의 힘으로만, 하나님의 은혜로만 의롭게 될 수 있습니다. 예수님을 믿기만 하면, 하나님은 우리에게 구원을 선물로 주십니다. 바로 이 진리의 말씀이 복음입니다. 이제부터 복음 안에서 살아가기를 바랍니다. 복음을 주신 하나님을 찬양하면서 살아가기를 바랍니다. 복음이 주는 은혜가 여러분과 여러분의 가정에 가득하기를 바랍니다.

● 되새겨 보기

1. 믿음이 약해진 아브람에게 하나님께서 말씀하신 두 가지는 무엇입니까?

    ①

    ②

2. 하나님께서 아브람에게 새로운 이름을 주신 이유는 무엇입니까?

3. 하나님께서 아브라함에게 할례를 행하라고 하신 이유는 무엇입니까?

4. 복음이란 무엇입니까?

● 생각해 보기

1. 여러분은 하나님의 때가 오기를 인내하며 기다리고 있습니까?

2. 하나님을 의지하기 위해 주기적으로 말씀 묵상과 기도를 행하고 있습니까?

19 여호와 앞에 그대로 섰더니
창 18:1-33

전능하신 하나님

오늘 본문의 사건은 상당히 특이합니다. 일반적으로 하나님은 하늘에서 말씀하시거나 선지자를 통해서 말씀하십니다. 그런데 오늘 본문에서 하나님은 직접 찾아와서 말씀하십니다. "여호와께서 마므레의 상수리나무들이 있는 곳에서 아브라함에게 나타나시니라"(창 18:1).

하나님께서 아브라함을 직접 찾아오신 이유는 무엇일까요? 크게 두 가지가 있습니다. 첫째, 때가 되었기 때문입니다. 하나님은 75세의 아브라함에게 자손을 주시겠다고 약속하셨습니다. 25년이 지난 지금, 드디어 약속을 이루실 때가 된 것입니다. 하나님은 오랜 기다림의 시간이 끝났다는 사실을 가르치시기 위해 직접 찾아오셨습니다.

둘째, 아브라함과 교제하시기 위해서입니다. 지금까지 하나님은 하늘에서 말씀하셨지만, 지금은 아브라함 곁에서 말씀하십니다. 아브라함과 대화를 나누실 뿐만 아니라, 아브라함과 식사를 하기까지 하십니다. "아브라함이 엉긴 젖과 우유와 하인이 요리한 송아지를 가져다가 그들 앞에 차려 놓고 나무 아래에 모셔 서매 그들이 먹으니라"(8절). 아마 아브라함의 목표는 하나였겠지요. 가문의 후계자를 얻는 것. 그런데 하나님의 목표는 하나 더 있었습니다. 아브라함과 교제하는 일이었습니다.

하나님께서 아브라함에게 언약의 성취를 말씀하실 때, 곁에는 사라가 있었습니다. 사라는 다음과 같이 반응했습니다. "사라가 속으로 웃고 이르되 내가 노쇠하였고 내 주인도 늙었으니 내게 무슨 즐거움이 있으리요"(12절). 사라는 하나님의 말씀을 듣고 웃었습니다. 후손을 가지기에는 자기 나이가 너무 많았기 때문입니다. 하나님은 사라에게 다음과 같이 말씀하셨습니다. "여호와께 능하지 못한 일이 있겠느냐 기한이 이를 때에 내가 네게로 돌아오리니 사라에게 아들이 있으리라"(14절). 하나님은 자신에게 능하지 못한 일이 없다고 하셨습니다. 이렇게 말씀하신 것과 같습니다. "사라야, 나에게는 불가능한 일이 없단다."

이 당시 아브라함과 사라의 상태는 다음과 같았습니다. "아브라함과 사라는 나이가 많아 늙었고 사라에게는 여성의 생리가 끊어졌는지라"(11절). 아브라함과 사라는 아이를 가지기에 매우 힘든 상태였습니다. 하지만 하나님은 아브라함과 사라에게 자손을 주실 수 있었습니다. 하나님께는 불가능한 일이 없기 때문입니다.

의와 공도를 행해야 할 백성

하나님은 이삭이 태어날 것을 말씀하신 후에, 또 다른 중요한 말씀을 해 주셨습니다. "내가 그로 그 자식과 권속에게 명하여 여호와의 도를 지켜 의와 공도를 행하게 하려고 그를 택하였나니"(19절). 이 말씀은 말하자면 이런 뜻입니다. "아브라함아, 내가 1년 후에 너에게 자손을 줄 건데, 너는 그와 그의 후손들에게 의와 공도를 가르쳐야 한다."

'의'와 '공도'가 무엇일까요? "의"라고 번역된 히브리어는 '체다카'입니다. 구약에서 '의인'을 가리키는 단어가 바로 '체다카'인데, 신명기 24장 12-13절을 보면 '체다카'의 의미를 잘 알 수 있습니다.

> 그가 가난한 자이면 너는 그의 전당물을 가지고 자지 말고 해 질 때에 그 전당물을 반드시 그에게 돌려줄 것이라 그리하면 그가 그 옷을 입고 자며 너를 위하여 축복하리니 그 일이 네 하나님 여호와 앞에서 네 공의로움이 되리라 _신 24:12-13

여기서 "공의로움"이라고 번역된 단어가 '체다카'입니다. 그러니까 가난한 자나 약한 자를 돕는 것이 바로 '체다카'요, '의'를 행하는 것입니다. 따라서 하나님의 백성인 우리는 가난한 자나 약한 자를 도와주는 삶을 살아야 합니다.

또한 창세기 18장 1절에서 "공도"라고 번역된 히브리어는 '미슈파트'입니다. 주로 재판에서 사용되는 단어로서, 재판을 공평하게 하는 것이 곧 '미슈파트'입니다. 세상에는 재판이 공평하게 이루어지지 않는 경우가 많이 있습니다. 큰 죄를 지어도 힘이 있으면 벌을 받지 않거나 미약한 처벌을 받고, 힘이 없으면 작은 죄를 지어도 엄중한 처벌을 받곤 합니다. 이것은 하나님께서 기뻐하시는 모습이 아닙니다. 하나님은 공평한 판결을 기뻐하십니다. 하나님의 백성인 우리는 공평하고 정직하게, 옳은 것은 옳다고 하고 틀린 것은 틀렸다고 하는 삶을 살아야 합니다. 상대방이 힘이 있다고 해서 아부하거나, 상대방이 약하다고 해서 억울하게 하는 삶을 살아서는 안 됩니다.

창세기 18장의 교훈

따라서 하나님께서 창세기 18장을 통해 우리에게 교훈하시는 바는 다음과 같습니다.

첫째, 하나님은 우리와의 교제를 원하십니다. 아브라함이 하나님께 원한 것은 자손에 관한 언약을 빨리 이루어 주시는 것이었습니다. 하지만 하나님께서 원하신 것은 그것만이 아니었습니다. 하나님은 아브라함과 교제하기를 원하셨습니다. 그래서 하나님은 아브라함을 직접 찾아오셨습니다.

하나님은 우리와도 교제하기를 원하십니다. 우리 삶의 일부분을 하나님께 내어 주기를 원하십니다. 24시간 가운데 작은 시간이라도 성경을 묵상하며 기도하는 시간이 있어야 하고, 무엇보다 예배를 통해 하나님과 교제하기를 힘써야 합니다. 하나님은 예배를 통해서 우리를 찾아오시고, 우리는 예배를 통해서 하나님을 만납니다. 주일 예배를 잘 드리기 위해 무엇보다 최선을 다해야 합니다.

둘째, 우리는 기도를 포기하지 않아야 합니다. 사라는 자손을 주시겠다는 말씀을 듣고서 웃었습니다. 25년이라는 시간 동안 자손에 대한 기대를 내려놓았기 때문입니다.

우리도 사라처럼 반응할 때가 있습니다. 기도가 오랫동안 응답되지 않으면, 우리는 하나님에 대한 기대를 내려놓곤 합니다. 기도 응답을 포기해 버립니다. 하지만 우리가 기도를 멈추어야 할 때는 오직 한 순간밖에 없습니다. 기도하는 바가 하나님의 뜻이 아니라는 사실을 알게 될 때입니다. 그전에는 기도를 포기해서는 안 됩니다.

셋째, 우리는 의와 공도를 행하는 사람이 되어야 합니다. 하나님께서 의와 공도를 행하게 하시기 위해 아브라함과 그의 후손들을 부르셨기 때문입니다. 따라서 우리는 그 부르심에 따라 의와 공도를 행하는 사람이 되어야 합니다. 의를 행하기 위해 우리 주위의 어려운 사람들을 도와주어야 하며, 공도를 행하기 위해 악한 것을 '악하다' 하는 사람이 되어야 합니다.

결론

본문의 핵심은 하나님의 전능하심입니다. "여호와께 능하지 못한 일이 있겠느냐"(14절). 하나님께 능하지 못한 일이 없다는 믿음, 하나님께는 어려운(불가능한) 일이 없다는 뜻입니다. 사람에게 가장 어려운 일은 무엇일까요? 구원입니다. 복음을 전해 보면 알 수 있습니다. 수십 명, 수백 명에게 아무리 복음을 전해도, 한두 사람조차 회심하지 않는 경우가 허다합니다. 별로 이상한 일이 아닙니다. 어쩌면 당연한 일입니다. 사람은 전적으로 타락한 존재이기 때문입니다.

의인은 없나니 하나도 없으며 깨닫는 자도 없고 하나님을 찾는 자도 없고 다 치우쳐 함께 무익하게 되고 선을 행하는 자는 없나니 하나도 없도다 _롬 3:10-12

자기 힘으로 복음을 깨닫는 사람은 없습니다. 자기 힘으로 하나님을 찾는 사람도 없습니다. 따라서 우리가 예수님을 믿고 있다는 것은 기적입니다. 우리에게 불가능한 일이 일어난 것입니다. 어떻게 우리에게 이런 기적이 일어났을까요? 불가능을 가능하게 하시는 하나님 때문입니다.

안식일에 우리가 기도할 곳이 있을까 하여 문밖 강가에 나가 거기 앉아서 모인 여자들에게 말하는데 두아디라 시에 있는 자색 옷감 장사로서 하나님을 섬기는 루디아라 하는 한 여자가 말을 듣고 있을 때 주께서 그 마음을 열어 바울의 말을 따르게 하신지라 _행 16:13-14

많은 사람이 복음을 들었습니다. 그런데 루디아만 복음을 믿었습니다. 불가능한 일이 일어난 것입니다. 그 이유는 무엇일까요? 하나님께서 루디아의 마음을 바꾸어 주셨기 때문입니다. '복음을 믿지 않는 마음'을 '복음을 믿는 마음'으로 바꾸어 주셨기 때문입니다.

우리는 일상에서 기적이 일어나기를 바랍니다. 가장 큰 기적은 우리가 복음을 듣고서 믿은 것입니다. 우리는 복 받기를 바랍니다. 가장 큰 복은 복음을 듣고 믿는 기적을 체험하는 것입니다. 그런 점에서 우리는 모두 복을 받은 사람입니다. 우리는 가장 크고 중요한 복을 받은 사람입니다. 그러므로 이미 받은 복을 기뻐하고 감사하며 살기를 바랍니다. 복을 받은 사람답게 의와 공도를 행하면서 살기를 바랍니다.

● 되새겨 보기

1. 하나님께서 아브라함을 직접 찾아오신 이유는 무엇입니까?

　①

　②

2. 왜 사라는 하나님의 말씀을 듣고서 웃었습니까?

3. 아브라함은 후손들에게 무엇을 가르쳐야 합니까?

4. '체다카'란 무엇입니까?

5. '미슈파트'란 무엇입니까?

● 생각해 보기

1. 여러분은 24시간 가운데 하나님께 구별하여 드리는 시간이 있습니까?

2. 포기하지 않고 계속해서 기도하고 있습니까?

3. 하나님의 의와 공도를 행하고 있습니까?

20 그 엎으시는 중에서
창 19:1-38

심판의 대상과 이유

오늘 본문은 천사들이 소돔에 도착하는 것으로 시작합니다. 하나님께서 천사들을 소돔으로 보내신 이유는 소돔을 심판하시기 위해서였습니다. 그런데 천사들은 곧바로 소돔을 심판하지 않았습니다. 그들에게 두 가지 사명이 있었기 때문입니다. 하나는 '소돔을 심판하는 것', 다른 하나는 '롯을 구원하는 것'이었습니다. 그래서 창세기 19장은 이 두 가지 사건을 중점적으로 다루고 있습니다.

먼저 소돔 심판에 관하여 살펴보겠습니다. 하나님께서 소돔을 심판하신 이유는 무엇일까요? 소돔이 하나님께서 원하시는 나라가 아니었기 때문입니다. 그렇다면 하나님께서 원하시는 나라는 어떤 나라일까요? 이는 창세기 18장에 잘 나타나 있습니다. "내가 그로 … 의와 공도를 행하게 하려고 그를 택하였나니"(창 18:19).

하나님께서 원하시는 나라는 의와 공도가 행해지는 나라입니다. 의와 공도의 핵심은 앞 장에서 말한 것처럼, 약자를 차별하지 않고 보호하는 것입니다. 그런 점에서 소돔은 하나님께서 원하시는 나라가 아니었습니다. 소돔은 의와 공도가 아니라, 폭력과 억압이 행해지는 나라였습니다. "롯을 부르고 그에게 이르되 오늘 밤에 네게 온 사람들이 어디 있느냐 이끌어 내라 우리가 그들을 상관하리라"(19:5). 여기서 "상관하리라"라고 번역된 히브리어는 '야다'입니다. 이는 성관계를 의미하는 단어로서, 본문에서는 '성폭행'을 의미합니다.

그리고 소돔에는 부르짖음이 있었습니다. "그들에 대한 부르짖음이 여호와 앞에 크므로"(13절). 이는 억압당하는 약자들의 비명이었습니다. 즉, 소돔은 의와 공도가 행해지지 않는 나라가 아니라, 강자들이 약자들을 폭행하고 약탈하는 나라였습니다. 바로 이것이 하나님께서 소돔을 심판하신 이유였습니다.

구원의 대상과 이유

다음으로, 롯의 구원에 관하여 살펴보겠습니다. 롯은 어떤 사람이었습니까?

첫째, 롯은 성공 지향적인 사람이었습니다. "마침 롯이 소돔 성문에 앉아 있다가 그들을 보고 일어나 영접하고 땅에 엎드려 절하며"(1절). 롯이 성문에 앉아 있었다고 합니다. 그런데 고대 중동에서는 아무나 성문에 앉을 수 없었습니다. 성문은 재판이 행해지던 장소였기 때문입니다. 그래서 재판할 자격을 가진 사람들, 즉 마을의 지도자들이 성문에 앉을 수 있었습니다. 이와 같은 사실을 잘 보여 주는 본문이 룻기 4장입니다.

> 보아스가 성문으로 올라가서 거기 앉아 있더니 마침 보아스가 말하던 기업 무를 자가 지나가는지라 보아스가 그에게 이르되 아무개여 이리로 와서 앉으라 하니 그가 와서 앉으매 보아스가 그 성읍 장로 열 명을 청하여 이르되 당신들은 여기 앉으라 하니 그들이 앉으매 _룻 4:1-2

보아스는 재판하기 위해서 성문으로 갔습니다. 성문에는 마을의 지도자들이 모여 있었습니다. 이처럼 고대에는 조언을 구하거나 갈등을 해결하려면 성문으로 갔습니다. 그러면 성문에 앉아 있던 마을의 어른과 지도자들이 문제를 해결해 주었습니다. 성문은 마을의 지도자들이 있는 장소, 다시 말해서 유력하거나 성공한 사람들이 모이는 장소였습니다. 따라서 롯이 성문에 앉아 있었다는 것은 롯이 지향하는 삶의 목적을 잘 보여 줍니다. 롯은 성문에 앉아 있는 사람들처럼 유력하거나 성공한 사람이 되고 싶어서 성문에 앉아 있었습니다.

둘째, 롯은 여자를 물건처럼 여기는 사람이었습니다. "내게 남자를 가까이 하지 아니한 두 딸이 있노라 청하건대 내가 그들을 너희에게로 이끌어 내리니 너희 눈에 좋을 대로 그들에게 행하고 이 사람들은 내 집에 들어왔은즉 이 사람들에게는 아무 일도 저지르지 말라"(8절). 롯의 집에는 천사들이 머물고 있있습니다. 소돔 사람들은 롯의 집에 머물고 있는 천사들이 '나그네'라고 생각했습니다. 소돔 사람들은 롯에게 나그네를 달라고 요구했습니다. 나그네들을 희롱하려고 한 것입니다. 그러자 롯이 뭐라고 합니까? 두 딸을 대신 내주겠다고 합니다. 두 딸을 내주겠다니요? 어떤 해를 당할지도 모르는데요. 그만큼, 롯이 여자를 물건처럼 여겼다는 것입니다.

셋째, 롯은 주위 사람들에게 선한 영향력을 전혀 끼치지 못하는 사람이었습니다. "롯이 나가서 그 딸들과 결혼할 사위들에게 말하여 이르기를 여호와께서 이 성을 멸하실 터이니 너희는 일어나 이곳에서 떠나라 하되 그의 사위들은 농담으로 여겼더라"(14절). 롯은 사위들에게 하나님의 심판을 말했습니다. 하지만 사위들은 롯의 말을 농담으로 여겼습니다. 그만큼, 롯은 주위 사람들에게 선한 영향력을 끼치지 못하는 사람이었습니다.

넷째, 롯은 세상을 사랑하는 사람이었습니다. "롯이 지체하매 그 사람들이 롯의 손과 그 아내의 손과 두 딸의 손을 잡아 인도하여 성 밖에 두니 여호와께서 그에게 자비를 더하심이었더라"(16절). 천사들은 롯에게 빨리 피신하라고 했습니다. 하지만 롯은 소돔 떠나기를 주저하며 지체했습니다. 소돔을 너무나도 사랑했기 때문입니다. 자기가 생활해 온 터전을 쉽게 버릴 수 없었던 거죠.

정리하면 롯은 성공 지향적인 사람, 여자를 물건처럼 여기는 사람, 선한 영향력을 행사하지 못하는 사람, 세상을 사랑했던 사람이었습니다. 선한 구석이라고는 하나도 없는 사람이죠. 이런 사람이 구원받을 자격이 있을까요? 하나님의 마음을 감동시킬 구석이 하나도 없지 않습니까? 그런데도 하나님은 롯을 구해 주셨습니다. 대체 그 이유는 무엇일까요?

첫째, 하나님의 자비 때문이었습니다. "여호와께서 그에게 자비를 더하심이었더라"(16절). 롯은 하나님께서 베푸신 자비로 구원을 받았습니다. 둘째, 아브라함의 기도 때문이었습니다. "하나님이 아브라함을 생각하사 롯을 그 엎으시는 중에서 내보내셨더라"(29절). 하나님은 아브라함을 생각하셔서 롯을 구원하셨습니다. 아브라함의 기도 때문에 롯을 구원하신 것입니다. 아브라함이 언제 롯을 위해 기도했죠? 18장에서 기도했죠. "아브라함이 또 이르되 주는 노하지 마옵소서 내가 이번만 더 아뢰리이다 거기서 십 명을 찾으시면 어찌 하려 하시나이까 이르시되 내가 십 명으로 말미암아 멸하지 아니하리라"(창 18:32).

바로 이것이 아브라함의 기도입니다. 아브라함은 소돔에 의인이 10명만 있더라도, 소돔을 심판하지 말아 달라고 기도했습니다. 아브라함이 기도한 이유는 소돔에 조카 롯이 살고 있었기 때문입니다. 아브라함의 기도는 롯을 살려 달라는 기도였고, 하나님은 아브라함의 기도를 들으시고 롯을 구원하셨습니다. 이처럼, 롯이 구원받은 이유는 크게 두 가지입니다. 우선은 하나님의 자비요, 그다음은 아브라함의 기도입니다.

우리는 흔히 하나님의 은혜로 구원을 받는다고 말합니다. 물론 사실입니다. 우리의 구원은 전적으로 하나님의 은혜입니다. 그런데 하나님의 은혜는 하늘에서 뚝 떨어지지 않습니다. 하나님은 사람을 통해서, 사람을 사용하셔서 은혜를 베푸십니다. 우리도 마찬가지입니다. 우리의 구원은 당연히 하나님의 은혜입니다만, 동시에 많은 사람의 헌신 때문이기도 합니다. 하나님의 은혜가 우리에게 전달되기까지 수많은 사람의 헌신이 있었습니다. 우리에게 복음을 전한 사람이 있었고, 우리를 위해 기도한 사람이 있었습니다. 하나님께서 그들이 전한 복음과 기도를 통해서 우리를 구원하셨습니다. 이처럼 구원은 전적인 하나님의 은혜이지만, 동시에 사람을 통해서 전달된 은혜입니다.

창세기 19장의 교훈

따라서 하나님께서 창세기 19장을 통해 우리에게 교훈하시는 바는 다음과 같습니다.

첫째, 하나님은 악한 나라를 심판하십니다. 하나님은 소돔을 심판하셨습니다. 소돔은 의와 공도를 행하지 않는 나라였기 때문입니다. 약자들이 보호받는 나라가 아니라, 약자들이 폭행과 착취를 당하는 나라였기 때문입니다. 역사상 수많은 제국이 '세워지고 망하고'를 반복했습니다. 앗수르 제국이 흥했다가 망했고, 바벨론 제국이 흥했다가 망했으며, 그리스 제국이 흥했다가 망했고, 로마 제국이 흥했다가 망했습니다. 하나님께서 심판하신 결과입니다. 지금도 마찬가지입니다. 지금도 하나님은 역사를 주관하십니다. 지금도 하나님은 악한 나라를 심판하십니다.

둘째, 우리는 의와 공도를 위해서 기도해야 합니다. 소돔은 의와 공도를 행하지 않는 나라여서 심판을 받았습니다. 따라서 우리는 우리 나라가 의와 공도가 행해지는 나라가 되기를 기도해야 합니다. 약자들이 차별받지 않고 보호받는 나라가 되기를 기도해야 합니다.

셋째, 성공 지향적인 삶의 끝은 하나님의 심판입니다. 롯은 성공 지향적인 사람이었습니다. 성공을 위해서라면 수단과 방법을 가리지 않는 사람이었습니다. 그래서 롯은 가나안을 떠나 소돔으로 갔고, 소돔에서는 성공의 상징인 성문을 기웃거리는 삶을 살았습니다. 그 결과 롯은 한순간에 모든 것을 잃어버렸습니다. 남은 것이라고는 후회와 허무뿐이었습니다. 이처럼 성공만을 추구하는 삶의 끝에는 하나님의 심판이 기다리고 있습니다.

넷째, 하나님께서 떠나라고 하실 때 떠나야 합니다. 하나님은 롯에게 소돔을 떠나라고 하셨습니다. 소돔에 계속 머무르면, 소돔 사람들과 함께 심판을 받기 때문입니다. 우리에게도 '소돔'이 있습니다. 양심의 가책을 느끼면서도 계속해서 행하는 죄가 '우리의 소돔'입니다. 습관적이고 반복적으로 행하는 죄가 '우리의 소돔'입니다. 중독되어 있는 죄가 '우리의 소돔'입니다. 우리는 그 죄에서 떠나야 합니다. 만약 우리가 반복적이고 습관적인 죄에서 떠나지 않는다면, 하나님은 반드시 우리를 징계하실 것입니다.

다섯째, 하나님은 사람을 통해서 은혜를 베푸십니다. 하나님은 아브라함을 통해서 롯에게 은혜를 베푸셨습니다. 하나님은 아브라함의 기도를 들으시고서 롯을 구원하셨습니다. 지금도 마찬가지입니다. 하나님은 우리를 통해서 다른 사람들에게 은혜 베풀기를 원하십니다. 우리는 하나님의 은혜가 전달되는 통로가 되어야 합니다.

결론

다행히도 롯은 구원을 받았습니다. 구원받을 자격이 있어서 구원받았나요? 아니요. 하나님의 자비로 구원을 받았습니다. 우리도 마찬가지입니다. 우리 중에 자격이 있어서 구원받은 사람은 아무도 없습니다. 우리는 모두 구원받을 자격이 없음에도 불구하고 구원을 받았습니다. 하나님은 자격 없는 우리 같은 사람들을 왜 구원하시는 걸까요? '찬송의 삶'을 살게 하시기 위해서입니다.

> 우리에게 거저 주시는 바 그의 은혜의 영광을 찬송하게 하려는 것이라 _엡 1:6

하나님은 우리로 하여금 자신이 베푸신 은혜를 찬송하게 하시려고 우리에게 구원을 거저 베풀어 주셨습니다. 따라서 우리가 사는 목적은 성공과 출세가 아닙니다. 하나님의 은혜에 보답하는 것입니다. 그 은혜에 감사하여 하나님께만 영광 돌리며 사는 것이 우리 인생의 목적입니다. 우리가 공부하는 목적, 우리가 일하는 목적, 우리가 살아가는 목적은 하나님께서 자격 없는 우리를 은혜로 구원하셨기에 그 은혜를 찬송하며 그 하나님을 영화롭게 하는 것, 다시 말해 그 하나님을 예배하며 사는 것입니다.

여러분, 롯과 같이 성공 지향적인 인생이 아니라, 하나님의 은혜에 보답하며 사는 인생 되기를 바랍니다. 성공을 위해 수단과 방법을 가리지 않는 인생이 아니라, 하나님 은혜에 합당한 삶을 살기 위해 최선을 다하는 인생이 되길 바랍니다.

● 되새겨 보기 ━━━━━━━━━━━━━━━━━

1. 본문에서 천사들의 사명은 무엇이었습니까?

   ①

   ②

2. 소돔은 어떤 나라였기에 심판을 받았습니까?

3. 롯은 어떤 사람이었습니까?

   ①

   ②

   ③

   ④

4. 그런데도 롯이 구원받은 이유는 무엇입니까?

   ①

   ②

● **생각해 보기**

1. 여러분은 우리 나라를 위해 기도하고 있습니까?

2. 성공 지향적인 삶을 살고 있진 않습니까?

3. 양심의 가책을 느끼면서도 계속해서 습관적으로 행하는 죄가 있진 않습니까?

4. 은혜의 통로가 되는 삶, 찬송의 삶을 살고 있습니까?

21 네가 합당하지 아니한 일을 행하였도다

창 20:1-18

거짓말로 모면하려는 어리석음

아브라함은 목축업을 하는 목자였습니다. 그래서 한 장소에 머물지 않고, 계속해서 옮겨 다녔습니다. 이곳저곳을 옮겨 다니던 아브라함은 마침 그랄 지방에 머물게 되었는데, 이때 심각한 문제가 발생했습니다. 그랄 왕 아비멜렉이 사라를 데려간 것입니다. "그랄 왕 아비멜렉이 사람을 보내어 사라를 데려갔더니"(창 20:2).

여기서 주목할 부분은 아브라함이 아내를 빼앗긴 책임이 누구에게 있는가 하는 점입니다. 표면적으로는 그랄 왕 아비멜렉에게 책임이 있는 것처럼 보입니다만, 사실 아비멜렉의 잘못은 크지 않습니다. 아브라함의 거짓말에 속아서 사라를 데려갔기 때문입니다. "그의 아내 사라를 자기 누이라 하였으므로"(2절). 아브라함은 아내를 여동생이라고 속였고, 아비멜렉은 그 거짓말에 속았습니다. 그러니 아비멜렉보다 아브라함의 잘못이 더 크다고 보아야 합니다.

왜 아브라함은 아내 사라를 여동생이라고 거짓말했을까요? 아브라함이 거짓말한 이유는 크게 두 가지입니다. 첫째, 하나님을 신뢰하지 않았기 때문입니다. 하나님은 아브라함과 사라에게 후손을 주신다고 약속하셨습니다. 이 언약이 이루어지려면, 아브라함과 사라의 생명이 보존되어야 합니다. 아브라함이 하나님을 신뢰했다면, 그랄 왕 앞에서 굳이 거짓말하지 않았을 것입니다. 둘째, 지나친 두려움을 가지고 있었기 때문입니다. 아브라함은 그랄 사람들을 지나치게 두려워했습니다. 그는 그랄 사람들을 잠재적인 살인자로 생각했습니다. "이곳에서는 하나님을 두려워함이 없으니 내 아내로 말미암아 사람들이 나를 죽일까 생각하였음이요"(11절). 이는 사실과 달랐습니다. 그랄 사람들은 하나님을 두려워했고, 아브라함을 죽일 마음도 없었습니다. "아비멜렉이 그날 아침에 일찍이 일어나 모든 종들을 불러 그 모든 일을 말하여 들려주니 그들이 심히 두려워하였더라"(8절).

이처럼 아브라함은 어느새 하나님과 멀어진 삶을 살고 있었습니다. 하지만 하나님은 달랐습니다. 하나님은 여전히 아브라함 가까이에 계셨습니다. 하나님은 곤경에 처한 아브라함을 위해 신속하게 일하셨습니다. "그 밤에 하나님이 아비멜렉에게 현몽하시고 그에게 이르시되 네가 데려간 이 여인으로 말미암아 네가 죽으리니 그는 남편이 있는 여자임이라"(3절). 여기서 주목할 것은 "그 밤에"라는 말씀입니다. 하나님은 아비멜렉이 아브라함의 아내를 데려간 바로 그날 아비멜렉에게 나타나셨습니다.

아브라함은 하나님께서 자신과 가족들을 보호해 주지 않으신다고 생각했습니다. 하지만 하나님은 아브라함의 가족들을 보호하시기 위해 즉각적으로 행동하셨습니다. 아브라함이 생각하는 것보다 더 큰 관심과 사랑을 아브라함에게 가지고 계셨던 것입니다.

하나님의 개입이 없었다면

이때 하나님은 아비멜렉에게 몇 가지 의미심장한 말씀을 하셨습니다. 첫째, 순결을 범하는 자는 죽는다고 하셨습니다. "이 여인으로 말미암아 네가 죽으리니 그는 남편이 있는 여자임이라"(3절). 하나님은 아비멜렉이 다른 남자의 아내를 데려왔기 때문에 죽을 거라고 하셨습니다. 이처럼 하나님은 순결을 중요하게 생각하십니다. 하나님은 순결을 더럽히는 사람들을 벌하십니다.

둘째, 하나님은 아브라함이 중요한 사람이라고 하셨습니다. "이제 그 사람의 아내를 돌려보내라 그는 선지자라"(7절). 하나님께서 아브라함을 뭐라고 칭하셨죠? 아브라함을 '선지자'라고 칭하셨습니다. 문맥적으로, 이는 아브라함이 하나님께 매우 중요한 사람이라는 뜻입니다. 따라서 하나님은 아비멜렉에게 이렇게 말씀하신 것이나 다름없습니다. "아비멜렉아, 아브라함은 나에게 아주 소중한 사람이니라. 그러므로 너는 아브라함에게 피해를 주어서는 안 된다. 내가 아브라함을 소중하게 여기듯이, 너도 아브라함을 소중하게 여겨야 하느니라."

셋째, 하나님은 기도를 통해서 일한다고 하셨습니다. "그가 너를 위하여 기도하리니 네가 살려니와"(7절). 하나님은 아브라함의 기도를 들으신 다음에 일한다고 하셨습니다. 이처럼 하나님은 우리의 기도를 통해서 일하십니다.

아비멜렉은 하나님의 말씀을 듣고서 다음과 같이 반응했습니다. 첫째, 아비멜렉은 아브라함을 책망했습니다. "네가 어찌하여 우리에게 이렇게 하느냐 내가 무슨 죄를 네게 범하였기에 네가 나와 내 나라가 큰 죄에 빠질 뻔하게 하였느냐 네가 합당하지 아니한 일을 내게 행하였도다"(9절). 이처럼 교회가 하나님의 뜻을 어기면, 하나님은 교회가 세상의 책망을 받게 하십니다. 둘째, 아비멜렉은 아브라함의 안전을 보장해 주었습니다. "아브라함에게 이르되 내 땅이 네 앞에 있으니 네가 보기에 좋은 대로 거주하라"(15절). 아비멜렉이 아브라함의 안전(거주)을 보장해 주었다는 사실은 매우 중요합니다. 바로 이곳에서 이삭이 태어나기 때문입니다. 하나님은 이삭이 안전하게 자라날 수 있도록 준비하셨습니다.

창세기 20장의 교훈

따라서 하나님께서 창세기 20장을 통해 우리에게 교훈하시는 바는 다음과 같습니다.

첫째, 불법을 행하는 것은 반드시 좋지 않은 결과를 가져옵니다. 아브라함은 가족의 안전을 지키기 위해 거짓말했습니다. 결과적으로 아브라함의 거짓말은 가정의 위기를 가져왔습니다. 이처럼 문제를 해결하기 위해 불법을 행하면, 그 불법으로 인해 또 다른 문제가 발생합니다.

둘째, 우리의 생명과 안전을 하나님께 맡겨야 합니다. 아브라함은 자신과 가족들의 생명을 하나님께 맡기지 않았습니다. 아브라함은 자기 힘으로 생명과 안전을 지키려 했고, 그러다 보니 거짓말까지 하게 되었습니다. 시편 기자는 다음과 같이 말합니다. "내가 여호와를 항상 내 앞에 모심이여 그가 나의 오른쪽에 계시므로 내가 흔들리지 아니하리로다 이러므로 나의 마음이 기쁘고 나의 영도 즐거워하며 내 육체도 안전히 살리니"(시 16:8-9). 시편 기자의 고백처럼, 하나님께서 우리의 생명과 안전을 지켜 주실 거라 믿으면, 우리는 기쁘고 즐거운 마음으로 살 수 있습니다.

셋째, 하나님은 우리 가까이에 계십니다. 그러나 우리는 자주 하나님을 떠납니다. 하나님과 상관없이 살아갑니다. 그래서 하나님도 우리에게서 멀리 있는 것처럼 여겨질 때가 많습니다. 아브라함이 그랬습니다. 아브라함은 하나님이 자신에게서 멀리 있고, 하나님께서 자신의 생명과 안전을 지켜 주지 않으신다고 생각했습니다. 이는 사실과 달랐습니다. 하나님은 즉각적으로 아비멜렉을 찾아가셨습니다. 하나님은 즉각적으로 아브라함을 도와주셨습니다. 시편 기자는 다음과 같이 말합니다. "여호와께서 정의를 사랑하시고 그의 성도를 버리지 아니하심이로다 그들은 영원히 보호를 받으나 악인의 자손은 끊어지리로다"(시 37:28). 하나님은 자기 백성을 결코 버리지 않으십니다. 그리고 하나님의 백성들은 영원히 하나님의 보호를 받습니다.

넷째, 하나님은 순결을 중요하게 여기십니다. 하나님은 아비멜렉을 죽인다고 하셨습니다. 아비멜렉이 아브라함의 아내를 데려왔기 때문입니다. 이처럼 하나님은 순결을 더럽히는 것을 싫어하십니다. 따라서 우리는 성적으로 순결하기 위해 최선을 다해야 합니다. 특히 하나님께서 주신 배우자, 하나님께서 한 몸 되게 하신 배우자를 아끼고 사랑하기 위해 최선을 다해야 합니다.

다섯째, 하나님은 우리의 기도를 통해 일하기를 기뻐하십니다. 하나님은 아비멜렉의 가문을 저주하신 다음, 아브라함의 기도를 통해서 그 저주를 풀어준다고 하셨습니다. 하나님은 자신이 원하시는 일은 무엇이든 하실 수 있습니다. 그런데 하나님은 우리의 기도를 통해 일하기를 기뻐하십니다.

여섯째, 하나님은 최악의 상황에서 최선을 이끌어 내십니다. 아브라함의 거짓말로 인해 최악의 상황이 되었습니다. 아브라함은 아내를 빼앗기고 말았습니다. 하지만 하나님은 아내를 되찾아 주셨습니다. 그뿐만 아니라 아브라함의 가정이 안전하게 거주할 수 있는 땅도 확보해 주셨습니다. 하나님은 아브라함에게 땅만 주신 것이 아닙니다. 아비멜렉에게 아브라함이 중요한 사람이라고 말씀해 주셨습니다. 이 말은 아브라함에게 피해를 주지 말고 그를 보호해 주라는 뜻입니다. 이제 그랄 땅에서 아브라함에게 해를 끼칠 사람은 아무도 없습니다. 이로써 이삭의 출생이 준비되었습니다. 하나님은 이삭이 출생하고 자랄 수 있는 안전한 땅을 주셨고, 아브라함의 가정이 아비멜렉의 보호를 받으며 거주할 수 있도록 하셨습니다.

우리는 종종 지금이 최악의 상황이고, 이 상황은 더 나아질 수 없다고 생각하곤 합니다. 하지만 하나님은 최악의 상황에서도 최선을 이끌어 내십니다. 우리가 하나님의 도움을 구하고, 간절히 하나님을 찾으면, 하나님은 어떤 상황에서도 우리를 도와주십니다.

결론

우리는 지난 시간에 롯이 얼마나 부족한 사람인지를 보았습니다. 그리고 오늘은 아브라함이 얼마나 부족한 사람인지를 보았습니다. 하나님은 롯의 부족함에 불구하고 그에게 은혜를 베풀어 주셨습니다. 마찬가지로 하나님은 아브라함의 부족함에도 불구하고 그에게 은혜를 베풀어 주셨습니다. 우리도 마찬가지입니다. 로마서 3장은 우리의 구원에 대해 이렇게 말합니다.

> 모든 사람이 죄를 범하였으매 하나님의 영광에 이르지 못하더니 그리스도 예수 안에 있는 속량으로 말미암아 하나님의 은혜로 값없이 의롭다 하심을 얻은 자 되었느니라 _롬 3:23-24

모든 사람이 죄를 범하였다는 말은, 우리도 죄인이고, 우리도 마땅히 심판을 받아야 한다는 뜻입니다. 그런데 하나님은 예수님을 통해 우리에게 값없이 은혜를 베풀어 주셨습니다. 예수님께서 우리 대신 죽으시고 우리 대신 순종하셔서, 우리는 값없이 의롭다 하심을 얻었습니다. 값없이 하나님의 자녀가 되었습니다.

여러분, 자격 없는 우리에게 베풀어진 하나님의 사랑을 생각하며 살길 바랍니다. 하나님께서 우리에게 값없이 은혜를 베풀어 주셨음을 생각하며 살길 바랍니다. 그 은혜를 생각하며, 더 많이 감사하고, 더 많이 찬양하며, 다른 사람에게 더 따뜻하게 행동하는 신자들이 되기를 바랍니다.

● 되새겨 보기

1. 아브라함이 아내를 빼앗겼던 책임은 누구에게 있습니까?

2. 아브라함이 거짓말한 이유는 무엇입니까?

3. 하나님께서 아비멜렉에게 하신 말씀은 무엇입니까?

   ①

   ②

   ③

4. 아비멜렉은 하나님의 말씀을 듣고서 어떻게 반응했습니까?

   ①

   ②

   ③

● **생각해 보기**

1. 여러분은 혹시 불법을 행해서라도 문제를 해결하려고 할 때가 없었습니까?

2. 자신의 생명과 안전을 하나님께 맡기고 있습니까?

3. 성적으로 순결하게 살기 위해 노력하고 있습니까?

4. 하나님께서 우리의 최악을 최선으로 바꾸신다고 믿습니까?

22 하나님이 나를 웃게 하시니

창 21:1-34

말씀하신 대로 반드시 이루신다

성경을 읽을 때 조심해야 할 두 가지가 있습니다. 첫째, 성경을 윤리나 도덕에 관한 책처럼 생각하는 것입니다. 이렇게 생각하는 사람들은 성경에서 윤리나 도덕의 법칙을 찾아내려고 합니다. 둘째, 성경을 자기개발서처럼 생각하는 것입니다. 이렇게 생각하는 사람들은 성경에서 성공하는 방법, 훌륭한 리더가 되는 방법 같은 것을 찾으려고 합니다. 하지만 성경은 결코 도덕책이 아니며, 자기개발서는 더더욱 아닙니다.

그렇다면 성경은 어떤 책일까요? 첫째, 성경은 구원에 관한 책입니다. "오직 이것을 기록함은 너희로 예수께서 하나님의 아들 그리스도이심을 믿게 하려 함이요 또 너희로 믿고 그 이름을 힘입어 생명을 얻게 하려 함이니라"(요 20:31). 이처럼 성경을 기록한 목적은 우리의 구원입니다. 둘째, 성경은 하나님 나라에 관한 책입니다. "바울이 회당에 들어가 석 달 동안 담대히 하나님 나라에 관하여 강론하며 권면하되"(행 19:8). 이처럼 성경을 기록한 목적은 하나님의 나라와 하나님의 통치를 보여 주기 위함입니다.

따라서 우리는 성경을 볼 때 다음의 두 가지를 깊이 생각해야 합니다. 첫째, 이 본문은 우리의 구원에 관해 무엇을 말하고 있는가? 둘째, 이 본문은 하나님의 통치에 관해 무엇을 말하고 있는가? 이 사실을 미리 말씀드리는 이유는 이번 본문을 해석할 때 이 두 가지를 염두에 두는 것이 중요하기 때문입니다.

창세기 21장의 핵심은 이삭의 출생입니다. 성경을 윤리나 도덕에 관한 책으로 보면, 이 사건에서 어떤 교훈을 얻을 수 있을까요? 포기하지 않고 인내로 기도하면, 기도하던 것을 얻게 된다는 교훈을 얻을 수 있을 것입니다. 성경을 자기개발서로 보면, 이 사건에서 어떤 교훈을 얻을 수 있을까요? 불가능한 것이라도 꿈을 꾸고 도전하면, 언젠가는 꿈이 이루어진다는 교훈을 얻을 수 있을 것입니다. 하지만 성경은 도덕책이 아니고, 자기개발서는 더욱 아닙니다. 따라서 오늘 본문에서 그런 식의 교훈을 얻으려 해서는 안 됩니다.

이삭이 출생한 사건에서 우리가 얻어야 하는 교훈은 바로, 하나님은 약속하신 구원을 이루시기 위해 성실하게 일하시는 분이라는 사실입니다. "여호와께서 말씀하신 대로 사라를 돌보셨고 여호와께서 말씀하신 대로 사라에게 행하셨으므로 사라가 임신하고 하나님이 말씀하신 시기가 되어 노년의 아브라함에게 아들을 낳으니"(창 21:1-2). 1절과 2절에는 하나님께서 말씀하셨다는 표현이 세 번이나 등장합니다. 따라서 100세인 아브라함과 90세인 사라가 이삭을 낳은 것은 하나님의 말씀이 이루어진 결과입니다.

하나님은 25년 전에 아브라함에게 다음과 같이 말씀하셨습니다. "내가 너로 큰 민족을 이루고 네게 복을 주어 네 이름을 창대하게 하리니 너는 복이 될지라"(12:2). 하나님은 아브라함의 후손을 통해 한 민족을 이루시겠다고 하셨습니다. 이 민족은 이스라엘입니다. 아브라함은 이삭을 낳고, 이삭은 야곱을 낳고, 야곱은 열두 아들을 낳고, 열두 아들은 열두 지파의 시조가 됩니다. 그리고 12지파 가운데 유다 지파의 후손으로 예수님께서 오십니다. 따라서 아브라함이 이삭을 출생하는 것은 개인적인 사건이 아니라, 구속사적인 사건입니다. 하나님은 우리의 구원을 위해서, 아브라함에게 아들을 주셨습니다.

아브라함과 사라는 언제 이삭을 낳았습니까? 아브라함은 100세에, 사라는 90세에 이삭을 낳았습니다. 100세와 90세에 자녀를 낳는 것이 가능한가요? 아니요. 불가능합니다. 당시에도 보통 사람이라면 100세 혹은 90세에 결코 자녀를 낳을 수 없었습니다. 따라서 100세의 아브라함이 이삭을 낳은 것은 이런 의미를 가집니다. "하나님은 우리의 구원을 위해 일하시고, 하나님께서 우리의 구원을 위해 일하시면, 불가능한 구원이 가능해진다."

하나님께서 함께하시는 사람

이처럼 이삭의 출생은 구원 역사에서 아주 중요한 의미를 가지는 사건입니다. 그래서 많은 사람이 이삭의 출생을 기뻐했습니다.

"사라가 이르되 하나님이 나를 웃게 하시니 듣는 자가 다 나와 함께 웃으리로다"(21:6).

하지만 모든 사람이 이삭의 출생을 기뻐한 것은 아닙니다. 이삭을 싫어한 사람이 있었습니다. 바로 이스마엘입니다. "사라가 본즉 아브라함의 아들 애굽 여인 하갈의 아들이 이삭을 놀리는지라"(9절). 이스마엘은 이삭을 놀렸습니다. 여기서 '놀리다'라고 번역된 히브리어는 '차하크'입니다. 이 말은 '비웃다'라는 뜻입니다. 문맥적으로 볼 때, 이스마엘이 이삭을 비웃은 것은 일반적인 비웃음이 아닙니다. 사도 바울은 '차하크'를 다음과 같이 해석했습니다.

> 그러나 그때에 육체를 따라 난 자가 성령을 따라 난 자를 박해한 것같이 이제도 그러하도다 _갈 4:29

바울은 '차하크'를 '박해'의 의미로 해석했습니다. 따라서 이스마엘은 이삭을 박해하고, 결국에는 제거하려 했던 것으로 보아야 합니다. 이스마엘은 이삭을 왜 제거하려 했을까요? 이삭의 출생으로 인해 아브라함의 상속자라는 지위가 자기에게서 이삭으로 넘어갔기 때문입니다. 만약 이삭이 출생하지 않았다면 이스마엘이 아브라함 가문의 상속자가 되었을 것입니다. 하지만 이삭의 출생으로 인해 상속자의 지위가 이삭에게 넘어갔습니다. 여기에 불만을 품고서 이삭을 박해한 것입니다. 바로 이것이 하나님께서 이스마엘을 떠나보내시는 이유입니다. 이삭을 통해서 우리를 구원하시기 위해, 우리의 구원에 방해가 될 수 있는 이스마엘을 떠나보내신 것입니다.

　아브라함이 이스마엘을 떠나보낸 후, 그 지역의 통치자인 아비멜렉이 아브라함을 찾아왔습니다. 아비멜렉은 아브라함에게 다음과 같이 말했습니다. "네가 무슨 일을 하든지 하나님이 너와 함께 계시도다"(창 21:22). 아비멜렉은 평화 조약을 맺기 위해 아브라함을 찾아왔습니다. 왜죠? 아비멜렉이 아브라함과 평화 조약을 맺으려고 하는 이유가 무엇입니까? 하나님께서 아브라함과 함께하시는 것을 보았기 때문입니다. 하나님께서 왜 아브라함과 함께하셨습니까? 우리를 구원하시기 위해서입니다. 장차 예수님께서 아브라함의 후손으로 오실 것이기에, 아브라함의 생명과 안전을 보호하기 위해 항상 아브라함과 함께하신 것입니다.

　아브라함은 아비멜렉의 방문으로 중요한 사실을 알게 되었습니다. 지금까지 아브라함은 자신을 나그네라고 생각했습니다. 아브라함은 자신을 가나안에서 보잘것없는 사람이라고 생각했습니다. 하지만 가나안 사람들이 보기에 아브라함은 하나님께서 함께하시는 사람이었습니다.

　비로소 아브라함은 자신이 얼마나 특별한 존재인지 알게 되었습니다. 그래서 아브라함은 다음과 같이 반응했습니다. "아브라함은 브엘세바에 에셀 나무를 심고 거기서 영원하신 여호와의 이름을 불렀으며"(33절). 아브라함은 그곳에 나무를 심고, 거기서 하나님의 이름을 불렀습니다. 나무를 심은 것은 나무를 볼 때마다 하나님의 은혜를 기억하기 위함이었습니다. 하나님의 이름을 불렀다는 것은 하나님의 은혜를 찬양했다는 뜻입니다. 아브라함은 아비멜렉의 방문으로 자신이 받은 은혜가 얼마나 크고 놀라운지 알게 되었습니다. 그래서 그 은혜를 기억하기 위해 나무를 심었고, 그 은혜를 고백하기 위해 하나님의 이름을 불렀습니다.

창세기 21장은 의외의 문장으로 마무리됩니다. "그가 블레셋 사람의 땅에서 여러 날을 지냈더라"(34절). 33절에서 아브라함이 하나님의 은혜를 찬양했다고 했습니다. 그런데 34절에서 아브라함이 어디에 살고 있다고요? 블레셋 사람의 땅에서 살고 있습니다. 이 장면이 우리에게 알려 주는 것은 무엇일까요? 비록 아브라함이 이방인의 땅에서 살아가고 있을지라도, 그의 눈은 하나님께서 계신 하늘을 바라보고 있었다는 사실입니다. 아브라함은 블레셋 사람들과 섞여서 살았지만, 그들과 동화되지 않았습니다. 아브라함은 이방인의 땅에서 살았지만, 자신이 하나님의 백성임을 잊지 않았습니다. 아브라함의 몸은 땅에 있었지만, 그의 마음은 하늘나라에 있었습니다.

창세기 21장의 교훈

따라서 하나님께서 창세기 21장을 통해 우리에게 교훈하시는 바는 다음과 같습니다.

첫째, 하나님은 우리의 구원을 위해서 일하십니다. 아브라함에게는 이삭을 가질 능력이 없었습니다. 그런데 어떻게 이삭이 태어났을까요? 하나님께서 일하셨기 때문입니다. 하나님은 아브라함이 이삭을 가질 수 있도록 일하셨습니다. 마찬가지로, 우리에게는 구원 얻을 능력이 없습니다. 그런데 어떻게 우리가 구원 얻을 수 있었습니까? 하나님께서 우리의 구원을 위해 일하셨기 때문입니다. 하나님은 우리를 지켜보기만 하시는 분이 아닙니다. 하나님은 우리의 구원을 위해 일하셨고, 또한 일하고 계십니다. 우리 삶에 적극 개입하시며, 우리를 인도하십니다. 그래서 우리는 구원 얻을 능력이 없음에도 불구하고, 구원을 얻을 수 있었습니다.

둘째, 우리는 세상에서 가장 특별한 사람입니다. 아비멜렉이 왜 아브라함과 평화 조약을 맺었을까요? 아비멜렉의 눈에 아브라함이 특별하게 보였기 때문입니다. 아비멜렉이 보기에 아브라함은 하나님께서 함께하시는 사람이었습니다. 하나님께서 함께하시는 사람. 이보다 더 특별한 사람이 있을까요? 따라서 우리는 세상에서 가장 특별한 사람입니다. 하나님께서 함께하시는 사람이기 때문입니다. 우리는 하나님께서 인도하시고 보호하시는 사람입니다. 그런 점에서 우리는 그 어떤 사람보다도 복 있는 사람입니다.

셋째, 우리는 은혜받은 사람답게 살아야 합니다. 아브라함은 하나님의 은혜를 깨달은 다음에 두 가지를 행했습니다. 나무를 심었고, 하나님의 이름을 찬양했습니다. 둘 다 하나님의 은혜로부터 나온 것입니다. 우리도 마찬가지입니다. 우리에게도 은혜에 대한 반응이 있어야 합니다. 그래서 저는 두 가지를 권면합니다. 첫째, 매일 조금이라도 말씀을 묵상하십시오. 말씀을 묵상하고 그 말씀대로 살기 위해 노력하는 것은 은혜에 대한 가장 기본적인 반응입니다. 둘째, 예배의 자리를 지키십시오. 아브라함이 하나님의 은혜를 되새기기 위해 나무를 심었던 것처럼, 예배는 하나님의 은혜를 되새기는 자리입니다.

결론

이삭의 출생이 우리에게 알려 주는 것은, 하나님은 반드시 말씀을 이루신다는 사실입니다. 따라서 하나님의 말씀이야말로 가장 절대적인 원칙입니다. 하나님의 말씀이야말로 가장 안전한 삶의 규칙입니다. 우리는 하나님의 말씀을 '타협할 수 없는 원칙'으로 삼아야 하고, 하나님의 말씀을 '선과 악을 분별하는 기준'으로 삼아야 합니다.

우리는 미래를 알지 못합니다. 미래에 어떤 일이 있을지 전혀 알 수 없습니다. 그래서 우리는 미래에 대해 막연한 두려움을 가집니다. 하지만 말씀을 원칙과 기준으로 삼는 사람은 미래에 대해 지나친 두려움을 가질 필요가 없습니다. 하나님은 말씀대로 사는 자에게 복을 약속하셨고, 그 약속은 반드시 이루어질 것이기 때문입니다. 물론 말씀대로 사는 사람도 어려움을 겪을 수 있습니다. 하지만 그 어려움은 단순히 불순종에 대한 징벌이 아닙니다. 그조차도 하나님의 은혜입니다. 하나님의 말씀을 최고의 원칙과 기준으로 삼길 바랍니다. 그리하여 참으로 안전하고 복된 삶을 살아가길 바랍니다.

● **되새겨 보기**

1. 성경은 어떤 책입니까?

    ①

    ②

2. 100세의 아브라함이 이삭을 낳은 것, 그것이 우리에게 주는 의미는 무엇입니까?

3. 이삭의 출생을 싫어한 사람은 누구이며, 싫어한 이유는 무엇입니까?

4. 왜 아비멜렉은 아브라함과 평화 조약을 맺었습니까?

5. 왜 아브라함은 나무를 심었습니까?

● **생각해 보기**

1. 여러분은 우리의 구원을 위해 하나님께서 일하고 계심을 믿습니까?

2. 여러분은 우리가 특별한 사람임을 믿습니까?

3. 받은 은혜를 헤아리며 살고 있습니까? 그 은혜에 합당한 삶을 살고 있습니까?

23 하나님이 친히 준비하시리라

창 22:1-24

참된 믿음이란

연인들은 서로의 사랑을 확인하려고 합니다. 사랑이 더 깊어지기를 원하기 때문입니다. 하나님도 마찬가지입니다. 하나님은 아브라함과의 관계가 더 깊어지기를 원하셨습니다. 그래서 하나님은 아브라함을 시험하셨습니다. "하나님이 아브라함을 시험하시려고 그를 부르시되"(창 22:1). 하나님께서 어떻게 아브라함의 신앙을 시험하셨습니까? 하나님은 독자 이삭을 두고서 아브라함을 시험하셨습니다. "여호와께서 이르시되 네 아들 네 사랑하는 독자 이삭을 데리고 모리아 땅으로 가서 내가 네게 일러 준 한 산 거기서 그를 번제로 드리라"(2절).

하나님은 이삭을 번제로 바치라고 하셨습니다. 왜 하나님은 많고 많은 것 중에 이삭으로 아브라함의 신앙을 시험하셨을까요? "네 아들 네 사랑하는 독자 이삭"이라는 표현처럼, 아브라함이 가장 사랑하는 존재가 이삭이었기 때문입니다. 우리는 여기서 참된 믿음의 기준을 발견할 수 있습니다. 참된 믿음이란, 가장 아끼고 사랑하는 것이라도 하나님을 위해, 하나님의 말씀을 따르기 위해 기꺼이 포기할 수 있는 믿음입니다. 반대로 나에게 필요 없는 것, 나에게 소중하지 않은 것, 내가 쓰고 남은 것만을 하나님께 드리는 믿음이라면, 그것은 거짓 믿음입니다.

아브라함의 믿음은 어떤 믿음이었을까요? 참된 믿음이었을까요? 거짓 믿음이었을까요? 아브라함의 믿음은 참된 믿음이었습니다. "아브라함이 아침에 일찍이 일어나 나귀에 안장을 지우고 두 종과 그의 아들 이삭을 데리고 번제에 쓸 나무를 쪼개어 가지고 떠나 하나님이 자기에게 일러 주신 곳으로 가더니"(3절). 아브라함은 아침 일찍 일어났습니다. 즉각적으로 순종한 것입니다. 아브라함은 하나님께 이삭을 기꺼이 드리기로 했습니다.

아브라함이 즉각적으로, 그리고 기꺼이 순종할 수 있었던 이유는 무엇일까요? 첫째, 하나님의 준비하심을 믿었기 때문입니다. "아브라함이 이르되 내 아들아 번제할 어린양은 하나님이 자기를 위하여 친히 준비하시리라"(8절). 아브라함은 번제로 드릴 합당한 제물을 하나님께서 친히 준비하실 거라고 믿었습니다. 둘째, 아브라함에게는 부활에 대한 믿음이 있었습니다. "그가 하나님이 능히 이삭을 죽은 자 가운데서 다시 살리실 줄로 생각한지라"(히 11:19). 아브라함은 이삭이 혹 번제물이 되어 죽더라도, 하나님께서 다시 살려 주실 줄로 믿었습니다. 자손에 관한 하나님의 약속을 믿고 있었다는 것이죠. 이러한 믿음을 가지고 있었기 때문에, 아브라함은 기꺼이 하나님께 이삭을 드릴 수 있었습니다.

여호와 이레의 신앙

아브라함은 이삭을 하나님께 드리기 위해 칼을 들었습니다. "손을 내밀어 칼을 잡고 그 아들을 잡으려 하니"(10절). 이삭을 칼로 죽이려 하는 그때, 하나님께서 아브라함을 부르셨습니다. "여호와의 사자가 하늘에서부터 그를 불러 이르시되 아브라함아 아브라함아 하시는지라"(11절). 하나님께서 왜 아브라함을 부르셨을까요? 아브라함이 정말로 칼로 이삭을 칠 것을 아셨기 때문입니다.

이로써 아브라함은 하나님의 시험을 통과했습니다. 하나님은 아브라함의 믿음이 참된 믿음이라고 인정해 주셨습니다. "네가 네 아들 네 독자까지도 내게 아끼지 아니하였으니 내가 이제야 네가 하나님을 경외하는 줄을 아노라"(12절).

다시 처음으로 돌아가 보겠습니다. 하나님께서 아브라함을 시험하신 이유가 무엇이었습니까? 아브라함과의 관계가 더 깊어지는 것이었습니다. 실제로 이 사건 이후로 하나님과 아브라함의 관계는 더 깊어졌습니다. "아브라함이 그 땅 이름을 여호와 이레라 하였으므로 오늘날까지 사람들이 이르기를 여호와의 산에서 준비되리라 하더라"(14절). 아브라함은 "여호와 이레"의 신앙을 가지게 되었습니다. '이레'는 '준비'를 뜻합니다. 아브라함은 이 사건을 통해서 준비하시는 하나님에 대한 믿음을 가지게 되었습니다.

그리고 아브라함을 향한 하나님의 사랑도 더 깊어졌습니다. "내가 네게 큰 복을 주고 네 씨가 크게 번성하여 하늘의 별과 같고 바닷가의 모래와 같게 하리니 네 씨가 그 대적의 성문을 차지하리라"(22:17). 하나님은 아브라함에게 큰 복을 주신다고 하셨습니다. 하나님께서 아브라함을 크게 사랑하셨기 때문입니다.

창세기 22장의 교훈

따라서 하나님께서 창세기 22장을 통해 우리에게 교훈하시는 바는 다음과 같습니다.

첫째, 하나님은 우리와의 관계가 더 깊어지기를 원하십니다. 하나님은 아브라함을 시험하셨습니다. 아브라함의 관계가 더 깊어지기를 원하셨기 때문입니다. 이 당시 아브라함은 이삭을 가장 사랑했을 것이 분명합니다. 그의 삶은 이삭을 중심으로 돌아갔을 것이 분명합니다. 그래서 하나님은 이삭으로 아브라함을 시험하셨습니다. 이삭보다 하나님을 더 사랑하길 원하셨던 것입니다. 우리도 마찬가지입니다. 하나님은 우리와의 관계가 깊어지기를 원하십니다. 하나님은 우리가 더 자주 하나님의 말씀을 묵상하길 원하시고, 더 자주 기도하길 원하시고, 더 자주 하나님을 생각하길 원하십니다. 하나님을 가장 사랑하길 원하십니다.

둘째, 하나님께서 원하시는 사랑은 가장 소중한 것을 내어 줄 수 있는 사랑입니다. 하나님은 아브라함에게 이삭을 바치라고 하셨습니다. 아브라함에게 가장 소중한 존재가 이삭이었기 때문입니다. 현대인들에게 가장 소중한 것은 무엇일까요? 여러 가지가 있겠지만, 돈이 가장 대표적일 것입니다. 살아가다 보면 하나님을 위해 돈을 포기해야 할 때가 있습니다. 그때 우리는 본문 말씀을 기억해야 합니다. 그리고 그것이 하나님의 시험임을 생각해야 합니다. 우리는 돈을 포기하는 것으로 하나님의 시험을 통과해야 하고, 우리의 믿음이 참된 믿음임을 입증해야 합니다. 돈 외에도, 우리가 소중하게 여기는 것을 포기해야만 할 때가 반드시 올 것입니다. 그때 우리는, '하나님이 아브라함에게 이삭을 바치라고 시험하신 것처럼, 지금 나를 시험하고 계시는구나'라고 생각해야 합니다.

셋째, 우리가 하나님을 위해 소중한 것을 포기하면, 하나님은 다른 것으로 채워 주십니다. 아브라함은 이삭을 포기했습니다. 그러자 하나님은 숫양 한 마리를 준비해 주셨습니다. 아브라함이 이삭을 하나님께 드리자, 하나님은 더 큰 복을 아브라함에게 약속하셨습니다. 하나님께서 우리에게 소중한 것을 포기하라고 하시는 것은 우리가 망하기를 바라시기 때문이 아닙니다. 하나님을 위해 소중한 것을 포기하는 사람, 하나님이 그 무엇보다 가장 소중한 사람, 하나님은 그런 사람을 사랑하십니다. 그리고 그 하나님의 사랑을 받는 사람은 절대로 망하지 않습니다.

"내가 어려서부터 늙기까지 의인이 버림을 당하거나 그의 자손이 걸식함을 보지 못하였도다 그는 종일토록 은혜를 베풀고 꾸어주니 그의 자손이 복을 받는도다 악에서 떠나 선을 행하라 그리하면 영원히 살리니 여호와께서 정의를 사랑하시고 그의 성도를 버리지 아니하심이로다 그들은 영원히 보호를 받으나 악인의 자손은 끊어지리로다"(시 37:25-28). 이 말씀과 같이, 하나님은 의인을 버리지 않으십니다(25절). 의인의 자손에게 복을 주십니다(26절). 의인들을 보호하십니다(28절). 우리가 하나님을 위해 무언가를 잃으면, 하나님은 다른 것을 준비해 주십니다. 우리가 하나님을 위해 무언가를 내어 드리면, 하나님은 다른 길을 열어 주십니다.

결론

하나님은 아브라함에게 모리아 지방으로 가라고 하셨습니다. 모리아 지방에 있는 산에서 이삭을 바치라고 하셨습니다. "여호와께서 이르시되 네 아들 네 사랑하는 독자 이삭을 데리고 모리아 땅으로 가서 내가 네게 일러 준 한 산 거기서 그를 번제로 드리라"(창 22:2). 그리고 많은 시간이 지난 후, 하나님은 모리아 산에 성전을 지으라고 하셨습니다. "솔로몬이 예루살렘 모리아 산에 여호와의 전 건축하기를 시작하니"(대하 3:1). 성전은 예루살렘에 건축되었습니다. 따라서 모리아 땅은 예루살렘입니다.

그리고 예루살렘은 예수님이 십자가에 못 박혀 죽으신 장소입니다. 하나님께서 아브라함에게 이삭을 바치라고 하신 장소는 장차 십자가가 세워질 장소이고, 하나님의 아들이 십자가에 못 박혀 죽임을 당할 장소입니다. 따라서 하나님께서 이삭을 모리아 산에서 죽이라고 하신 것은, 장차 하나님의 아들이 예루살렘에서 죽으실 것을 미리 보여 주기 위한 것이었습니다.

아브라함이 자기 아들을 죽이려고 한 것과 하나님께서 자기 아들을 죽이신 것 사이에는 공통점이 있습니다. 그것을 통해 사랑이 입증된다는 것입니다. 아브라함은 이삭을 하나님께 내어 드림으로써 하나님을 향한 자신의 사랑이 진실함을 입증했습니다. 하나님은 자기 아들 예수를 우리를 위해 죽이심으로써, 우리에 대한 자기 사랑이 진실함을 확증하셨습니다.

> 그리스도께서 우리를 위하여 죽으심으로 하나님께서 우리에 대한 자기의 사랑을 확증하셨느니라 _롬 5:8

하나님은 가장 소중한 아들을 주시기까지 우리를 사랑하셨습니다. 그렇다면, 우리 역시 가장 소중한 것을 내어 드릴 수 있는 사랑으로 하나님을 사랑해야 하지 않을까요? 쓰고 남은 것, 필요 없는 것을 드리는 사랑이 아니라, 가장 소중한 것을 드리는 사랑으로 하나님을 사랑하는 여러분이 되기를 바랍니다.

● 되새겨 보기

1. 왜 하나님은 아브라함을 시험하셨습니까?

2. 왜 하나님은 이삭으로 아브라함을 시험하셨습니까?

3. 아브라함의 믿음이 참된 믿음이라는 증거는 무엇입니까?

4. 아브라함이 즉각적으로 순종할 수 있었던 이유는 무엇입니까?

　①

　②

● 생각해 보기

1. 여러분은 해가 지날수록 하나님과의 관계가 더 깊어지고 있습니까?

2. 가장 소중한 것이라도 하나님께 내어 드릴 수 있습니까?

3. 하나님을 위해 무언가를 포기하면, 하나님께서 책임지신다는 사실을 믿습니까?

24. 사라를 위하여 슬퍼하며 애통하다가
창 23:1-20

아브라함에게 가장 중요한 사람

마태복음 1장은 다음과 같이 시작합니다. "아브라함과 다윗의 자손 예수 그리스도의 계보라"(마 1:1). 이 말씀은 하나님의 구원 역사에서 아브라함이 얼마나 중요한 사람인지를 보여 줍니다. 그런데 아브라함이 중요한 사람이 될 수 있었던 것은 아브라함 옆에 사라가 있었기 때문입니다. 그렇게 말할 수 있는 이유는 다음과 같습니다.

> 믿음으로 사라 자신도 나이가 많아 단산하였으나 잉태할 수 있는 힘을 얻었으니 이는 약속하신 이를 미쁘신 줄 알았음이라 _히 11:11

자손에 관한 언약을 아브라함 혼자서 믿고 있지 않았습니다. 아브라함과 사라가 함께 믿었습니다. 아브라함이 자손에 관한 언약을 계속해서 믿을 수 있었던 것은 아브라함 옆에 사라가 있었기 때문에 가능한 일이었습니다. 사라가 곁에 있었기 때문에, 아브라함은 믿음의 조상, 이스라엘 민족의 시조가 될 수 있었습니다.

사라의 역할이 결코 작지 않았기에, 창세기 23장은 사라의 죽음을 특별하게 묘사합니다. "사라가 백이십칠 세를 살았으니 이것이 곧 사라가 누린 햇수라"(창 23:1). 성경에서 여자의 수명을 기록한 본문은 여기뿐입니다. 사라는 수명이 성경에 기록된 유일한 여성입니다. 이것은 하나님께서 아브라함뿐만 아니라, 사라 역시 매우 특별하게 생각하셨음을 보여 주는 말씀입니다.

아브라함에게 사라는 평범한 아내가 아니었습니다. 아브라함은 75세에 고향을 떠나 가나안으로 왔습니다. 아브라함은 가나안에서 약 60년 동안 나그네 인생을 살았습니다. 외로운 나그네 인생을 사는 동안, 사라의 존재는 아브라함에게 큰 힘이 되었음이 분명합니다. 그래서 사라의 죽음은 아브라함에게 큰 고통이었습니다. "사라가 가나안 땅 헤브론 곧 기럇아르바에서 죽으매 아브라함이 들어가서 사라를 위하여 슬퍼하며 애통하다가"(2절). 고대인들은 특별한 경우가 아니면 고향에 무덤을 마련했는데, 이는 고인에 대한 예우였습니다. 따라서 아브라함은 사실 사라의 고향인 갈대아 우르로 가야 했습니다. 그러나 아브라함은 갈대아 우르로 가지 않았습니다. 대신 가나안 원주민들을 만났습니다.

왜 가나안 원주민들을 만났을까요? 아브라함은 사라의 무덤을 가나안에 마련하려고 했습니다. 그러기 위해서 가나안 원주민들에게 땅을 구입해야 했던 것입니다. 그렇다면 왜 아브라함은 아내의 무덤을 갈대아 우르가 아니라, 가나안에 마련하고자 했을까요? 가나안을 새로운 고향으로 믿었기 때문입니다. 하나님은 아브라함에게 고향을 떠나 가나안으로 가라고 하셨습니다. 그때부터 아브라함은 가나안을 자신의 새로운 고향으로 믿게 되었던 것입니다.

중요한 사실은, 하나님께서 아브라함에게 가나안 땅을 주신다고 약속하셨음에도 불구하고, 아직 아브라함은 가나안 땅을 단 한 평도 갖지 못했다는 점입니다. 바로 여기서 아브라함의 믿음이 드러납니다. 아브라함은 가나안 땅을 단 한 평도 얻지 못했지만, 언젠가는 하나님께서 가나안 땅을 자기 후손에게 주실 거라고 믿었습니다. 그래서 아브라함은 자기 후손들이 가나안을 고향으로 믿게 하려고, 사라의 무덤을 가나안에 마련하려고 했던 것입니다.

나그네의 설움

아브라함은 가나안 땅을 단 한 평도 갖지 못했기 때문에, 무덤을 마련하려면 가나안 원주민들에게서 땅을 사야 했습니다. 그래서 아브라함은 가나안 원주민들에게 다음과 같이 말했습니다. "나는 당신들 중에 나그네요 거류하는 자이니 당신들 중에서 내게 매장할 소유지를 주어 내가 나의 죽은 자를 내 앞에서 내어다가 장사하게 하시오"(4절).

아브라함은 가나안 원주민들에게 땅을 달라고 요청했습니다. 하지만 그들은 아브라함에게 땅을 팔려고 하지 않았습니다. 학자들의 연구에 따르면, 고대인들은 외부인에게 땅을 팔지 않았다고 합니다. 가나안 원주민들이 보기에 아브라함은 나그네에 불과했겠죠. 그러니 자신들의 땅을 주기가 어려웠을 것입니다. "내 주여 들으소서 당신은 우리 가운데 있는 하나님이 세우신 지도자이시니 우리 묘실 중에서 좋은 것을 택하여 당신의 죽은 자를 장사하소서 우리 중에서 자기 묘실에 당신의 죽은 자 장사함을 금할 자가 없으리이다"(6절).

아브라함이 자기에게 땅을 팔라고 요청했지만, 가나안 원주민들은 땅을 팔 수는 없고, 대신 자신들의 땅에 무덤을 마련하는 것은 허락해 주겠다고 했습니다. 그러나 이것은 아브라함이 원하는 것이 아니었습니다. 다른 사람의 땅을 빌려서 무덤을 마련하면, 아브라함의 후손들이 가나안을 자신들의 고향으로 생각하지 않을 우려가 있었기 때문입니다.

아브라함은 최대한 공손하게 다시 한번 부탁했습니다. "아브라함이 일어나 그 땅 주민 헷 족속을 향하여 몸을 굽히고"(7절). 아브라함은 몸을 굽혔습니다. 여기서 '굽히다'라고 번역된 히브리어는 '샤하'인데, 땅에 엎드려 절한다는 뜻입니다. 아브라함은 가나안 땅을 사기 위해서, 최대한 자신을 낮추었습니다. 그러자 이것을 본 '에브론'이라는 사람이 자신의 땅을 아브라함에게 팔겠다고 했습니다. "내 주여 그리 마시고 내 말을 들으소서 내가 그 밭을 당신에게 드리고 그 속의 굴도 내가 당신에게 드리되 내가 내 동족 앞에서 당신에게 드리오니 당신의 죽은 자를 장사하소서"(11절).

그런데, 에브론이 아브라함에게 땅을 팔겠다고 한 데는 다른 속셈이 있었습니다. 아브라함의 절박한 처지를 이용해서 큰 돈을 벌려고 한 것입니다. 그래서 에브론은 아브라함에게 시세보다 훨씬 비싸게 땅을 팔았습니다. "내 주여 내 말을 들으소서 땅값은 은 사백 세겔이나 그것이 나와 당신 사이에 무슨 문제가 되리이까 당신의 죽은 자를 장사하소서"(15절). 에브론은 땅을 은 사백 세겔에 팔았습니다. 은 400세겔. 이것이 얼마나 비싼 금액인지는 다윗과 예레미야의 경우를 보면 알 수 있습니다. 다윗은 은 50세겔로 넓은 땅과 소를 구입했습니다. "다윗이 은 오십 세겔로 타작마당과 소를 사고"(삼하 24:24). 예레미야는 은 70세겔로 밭을 구입했습니다. "내 숙부의 아들 하나멜의 아나돗에 있는 밭을 사는데 은 십칠 세겔을 달아 주되"(렘 32:9). 물론 시대적인 차이가 있겠지만, 고대에는 물가 변동이 거의 없었음을 감안한다면, 아브라함은 시세보다 훨씬 비싸게 땅을 구입한 것입니다.

바로 이것이 아브라함이 겪어야 했던 현실적인 어려움이었습니다. 가나안에서 아브라함의 삶은 쉽지 않았습니다. 아브라함은 가나안에 사는 내내, '나그네'라는 차별 대우를 받아야 했습니다. 하지만 그럼에도 불구하고 아브라함은 가나안을 떠나지 않았습니다. 실제로는 가나안 땅을 한 평도 차지하지 않았지만, 언젠가는 하나님께서 그 땅을 주실 것을 믿었기 때문입니다. 그리고 아브라함은 자신의 후손들도 그러한 믿음을 가지길 원했습니다. 실제로 아브라함의 후손들은 아브라함의 믿음을 물려받았습니다. 아브라함의 손자인 야곱은 자신의 무덤을 막벨라 밭 굴에 마련해 달라고 요청했습니다. 야곱은 애굽에서 죽었지만, 자기 고향은 가나안이라고 여겼던 것입니다. 창세기 50장에 이를 설명한 말씀이 있습니다.

야곱의 아들들이 아버지가 그들에게 명령한 대로 그를 위해 따라 행하여 그를 가
나안 땅으로 메어다가 마므레 앞 막벨라 밭 굴에 장사하였으니 이는 아브라함이
헷 족속 에브론에게 밭과 함께 사서 매장지를 삼은 곳이더라 _창 50:12-13

야곱의 아들인 요셉도 마찬가지입니다. 요셉은 자기 무덤을 가나안에 마련해 달라는 유언을 남기고 죽었습니다.

요셉이 또 이스라엘 자손에게 맹세시켜 이르기를 하나님이 반드시 당신들을 돌보
시리니 당신들은 여기서 내 해골을 메고 올라가겠다 하라 하였더라 _창 50:25

결과적으로 아브라함이 마련한 땅에 아브라함과 사라, 이삭과 리브가, 야곱과 레아가 묻혔습니다. 즉, 아브라함의 믿음이 자손들에게 전수되었다는 것입니다.

창세기 23장의 교훈

따라서 하나님께서 창세기 23장을 통해 우리에게 교훈하시는 바는 다음과 같습니다.

첫째, 부부는 서로를 돕는 존재입니다. 하나님께서 사라의 수명을 성경에 기록하신 것은 사라가 아브라함에게 매우 중요한 사람이었기 때문입니다. 아브라함이 니그네 인생을 잘 버틸 수 있었던 것은 그의 곁에 사라가 있었기 때문입니다. 아브라함이 자손에 관한 언약을 끝까지 믿을 수 있었던 것도, 그의 곁에 사라가 있었기

때문입니다. 하나님은 아담에게 하와를 주시면서, 하와를 '돕는 배필'이라고 하셨습니다. 이처럼 부부는 서로를 돕는 존재입니다. 하나님께서 아담에게 하와를 주신 이유는 아담에게 부족한 부분이 있었기 때문입니다. 하와는 아담의 부족한 부분을 보완해 주는 존재였습니다. 물론 아담도 하와의 부족한 부분을 보완해 주었을 것입니다.

그러므로 우리는 두 가지를 기억해야 합니다. 하나는, 배우자는 하나님께서 주신 선물이라는 것입니다. 배우자는 우리의 부족한 부분을 보완하기 위해 하나님께서 주신 선물이므로, 우리는 배우자를 소중하게 생각해야 합니다. 그리고 또 다른 하나는, 배우자는 상대방의 부족한 부분을 보완해 주어야지, 상대방의 부족한 부분을 비난해서는 안 된다는 것입니다. 하나님께서 우리를 부부로 짝지어 주신 것은 상대방의 부족한 부분을 지적하기 위함이 아니라, 상대방의 부족한 부분을 채워 주기 위함입니다.

둘째, 참믿음은 말씀에 근거하여 믿는 것입니다. 하나님은 아브라함에게 땅을 주신다고 하셨습니다. 하지만 아브라함은 사라가 죽을 때까지 단 한 평의 땅도 차지하지 못했습니다. 그러나 아브라함은 하나님의 약속을 믿었습니다. 언젠가는 하나님께서 가나안 땅을 자기 자손에게 주실 거라고 믿었습니다. 그래서 아브라함은 어떻게 해서든 가나안에 사라의 무덤을 장만하려고 했습니다.

우리에게도 하나님의 말씀이 이루어지지 않는 것처럼 보일 때가 많습니다. 하나님께서 우리의 기도를 듣지 않으신다고 생각될 때가 많고, 하나님께서 우리 곁에 계시지 않거나 우리를 돕지 않으신다고 생각될 때가 많습니다. 하지만 우리는 믿어야 합니다. 눈에 보이는 것으로 믿지 않고, 말씀에 근거해서 믿어야 합니다. 성경은 하나님에 대해 이렇게 말합니다. "하나님을 찬송하리로다 그가 내 기도를 물리치지 아니하시고 그의 인자하심을 내게서 거두지도 아니하셨도다"(시 66:20). 하나님은 우리의 기도를 물리치지 않으십니다. 우리에게 인자하심을 거두지 않으십니다. 하나님은 우리에게 이러한 분이십니다. 눈에 보이는 것은 우리를 속일 수 있으나, 하나님의 말씀은 우리를 속이지 않습니다. 말씀에 근거하여 하나님을 믿어야 합니다.

셋째, 우리는 이 세상의 나그네입니다. 하나님은 아브라함을 나그네로 살게 하셨습니다. 우리도 마찬가지입니다. 우리는 이 세상의 나그네이며, 이 세상으로 끝이 아닙니다. 우리에게는 다음 세상이 있습니다. 우리의 진짜 고향은 다음 세상입니다. 손양원 목사님은 두 아들이 죽었을 때 다음과 같은 말을 남겼다고 합니다. "미국 가려고 준비하던 내 아들, 미국보다 더 좋은 천국에 갔으니 내 마음 안심되어 감사합니다." 손양원 목사님이 그러한 큰 슬픔을 견딜 수 있었던 것은 다음 세상에 대한 믿음이 있었기 때문입니다. 이 세상의 삶을 나그네 인생으로 생각했기 때문입니다.

넷째, 믿음 때문에 손해를 볼 수 있어야 합니다. 아브라함은 가나안 땅을 구입하기 위해 큰 대가를 치렀습니다. 시세보다 훨씬 비싼 가격에 땅을 구입해야 했습니다. 아브라함은 믿음대로 살기 위해 큰 손해를 감수했습니다. 사도 바울은 우리도 동일하게 살아야 한다고 말합니다. 그리고 고린도 교회 교인들이 서로를 고발하자

이렇게 말했습니다. "너희가 피차 고발함으로 너희 가운데 이미 뚜렷한 허물이 있나니 차라리 불의를 당하는 것이 낫지 아니하며 차라리 속는 것이 낫지 아니하냐"(고전 6:7). 우리도 마찬가지입니다. 아브라함이 손해를 무릅쓰고 가나안 땅을 구입한 것처럼, 바울이 고린도 교회 교인들에게 손해를 보더라도 고소를 그치라고 말한 것처럼, 우리도 하나님과 교회를 위해서라면 개인적인 손해를 감수할 수 있어야 합니다.

결론

아브라함은 부족함이 많은 사람이었습니다. 아브라함은 두 차례나 아내를 여동생이라고 거짓말한 적이 있습니다. 하지만 하나님은 아브라함을 의로운 사람이라고 여겨 주셨습니다. 아브라함이 하나님을 믿었고 그분의 약속을 믿었기 때문입니다.

> 성경이 무엇을 말하느냐 아브라함이 하나님을 믿으매 그것이 그에게 의로 여겨진 바 되었느니라 _롬 4:3

하나님은 아브라함의 믿음을 보시고서 그를 의롭다고 여겨 주셨습니다. 성경은 이것이 진정한 '복'이라고 말합니다.

> 불법이 사함을 받고 죄가 가리어짐을 받는 사람들은 복이 있고 주께서 그 죄를 인정하지 아니하실 사람은 복이 있도다 함과 같으니라 _롬 4:7-8

우리도 마찬가지입니다. 우리는 많은 죄를 지으며 살아왔습니다. 앞으로도 많은 죄를 지을 것입니다. 그럼에도 불구하고 하나님은 우리를 죄인이라고 하지 않으십니다. 하나님은 우리의 죄악을 인정하지 않으십니다. 하나님은 우리를 죄인이 아니라, 의인으로 여겨 주십니다. 그 이유는 우리가 하나님을 믿기 때문입니다. 하나님의 약속을 믿기 때문입니다. 예수님을 믿으면 구원을 얻는다는 약속을 믿기 때문입니다.

여러분, 하나님께서 우리의 죄를 인정하지 않으시고, 하나님께서 우리를 죄인이 아닌 의인으로 여겨 주시는 이것이야말로, 죄인으로 태어나 평생 죄만 짓다가 결국에는 영원한 심판을 받아야 하는 인간에게 있어 최고의 복임을 믿으시기 바랍니다. 믿음으로 의롭다 하심을 받은 우리야말로 이 세상에서 가장 '복 있는 사람'입니다.

● 되새겨 보기

1. 성경이 사라의 죽음을 특별하게 묘사하는 이유는 무엇입니까?

2. 왜 아브라함은 갈대아 우르가 아닌 가나안에 사라의 무덤을 마련했습니까?

3. 아브라함은 가나안에 땅을 사기 위해 어떤 노력을 했습니까?

4. 에브론이 아브라함에게 땅을 판 이유는 무엇입니까?

5. 왜 아브라함은 차별 대우를 당하면서도 가나안을 떠나지 않았습니까?

● 생각해 보기

1. 여러분은 배우자(가족)의 부족한 부분을 보완해 주기 위해 노력하고 있습니까?

2. 우리는 이 세상의 나그네임을 믿습니까?

3. 하나님과 교회를 위해 손해를 감수할 수 있습니까?

25 아들을 위하여 정하여 주신 자

창 24:1-67

죽음을 준비하기 위한 노력

아브라함은 나이 많은 노인이 되었습니다(창 24:1). 자신의 죽음을 준비하기 위해 가장 신뢰하는 종을 불러 다음과 같이 부탁했습니다. "내 고향 내 족속에게로 가서 내 아들 이삭을 위하여 아내를 택하라"(4절). 아브라함은 자신의 종에게 며느리를 찾아 달라고 부탁했습니다. 아들 이삭의 아내를 구하는 것이 아브라함이 죽음을 준비하는 방식이었습니다. 왜 아브라함은 죽음을 앞두고서 며느리를 찾으려고 했을까요? 하나님께서 주신 사명을 아들에게 전수하기 위함이었습니다.

하나님께서 아브라함에게 주신 사명은 크게 두 가지입니다. 가나안을 차지하는 것과 큰 민족을 이루는 것입니다. 아브라함이 이 사명을 완수하기 위해서는 반드시 이삭이 결혼을 해야 했습니다. 그래야 아브라함의 후손이 큰 민족이 될 수 있고, 아브라함의 후손이 가나안을 차지할 수 있기 때문입니다. 따라서 아브라함이 며느리를 구하는 것은 죽기 전에 아들이 결혼하는 모습을 보고 싶다거나, 죽기 전에 손자를 보고 싶다는 인간적인 생각에서 그런 것이 아니라, 하나님께서 주신 사명을 이루기 위한 성실한 노력의 일환이었습니다.

이때 아브라함이 정한 며느리의 기준은 다음과 같았습니다. "내 고향 내 족속에게로 가서 내 아들 이삭을 위하여 아내를 택하라"(4절). 아브라함이 정한 며느리의 기준은 고향을 떠나서 가나안으로 올 수 있는 여인이었습니다. 왜 고향을 떠나서 가나안으로 오는 여자만이 자신의 며느리가 될 수 있다고 말했을까요? 아브라함의 고향은 메소포타미아 지방입니다. 메소포타미아는 티그리스강과 유프라테스강 '두 강 사이'를 말하는데, 고대에는 이 지역이 가장 비옥한 지역이었습니다. 역사학자들은 이곳이 인류 4대 문명의 발상지라고 합니다. 그 정도로 살기 좋은 곳이었습니다.

따라서 아브라함의 며느리가 되는 조건은 살기 좋은 메소포타미아 지방을 떠나서 열악한 가나안으로 올 수 있는 사람, 비옥한 곳을 떠나서 메마른 곳으로도 올 수 있는 사람입니다. 즉, 하나님을 위해서 자신이 지금껏 누리던 것을 포기할 수 있는 사람이라는 의미입니다. 이것은 다른 말로 하면, 아브라함과 동일한 신앙을 가진 사람이라고 할 수 있습니다. 아브라함은 하나님을 위해서 메소포타미아 지방을 떠나서 가나안으로 왔습니다. 하나님을 위해서 고향과 친척을 떠났습니다. 그러니까 아브라함은 자신과 동일한 신앙을 가진 여인만이 자신의 며느리가 될 수 있다고 말하는 것입니다. 이것 역시 아브라함 개인을 위한 것이 아닙니다. 하나님의 나라가 부흥하고 하나님의 뜻이 이루어지려면, 이삭은 반드시 믿음을 가진 여인과 결혼해야 했습니다. 그래서 아브라함은 하나님의 영광과 하나님의 뜻을 위해 믿음을 가진 여인을 찾는 것입니다.

약속을 좇아 기도로 나아가면

아브라함의 종은 심각한 고민에 빠졌습니다. '과연 어떤 여자가 살기 좋은 메소포타미아 지방을 떠나서 가나안으로 오려고 할까?' 그래서 아브라함의 종은 아브라함에게 다음과 같이 질문했습니다. "여자가 나를 따라 이 땅으로 오려고 하지 아니하거든 내가 주인의 아들을 주인이 나오신 땅으로 인도하여 돌아가리이까"(5절). 그러자 아브라함은 다음과 같이 대답했습니다. "하늘의 하나님 여호와께서 나를 내 아버지의 집과 내 고향 땅에서 떠나게 하시고 내게 말씀하시며 내게 맹세하여 이르시기를 이 땅을 네 씨에게 주리라 하셨으니 그가 그 사자를 너보다 앞서 보내실지라 네가 거기서 내 아들을 위하여 아내를 택할지니라"(7절). 아브라함의 주장은 크게 두 가지입니다. 하나는, 하나님께서 내 후손에게 가나안 땅을 주신다고 하셨다. 다른 하나는, 그러므로 하나님께서 친히 내 며느리를 준비하실 것이다.

아브라함의 종은 아브라함의 며느리를 찾기 위해 메소포타미아 지방으로 떠났습니다. 주목할 점은, 이때 아브라함의 종은 하나님의 뜻을 구체적으로 알지 못했다는 점입니다. 아브라함의 종은 아브라함의 며느리 될 사람이 누구인지, 그 여자가 어디에 살고 있는지 전혀 몰랐습니다. 하지만 아브라함의 종은 이 사실을 알았습니다. 하나님께서 자신을 인도하신다는 사실 말입니다. 그래서 아브라함의 종은 다음과 같이 기도했습니다. "우리 주인 아브라함의 하나님 여호와여 원하건대 오늘 나에게 순조롭게 만나게 하사 내 주인 아브라함에게 은혜를 베푸시옵소서"(12절).

아브라함의 종은 기도하며 아브라함의 며느리를 찾다가 한 여인을 만났습니다. 그 여인의 이름은 '리브가'였습니다. "말을 마치기도 전에 리브가가 물동이를 어깨에 메고 나오니 그는 아브라함의 동생 나홀의 아내 밀가의 아들 브두엘의 소생이라"(15절). 리브가는 두 가지 특징을 가진 여자였습니다. 첫째, 처녀였습니다. "그 소녀는 보기에 심히 아리땁고 지금까지 남자가 가까이하지 아니한 처녀더라"(16절). 둘째, 부지런하고 친절했습니다. "마시게 하기를 다하고 이르되 당신의 낙타를 위하여서도 물을 길어 그것들도 배불리 마시게 하리이다 하고"(19절). 리브가는 아브라함의 종에게 물을 길어 대접할 뿐만 아니라, 낙타에게도 물을 제공해 주었습니다.

아브라함의 종은 리브가가 하나님께서 예비하신 여자라는 생각이 들었습니다. 그래서 다음과 같이 행동했습니다. "그 사람이 그를 묵묵히 주목하며 여호와께서 과연 평탄한 길을 주신 여부를 알고자 하더니"(21절). 아브라함의 종은 리브가를 묵묵히 지켜보았습니다. 리브가가 하나님의 뜻인지 깊이 생각했습니다. 그리고 아브라함의 종은 리브가야말로 하나님께서 예비하신 이삭의 배우자라는 것을 알게 되었습니다. 아브라함의 종은 리브가의 가족에게 자신의 목적을 말했습니다.

리브가의 가족들은 종의 설명을 다 들은 후에 다음과 같이 말했습니다. "우리 누이여 너는 천만인의 어머니가 될지어다"(60절). 왜 리브가의 가족들은 리브가가 "천만인의 어머니"가 될 거라고 말했을까요? 아브라함의 아내는 사라입니다. 사라는 '여러 민족의 어머니'라는 뜻입니다. 따라서 "천만인의 어머니"가 된다는 말은 이삭이 아브라함의 뒤를 잇는 것처럼 리브가가 사라의 뒤를 잇는다는 뜻이며, 하나님께서 아브라함과 사라에게 주신 사명을 이제 이삭과 리브가가 이어 간다는 뜻입니다.

창세기 24장의 교훈

따라서 하나님께서 창세기 24장을 통해 우리에게 교훈하시는 바는 다음과 같습니다.

첫째, 배우자를 구하는 기준은 '믿음'이어야 합니다. 아브라함은 자신의 며느리를 구하면서, 외적인 조건은 하나도 보지 않았습니다. 아브라함은 한 가지만 요구했습니다. 믿음입니다. 아브라함은 하나님을 믿었기에 고향을 떠나서 가나안으로 올 수 있었습니다. 아브라함은 같은 믿음을 가진 여자만이 자신의 며느리가 될 수 있다고 말했습니다. 우리도 마찬가지입니다. 세상 사람들은 외모와 조건을 중요하게 여기지만, 우리는 신앙을 첫 번째로 보아야 합니다.

둘째, 배우자의 믿음을 봐야 하는 이유는 '사명'을 이루기 위함입니다. 아브라함이 믿음을 가진 여자를 며느리로 구한 이유는, 하나님께서 주신 사명을 이루기 위해서였습니다. 아브라함에게는 가나안 땅에 하나님 나라를 세워야 하는 사명이 있었습니다. 아브라함은 그 사명을 이루기 위해 믿음을 가진 여자를 며느리로 삼고자 했습니다. 우리에게도 사명이 있습니다. '하나님을 영화롭게 하는 것'이 우리의 사명입니다. '하나님의 백성답게 사는 것'이 우리의 사명입니다. '하나님의 뜻을 이루며 사는 것'이 우리의 사명입니다. 이 뜻을 이루기 위해서, 우리는 반드시 믿음을 가진 사람과 교제하고 결혼해야 합니다.

셋째, 하나님의 뜻은 기도하며 생각하는 가운데 점점 분명해집니다. 우리는 다 하나님의 뜻대로 살기를 원합니다. 하지만 하나님의 뜻을 분별하기란 쉽지 않습니다. 아브라함의 종도 마찬가지였습니다. 아브라함의 종은 이삭의 아내 될 여성을 찾아야 했습니다. 하지만 아브라함의 종은 누가 하나님께서 예비하신 여자인지, 그 여자가 어디에 살고 있는지 전혀 알지 못했습니다. 아브라함의 종에게 하나님의 뜻은 희미하게만 보였습니다. 하지만 아브라함의 종은 하나님의 뜻을 보여 달라고 계속해서 기도했고, 무엇이 하나님의 뜻인지를 계속해서 생각했습니다. 그 결과 아브라함의 종은 하나님의 뜻을 점점 분명하게 알게 되었습니다. 우리도 마찬가지입니다. 지금 우리에게 하나님의 뜻은 희미하게만 보입니다. 하지만 우리가 하나님의 뜻을 위해 기도한다면, 우리가 하나님의 뜻을 계속해서 생각한다면, 하나님은 점점 분명하게 자신의 뜻을 보여 주실 것입니다(약 1:5 참고).

넷째, 하나님의 사람은 하나님을 위해 소중한 것을 포기할 수 있어야 합니다. 하나님은 아브라함에게 고향과 친척을 떠나라고 하셨습니다. 고대 사회에서 고향과 친척은 가장 소중하고 중요한 것이었습니다. 따라서 고향과 친척을 떠나라는 것은, 하나님을 위해서 가장 소중한 것을 포기하고 희생하라는 뜻입니다. 아브라함은 자신의 며느리가 될 사람에게도 같은 것을 요구했습니다. 고향을 떠나서 가나안으로 오라고 했습니다. 하나님을 위해서 가장 소중하고 중요한 것을 포기할 수 있길 바란 것입니다. 우리도 마찬가지입니다. 우리는 하나님의 사람입니다. 하나님의 약속과 뜻을 이루는 사람들입니다. 그러므로 하나님은 우리에게도 하나님을 위해서 가장 소중하고 중요한 것을 포기할 수 있길 바라십니다.

다섯째, 하나님을 위해 포기할 때, 하나님께서 우리 삶을 인도하십니다. 아브라함은 살기 좋은 메소포타미아 지방을 떠나 가나안으로 오는 여인만이 자신의 며느리가 될 수 있다고 했습니다. 아브라함의 종은, 그런 여인은 없을 것이라고 생각했습니다. 하지만 아브라함은 그런 여자가 있을 것이라고 확신했습니다. 하나님의 사람들은 하나님의 도우심과 인도하심을 받기 때문입니다. 실제로 하나님은 아브라함의 가정을 인도하셨습니다. 리브가라는 여자를 예비하셨고, 리브가와 이삭이 믿음의 가정을 이루게 하셨습니다. 우리도 마찬가지입니다. 하나님을 위해 소중한 것을 포기할 줄 아는 사람들은 결코 망하지 않습니다. 하나님은 하나님의 사람들을 반드시 선한 길로 인도하십니다.

결론

창세기 23장은 사라의 죽음을 기록하고 있으며, 창세기 25장은 아브라함의 죽음을 기록하고 있습니다. 따라서 23장과 25장 사이에 위치한 24장의 주제는 아브라함이 죽음을 준비하는 과정이라 할 수 있습니다. 아브라함은 죽음을 준비하기 위해 며느리를 찾았습니다. 왜 아브라함은 죽음을 앞두고 며느리를 찾았을까요? 사명을 완수하기 위해서입니다.

아브라함의 사명을 이어받을 사람으로는 이삭이 준비되어 있었습니다. 하지만 사라의 사명을 이어받을 사람은 없었습니다. 그러므로 정확하게 말하면, 아브라함은 다만 며느리를 구한 것이 아니라 사라의 사명을 이어받을 사람을 구한 것입니다.

아브라함은 자신의 종에게 이 사실을 설명했고, 아브라함의 종은 리브가의 가족에게 이 사실을 설명했습니다. 그래서 리브가의 가족들은 리브가에게 다음과 같이 말했습니다. "너는 천만인의 어머니가 될 것이다." 이것은 '많은 민족의 어머니'라는 사라의 이름을 반복한 것입니다. 리브가의 가족들은 리브가에게, "이제 너는 사라의 사명을 이어받아야 한다"라고 말하는 것입니다.

아브라함은 죽음을 준비했습니다. 우리도 죽음을 준비해야 합니다. 죽음은 모든 사람에게 찾아오기 때문입니다. 마지막 날에 하나님은 우리에게 물으실 것입니다. 이 땅에서 사는 동안 사명을 완수했는지 물으실 것입니다. 그때 우리 모두 다음과 같은 칭찬을 얻도록 노력해야 합니다.

그 주인이 이르되 잘하였도다 착하고 충성된 종아 네가 적은 일에 충성하였으매
내가 많은 것을 네게 맡기리니 네 주인의 즐거움에 참여할지어다 _마 25:21

● 되새겨 보기

1. 아브라함이 죽음을 준비하는 방식은 무엇이었습니까?

2. 왜 아브라함은 죽음을 앞두고 며느리를 찾았습니까?

3. 아브라함이 정한 며느리의 기준은 무엇입니까?

4. 아브라함의 종이 알았던 것과 몰랐던 것은 각각 무엇입니까?

5. 왜 리브가의 가족들은 리브가에게 '천만인의 어머니'가 될 것이라고 했습니까?

● 생각해 보기

1. 여러분은 어떤 기준으로 배우자를 찾았습니까(찾고 있습니까)?

2. 중요한 결정을 앞두고서, 하나님께 지혜를 구하며 힘써 기도하고 있습니까?

3. 하나님을 위해 소중한 것을 포기할 수 있습니까?

4. 죽음을 준비하는 삶을 살고 있습니까?

26 그의 아들 이삭에게 복을 주셨고

창 25:1-34

일반 은총과 특별 은총

아브라함의 본처는 사라입니다. 아브라함은 사라를 통해 이삭을 낳았습니다. 아브라함에게는 두 명의 첩이 있었는데, 하갈과 그두라입니다. 아브라함은 하갈을 통해서 이스마엘을 낳고, 그두라를 통해서 여섯 아들을 낳았습니다. "아브라함이 후처를 맞이하였으니 그의 이름은 그두라라 그가 시므란과 욕산과 므단과 미디안과 이스박과 수아를 낳고"(창 25:1-2). 따라서 아브라함의 자녀는 모두 여덟 명입니다.

아브라함은 여덟 명의 자녀를 똑같이 대하지 않았습니다. 아브라함은 이삭과 나머지 자녀들을 분리했습니다. "자기 서자들에게도 재산을 주어 자기 생전에 그들로 하여금 자기 아들 이삭을 떠나 동방 곧 동쪽 땅으로 가게 하였더라"(6절). 왜 아브라함은 이삭과 나머지 자녀들을 분리했을까요?

하나님은 아브라함과 그의 후손들을 통해 하나님의 나라를 세우겠다고 언약하셨습니다. 그리고 사라를 통해서 태어날 사람이 '언약의 계승자'라고 하셨습니다(17:15-16). 바로 이것이 이삭과 다른 아들들을 분리했던 이유입니다. 오직 이삭만이 아브라함 언약을 계승할 언약의 자녀였기 때문입니다.

그런데 성경은 이삭의 족보를 설명하기 전에, 이스마엘의 족보를 먼저 설명합니다(25:12). 하나님께서 하갈에게 하신 약속을 이루셨다는 걸 보여 주기 위해서입니다. 하나님은 이스마엘의 어머니인 하갈에게 다음과 같이 약속하셨습니다. "내가 네 씨를 크게 번성하여 그 수가 많아 셀 수 없게 하리라"(16:10). 하나님은 이스마엘의 후손이 번성할 것이라고 약속하셨습니다. 실제로 이스마엘의 후손은 매우 번성했습니다. "이들은 이스마엘의 아들들이요 그 촌과 부락대로 된 이름이며 그 족속대로는 열두 지도자들이었더라"(25:16). 그리고 그들은 여러 부족의 지도자가 되었습니다.

이스마엘과 그의 후손들이 번성하는 동안, 아브라함 언약의 계승자인 이삭은 큰 어려움을 겪고 있었습니다. 40세에 혼인을 하고서 20년 동안 자녀를 갖지 못하다가, 60세가 되었을 때 비로소 자녀를 얻었습니다(26절). 왜 하나님은 이삭에게 20년 동안 자녀를 주지 않으셨을까요? "이삭이 그의 아내가 임신하지 못하므로 그를 위하여 여호와께 간구하매 여호와께서 그의 간구를 들으셨으므로 그의 아내 리브가가 임신하였더니"(21절). 이삭이 기도의 자리로 나오게 하시기 위한 하나님의 섭리였습니다.

우리는 여기서 중요한 사실을 발견하게 됩니다. '일반 은총'과 '특별 은총'에 관한 것입니다. 이스마엘과 이삭 중에 일반 은총을 더 많이 받은 사람은 누구일까요? 이스마엘입니다. 이삭은 두 명의 아들밖에 가지지 못했지만, 이스마엘은 열두 명의 아들을 가졌습니다. 이삭의 자녀들은 부족의 지도자가 되지 못했지만, 이스마엘의 아들들은 부족의 지도자가 되었습니다.

하지만 이스마엘이 가지지 못한 것이 있는데, 그것은 바로 '특별 은총'입니다. 특별 은총이란 구원의 은혜, 즉 하나님의 백성이 되고 하나님의 자녀가 되는 것을 말합니다. 이스마엘은 이삭보다 성공은 했을지 몰라도, 이삭처럼 하나님의 백성이 되지는 못했습니다. 반면 이삭은 이스마엘보다 일반 은총은 부족했을지 몰라도, 특별 은총은 풍성하게 누렸습니다.

하나님은 이삭으로 하여금 어떤 방식으로 특별 은총을 경험하게 하셨을까요? 고난을 통해서입니다. 예를 들어, 이삭이 기도의 자리로 나아가게 된 이유가 무엇이었습니까? 20년 동안 자녀를 얻지 못해서 기도의 자리로 나아가게 되었습니다. 이스마엘은 부유함 때문에 하나님과 점점 더 멀어졌지만, 이삭은 부족함 때문에 하나님과 점점 더 가까워졌습니다.

자격이 아닌 은혜로

이삭은 기도의 응답으로 두 명의 아들을 얻었습니다. 그런데 두 아들은 태에서부터 심히게 씨웠습니다. "그 아들들이 그의 태 속에서 서로 싸우는지라"(22절). 태아들의 싸움은 특별한 사건입니다. 리브가는 이것이 하나님의 섭리임을 알았습니다. 그래서 리브가는 하나님께 물었습니다. 하나님은 다음과 같이 대답해 주셨습니다. "두 국민이 네 태중에 있구나 두 민족이 네 복중에서부터 나누이리라 이 족속이 저 족속보다 강하겠고 큰 자가 어린 자를 섬기리라"(23절). 하나님은 첫째 아들이 아니라, 둘째 아들이 언약의 계승자가 될 거라고 하셨습니다.

사실 고대에는 첫째 아들이 가문의 계승자였습니다. 이삭의 두 아들 가운데 첫째 아들이 가문의 계승자가 되는 것은 당연한 이치였습니다. 그런데 하나님은 첫째 아들이 아니라, 둘째 아들이 가문의 계승자가 될 거라고 하셨습니다. 사도 바울은 이것을 두고서 다음과 같이 말했습니다.

> 그 자식들이 아직 나지도 아니하고 무슨 선이나 악을 행하지 아니한 때에 택하심을 따라 되는 하나님의 뜻이 행위로 말미암지 않고 오직 부르시는 이로 말미암아 서게 하려 하사 _롬 9:11

사도 바울은 이 사건을 가리켜 구원이 하나님의 택하심에 달려 있음을 보여 주는 사건이라고 말했습니다. 따라서 둘째인 야곱이 가문의 계승자가 되고 하나님의 백성이 된 것은, 야곱이 더 나은 사람이라서가 아니라 하나님께서 그를 택하셨기 때문입니다. 그렇다면 에서가 가문의 계승자가 되지 못하고, 하나님의 백성이 되지 못한 경위(經緯)는 무엇일까요? 성경은 다음과 같이 설명합니다. "야곱이 떡과 팥죽을 에서에게 주매 에서가 먹으며 마시고 일어나 갔으니 에서가 장자의 명분을 가볍게 여김이었더라"(창 25:34). 에서는 팥죽과 장자권을 바꾸었습니다. 그만큼 에서가 장자권을 가볍게 여겼다는 뜻입니다.

아브라함의 후손들이 장자권을 얻는다는 것은 아브라함 언약의 계승자가 된다는 뜻입니다. 하나님께서 아브라함에게 주신 사명을 이어받는다는 뜻입니다. 따라서 에서는 아브라함 언약을 중요하게 생각하지 않는 사람이며, 하나님의 사명을 중요하게 여기지 않는 사람이었습니다. 가문의 상속자, 아브라함 언약의 계승자가 되어 하나님의 사명을 완수하는 것을 팥죽 한 그릇보다 못하게 여긴 사람이었습니다.

우리는 다음과 같이 정리할 수 있습니다. 아무 자격 없는 야곱이 하나님의 백성 된 이유는 하나님께서 그를 택하셨기 때문입니다. 반대로 능력 있고 자격 있는 에서가 하나님의 백성 되지 못한 이유는 에서가 스스로 하나님을 멀리했기 때문입니다. 다시 말해서, 야곱이 구원받은 것은 하나님의 은혜 때문입니다. 그러나 에서가 구원받지 못한 것은 그의 불순종 때문입니다.

창세기 25장의 교훈

따라서 하나님께서 창세기 25장을 통해 우리에게 교훈하시는 바는 다음과 같습니다.

첫째, 하나님은 반드시 약속을 성취하십니다. 이스마엘의 후손들이 번성한 이유는 하나님의 약속 때문입니다. 하나님은 이스마엘의 후손들을 번성하게 하시겠다고 약속하셨습니다. 그리고 그 약속을 성취하셨습니다. 그 결과 이스마엘의 아들들은 열두 종족의 지도자가 되었습니다. 성경은 하나님의 약속으로 가득합니다. 우리는 성경을 묵상하면서 하나님의 약속을 발견해야 합니다. 그리고 그 약속을 붙들어야 합니다. 그 약속이 이루어질 것을 소망해야 합니다. 우리는 다른 데서 기쁨과 즐거움을 누릴 것이 아니라, 하나님의 약속에 소망을 두고서 그 소망 안에서 기쁨과 즐거움을 누려야 합니다.

둘째, 하나님은 고난을 통해서 우리를 자기에게로 부르십니다. 이삭은 무슨 이유로 기도의 자리로 나아가게 되었습니까? 오랫동안 자녀를 가지지 못했기 때문에 기도의 자리로 나아가게 되었습니다. 이처럼 하나님은 고난을 통해서 우리를 자기에게로 부르십니다. 우리도 이삭처럼 여러 가지 어려움을 겪습니다. 그것은 우리를 부르시는 하나님의 신호입니다. 만약 혼자 힘으로 해결할 수 없는 문제가 있다면, 여러분을 힘들게 하는 아픔이 있다면, 하나님 앞으로 나아가기를 바랍니다. 시간을 정해서 기도하길 바랍니다.

셋째, 일반 은총보다 특별 은총이 더 중요합니다. 이스마엘은 일반 은총을 많이 받았습니다. 하지만 특별 은총은 받지 못했습니다. 반대로 이삭은 일반 은총은 많이 누리지 못했지만, 특별 은총을 소유했습니다. 성경은 하나님의 백성들을 '가난한 사람'이라고 부르는 경우가 많습니다. "너희가 가난한 자의 계획을 부끄럽게 하나 오직 여호와는 그의 피난처가 되시도다"(시 14:6). "심령이 가난한 자는 복이 있나니 천국이 그들의 것임이요"(마 5:3). 그 이유는 하나님의 백성에게 필수적인 것은 일반 은총이 아니라 특별 은총이기 때문입니다.

물론 우리에게도 일반 은총이 필요합니다. 하지만 일반 은총은 특별 은총을 받는 데 방해가 되는 경우가 많습니다. 그래서 하나님은 특별 은총을 더 많이 주시기 위해, 일반 은총을 조금만 주시기도 합니다. 이삭이 대표적인 사례입니다. 이스마엘이 열두 아들을 낳는 동안에 이삭은 단 두 명의 아들만 낳았고, 이스마엘의 아들들이 여러 부족의 지도자가 되는 동안 이삭의 두 아들은 평범한 삶을 살았습니다.

성경이 말하듯이 우리는 '가난한 사람'입니다. 우리는 힘과 권세를 가진 세상 사람들과 비교할 때, 정말 가난한 사람입니다. 하지만 그것 때문에 우리는 특별 은혜를 더 많이 누릴 수 있습니다. 이삭이 고난을 통해서 기도의 자리로 나아갔던 것처럼, 우리에게 일반 은총이 부족한 것은 우리에게 특별 은총을 더 많이 부어 주시려는 하나님의 섭리입니다.

결론

우리에게 하나님의 백성이 될 자격이 있습니까? 없습니다. 우리에게 하나님의 자녀가 될 자격이 있습니까? 없습니다. 우리에게 구원받을 자격이 있습니까? 없습니다. 그런데 어떻게 우리가 하나님의 백성이 되고, 하나님의 자녀가 되고, 구원받은 신자가 되었습니까?

택하심을 따라 되는 하나님의 뜻이 행위로 말미암지 않고 오직 부르시는 이로 말미암아 서게 하려 하사 _롬 9:11

우리가 하나님의 백성 된 이유, 우리가 하나님의 자녀 된 이유, 우리가 구원받은 신자 된 이유는 단 하나입니다. 하나님께서 우리를 택하셨기 때문입니다. 여기서 주목할 것은 하나님께서 우리를 택하신 시기입니다. 하나님은 언제 우리를 택하셨습니까?

그 자식들이 아직 나지도 아니하고 무슨 선이나 악을 행하지 아니한 때 _롬 9:11

하나님은 우리가 아직 태어나지도 않았을 때 우리를 택하셨습니다. 따라서 하나님께서 우리를 구원하신 것은 우리를 구원하기로 정하셨기 때문이고, 하나님께서 우리를 사랑하시는 것은 우리를 사랑하기로 정하셨기 때문입니다. 그래서 우리의 구원은 흔들리지 않고, 하나님의 사랑은 변하지 않습니다. 우리는 구원받을 만해서 구원받은 것이 아니고, 사랑받을 만해서 사랑받는 것이 아닙니다. 우리를 택하신 은혜, 우리를 사랑하기로 하신 은혜 때문입니다.

여러분, 이삭에게 일반 은총이 부족했던 것처럼, 우리도 일반 은총이 부족할 수 있습니다. 하지만 우리에게는 특별 은총이 있습니다. 구원받은 자로 선택된 은혜, 사랑받는 자로 선택된 은혜가 있습니다. 하나님께서 우리에게 주신 특별한 은혜를 생각하며, 문제와 어려움으로 가득한 삶일지라도 감사하고 찬양하며 살기를 바랍니다.

● 되새겨 보기

1. 왜 아브라함은 이삭과 나머지 자녀들을 분리했습니까?

2. 왜 성경은 이스마엘의 족보를 먼저 설명합니까?

3. 왜 하나님은 20년 동안 이삭에게 자녀를 주지 않으셨습니까?

4. 이삭과 이스마엘 가운데 일반 은총을 더 많이 받은 사람은 누구입니까?

5. 이스마엘에게 없었던 것은 무엇입니까?

6. 야곱이 하나님의 백성 된 이유, 에서가 하나님의 백성 되지 못한 이유는 무엇입니까?

● 생각해 보기

1. 여러분은 하나님의 약속들에 소망을 두고 있습니까?

2. 고난 때문에 하나님께 가까이 나아간 적 있습니까?

3. 일반 은총보다 특별 은총이 더 소중한 이유는 무엇입니까?

27 네게 지시하는 땅에 거주하라

창 26:1-35

생존의 문제 앞에서

하나님은 아브라함과 그의 후손들에게 가나안 땅을 약속하셨습니다. 사실 가나안은 농사에 적합한 땅이 아닙니다. 나일강이 있는 애굽이나 티그리스강과 유프라테스강이 있는 메소포타미아 지방과 비교하면 매우 척박한 지역입니다. 그래서 아브라함과 이삭은 농사에 어려움을 겪었습니다. "아브라함 때에 첫 흉년이 들었더니 그 땅에 또 흉년이 들매 이삭이 그랄로 가서 블레셋 왕 아비멜렉에게 이르렀더니"(창 26:1).

흉년이 찾아왔을 때 이삭은 어떤 생각을 했을까요? 살기 좋은 애굽으로 이주해야겠다는 생각을 했을 것입니다. 하지만 그것은 하나님의 뜻을 어기는 행동이었습니다. 하나님께서 주신 땅은 애굽이 아니라 가나안이었기 때문입니다. 그래서 하나님은 다음과 같이 말씀하셨습니다. "애굽으로 내려가지 말고 내가 네게 지시하는 땅에 거주하라"(2절).

하나님께서 애굽으로 가지 말고 가나안에 거주하라고 말씀하신 이유는 무엇일까요? 애굽으로 간다는 것은 곧, 어려움에서 벗어나기 위해 하나님의 뜻을 어기는 것을 의미합니다. 반대로 가나안에 거주한다는 것은 하나님의 뜻에 순종하기 위해 어려움을 견디는 것을 의미합니다. 따라서 하나님께서 이삭에게 하신 말씀의 핵심은, 힘들고 어려울지라도 하나님의 뜻에 계속해서 순종하라는 것입니다.

하나님은 이삭에게 무작정 견디라고만 하지 않으셨습니다. 하나님은 견뎌야 하는 이유를 말씀해 주셨습니다. "이 땅에 거류하면 내가 너와 함께 있어 네게 복을 주고 내가 이 모든 땅을 너와 네 자손에게 주리라 내가 네 아버지 아브라함에게 맹세한 것을 이루어"(3절). 하나님은 이삭에게 세 가지를 약속하셨습니다. 첫째, 내가 너와 함께 있겠다. 둘째, 내가 너에게 복을 주겠다. 셋째, 아브라함에게 약속한 것을 이루어 주겠다.

이삭은 하나님의 약속을 믿었습니다. 이삭은 애굽으로 떠나지 않고 가나안에 거주했습니다. 그러자 이삭에게 다음과 같은 일이 일어났습니다. 첫째, 이방의 왕이 이삭을 보호해 주었습니다. "아비멜렉이 이에 모든 백성에게 명하여 이르되 이 사람이나 그의 아내를 범하는 자는 죽이리라 하였더라"(11절). 둘째, 가나안에서 많은 수확을 얻었습니다. "이삭이 그 땅에서 농사하여 그해에 백 배나 얻었고"(12절).

고달픈 상황 가운데서

하지만 이삭이 가나안에 계속 거주하는 것은 쉬운 일이 아니었습니다. 여전히 이삭은 가나안의 나그네였습니다. 가나안에는 이삭을 보호해 줄 가족과 친척이 없었습니다. 그래서 이삭은 다음과 같은 어려움을 겪었습니다. 첫째, 블레셋 사람들은 이삭을 시기했습니다. "양과 소가 떼를 이루고 종이 심히 많으므로 블레셋 사람이 그를 시기하여"(14절). 둘째, 블레셋 사람들은 이삭의 재산에 큰 피해를 주었습니다. "그 아버지 아브라함 때에 그 아버지의 종들이 판 모든 우물을 막고 흙으로 메웠더라"(15절). 셋째, 블레셋 사람들은 이삭을 추방했습니다. "아비멜렉이 이삭에게 이르되 네가 우리보다 크게 강성한즉 우리를 떠나라"(16절).

이삭은 가나안 사람들의 시기를 받았고, 중요한 재산인 우물을 빼앗겼으며, 원래 거주하던 곳에서 추방을 당했습니다. 이쯤 되면 이삭은 어떤 생각을 하기 쉬웠을까요? "에이, 가나안에서 도저히 못 살겠다. 살기 좋은 애굽이나 친척이 있는 갈대아 우르로 가야겠다." 아마도 이런 생각을 하기 쉬웠을 겁니다. 하지만 이삭은 가나안을 떠나지 않았습니다. 하나님께 순종하기 위해 가나안에 계속 남는 것을 선택했습니다. "이삭이 그곳을 떠나 그랄 골짜기에 장막을 치고 거기 거류하며"(17절). 이삭은 블레셋 사람들의 핍박을 피해서 그랄로 옮겼습니다. 그곳에서 우물을 팠습니다. 그러자 이번에는 그랄 사람들이 이삭의 재산을 약탈했습니다. "그랄 목자들이 이삭의 목자와 다투어 이르되 이 물은 우리의 것이라 하매 이삭이 그

다툼으로 말미암아 그 우물 이름을 에섹이라 하였으며"(20절).

이삭이 이번에는 어떻게 했을까요? 가나안을 떠났을까요? 이삭은 여전히 가나안에 남는 것을 선택했습니다. 그러자 다음과 같은 일이 일어났습니다. 첫째, 하나님께서 이삭을 찾아오셨습니다. "그 밤에 여호와께서 그에게 나타나 이르시되 나는 네 아버지 아브라함의 하나님이니 두려워하지 말라 내 종 아브라함을 위하여 내가 너와 함께 있어 네게 복을 주어 네 자손이 번성하게 하리라 하신지라"(24절). 하나님은 친히 이삭을 격려하시고 위로해 주셨습니다. 둘째, 블레셋 왕이 이삭을 찾아왔습니다. "아비멜렉이 그 친구 아훗삿과 군대 장관 비골과 더불어 그랄에서부터 이삭에게로 온지라"(26절).

왜 블레셋 왕이 이삭을 찾아왔을까요? 그 이유는 다음과 같습니다. "그들이 이르되 여호와께서 너와 함께 계심을 우리가 분명히 보았으므로 우리의 사이 곧 우리와 너 사이에 맹세하여 너와 계약을 맺으리라 말하였노라"(28절). 가나안 사람들은 이삭을 핍박했지만, 이삭은 망하지 않았습니다. 가는 곳마다 우물을 얻었고, 많은 곡식을 수확했습니다. 그 결과 가나안 사람들은 한 가지 사실을 알게 되었습니다. 이삭은 하나님께서 함께하시는 사람이라는 사실입니다. 그래서 블레셋 왕이 나그네에 불과한 이삭과 평화 조약을 맺었던 것입니다.

창세기 26장의 교훈

따라서 하나님께서 창세기 26장을 통해 우리에게 교훈하시는 바는 다음과 같습니다.

첫째, 세상은 우리에게 하나님의 뜻을 어기라고 유혹합니다. 이삭은 가나안에서 흉년을 겪었고, 시기와 질투를 받았습니다. 중요한 재산인 우물도 빼앗겼습니다. 모두 세상의 유혹이었습니다. 하나님의 뜻에 순종한답시고 가나안에 머물지 말고, 보다 나은 성공적인 삶을 좇아 다른 지역으로 떠나라는 유혹이었습니다. 우리도 마찬가지입니다. 세상은 우리를 유혹합니다. 하나님의 뜻을 어기면 더 편한 삶, 더 성공적인 삶을 살 수 있다고 유혹합니다. 하지만 세상의 유혹에 넘어가는 순간, 우리는 비참한 일을 겪게 됩니다. "여러 가지 고운 말로 유혹하며 입술의 호리는 말로 꾀므로 젊은 이가 곧 그를 따랐으니 소가 도수장으로 가는 것 같고 미련한 자가 벌을 받으려고 쇠사슬에 매이러 가는 것과 같도다"(잠 7:21-22). 세상은 우리를 고운 말로 유혹합니다. 그 유혹의 끝은 소가 도축장으로 가는 것과 같은 비참한 죽음입니다.

둘째, 하나님은 유혹을 견디고 순종하는 자들에게 복을 주십니다. 블레셋 왕은 이삭을 보호해 주었습니다. 하나님께서 이삭에게 복 주셨기 때문입니다. 이삭은 척박한 땅에서 많은 곡식을 수확했습니다. 하나님께서 이삭에게 복을 주셨기 때문입니다. 이삭은 메마른 땅에서 계속해서 우물을 얻었습니다. 하나님께서 이삭에게 복을 주셨기 때문입니다. 블레셋 왕은 이삭과 평화 조약을 맺었습니다. 하나님께서 이삭에게 복을 주셨기 때문입니다. 이처럼 하나님의 백성들은 고난을 견디기만 하는 것이 아닙니다. 하나님은 자기 백성들이 고난을 견딜 수 있도록 복을 주십니다.

셋째, 하나님은 순종하는 자들을 통해서 일하십니다. 가나안 사람들은 이삭을 통해 하나님을 보았습니다. 가나안 사람들은 하나님께서 이삭과 함께하시는 것을 보았습니다. 이삭이 하나님의 일꾼으로 쓰임받을 수 있었던 것은 이삭이 하나님께 순종했기 때문입니다. 애굽으로 가지 말고 가나안에 거주하라는 말씀에 순종함으로써, 이삭은 하나님을 전하는 통로가 될 수 있었습니다.

우리는 모두 하나님께 쓰임받기를 원합니다. 그런데 하나님은 어떤 사람을 쓰실까요? 하나님은 순종하는 자들을 쓰시고, 그들을 통해서 일하십니다. 하나님은 학벌 좋은 자들, 부유한 자들, 힘과 권세를 가진 자들이 아니라, 순종하는 자들을 통해서 일하십니다. 우리가 최선을 다해 하나님께 순종하면, 하나님은 우리를 사용하실 것입니다. 우리를 통해서 일하실 것입니다. 우리는 하나님의 영광을 드러내는 통로가 될 것입니다.

결론

세상이 이삭을 유혹한 것처럼, 세상은 우리를 유혹합니다.

> 근신하라 깨어라 너희 대적 마귀가 우는 사자같이 두루 다니며 삼킬 자를 찾나니
> _벧전 5:8

굶주린 사자가 먹이를 얻기 위해 최선을 다하듯이, 사탄은 우리를 유혹하기 위해 최선을 다합니다. 그래서 우리는 자주 유혹에 넘어가고, 자주 죄를 짓습니다. 그럼에도 불구하고 우리의 구원은 흔들리지 않습니다. 우리가 받아야 할 형벌을 예수님께서 대신 받으셨기 때문입니다. 그래서 성경은 다음과 같이 말합니다.

그리스도 예수 안에 있는 자에게는 결코 정죄함이 없나니 _롬 8:1

바로 이것이 우리가 받은 은혜입니다. 우리는 흔들리지 않는 구원을 선물로 받았습니다. 우리는 예수님의 대속의 죽음을 선물로 받았습니다. 우리는 결코 정죄받지 않는 복을 선물로 받았습니다. 이 은혜를 생각할 때, 우리는 하나님께 순종할 힘을 얻습니다. 하나님께 순종할 때, 하나님의 복이 임합니다. 부디 순종하는 자에게 주시는 하나님의 복이 여러분의 삶에 가득하기를 바랍니다.

● 되새겨 보기

1. 흉년이 찾아왔을 때 하나님께서 이삭에게 하신 말씀은 무엇입니까?

2. 하나님께서 말씀하신 이삭이 흉년을 견뎌야 하는 이유 세 가지는 무엇입니까?

   ①

   ②

   ③

3. 이삭이 애굽으로 가지 않고 가나안에 머물자 어떤 일이 일어났습니까?

   ①

   ②

4. 이삭은 우물을 빼앗기고 나서도 가나안에 머물렀습니다. 그러자 어떤 일이 일어났습니까?

   ①

   ②

5. 블레셋 왕이 이삭을 찾아온 이유는 무엇입니까?

● 생각해 보기

1. 여러분은 유혹에 넘어가면 비참한 인생을 살게 된다는 것을 믿습니까?

2. 하나님께서 고난을 견디는 자들에게 복 주신다는 사실을 믿습니까?

3. 하나님께서 순종하는 자들을 통해 일하신다는 사실을 믿습니까?

28. 네 아우가 와서 속여 네 복을 빼앗았도다

창 27:1-46

하나님의 뜻은 하나님의 방법대로

이삭은 눈이 잘 보이지 않을 정도로 건강이 나빠졌습니다. "이삭이 나이가 많아 눈이 어두워 잘 보지 못하더니"(창 27:1). 그래서 이삭은 자신이 죽을 때가 가까워졌다고 여기며, 가문의 후계자를 결정해야겠다고 생각했습니다. 이삭은 에서와 야곱 중에 누구를 가문의 후계자로 선택해야 했을까요? 야곱을 가문의 후계자로 선택해야 했습니다. 하나님께서 야곱을 가문의 후계자로 결정하셨기 때문입니다. "큰 자가 어린 자를 섬기리라"(25:23). 하나님은 큰 자인 에서가 아니라, 어린 자인 야곱이 가문의 후계자가 되어야 한다고 하셨습니다.

그런데 이삭은 야곱보다 에서를 더 좋아했습니다. "이삭은 에서가 사냥한 고기를 좋아하므로 그를 사랑하고"(25:28). 그래서 이삭은 에서에게 다음과 같이 말했습니다. "내가 즐기는 별미를 만들어 내게로 가져와서 먹게 하여 내가 죽기 전에 내 마음껏 네게 축복하게 하라"(27:4). 이삭은 야곱이 아니라 에서를 축복하고, 야곱이 아니라 에서를 가문의 후계자로 삼으려고 했습니다. 이 장면을 지켜본 사람이 있었습니다. 이삭의 아내 리브가입니다. 리브가는 이삭의 선택이 잘못되었다는 것을 알았습니다. 하나님은 에서가 아니라 야곱을 후계자로 지명하셨기 때문입니다.

리브가는 이제 어떤 행동을 해야 했을까요? 먼저 이삭에게 하나님의 뜻을 상기시켜야 했습니다. 하나님의 뜻은 에서가 아니라 야곱에게 있다는 사실을 남편 이삭에게 깨우쳐 주어야 했습니다. 만약 이삭이 리브가의 말을 듣지 않는다면, 그때는 모든 것을 하나님께 맡기고서 잠잠히 기도하며 기다려야 했습니다. 하지만 리브가는 이삭에게 하나님의 뜻을 상기시켜 주지 않았습니다.

리브가는 하나님께 기도하지도 않았습니다. 대신 리브가는 속임수를 사용했습니다. 리브가는 야곱을 에서처럼 변장시키고, 자신이 만든 음식을 에서가 사냥한 음식이라고 거짓말하게 했습니다. "리브가가 집 안 자기에게 있는 그의 맏아들 에서의 좋은 의복을 가져다가 그의 작은 아들 야곱에게 입히고 또 염소 새끼의 가죽을 그의 손과 목의 매끈매끈한 곳에 입히고 자기가 만든 별미와 떡을 자기 아들 야곱의 손에 주니"(15-17절).

야곱은 이때 어떻게 행동해야 했을까요? 야곱은 어머니의 말일지라도 따라서는 안 되었습니다. 목적은 바를지라도, 방법이 잘못되었기 때문입니다. 하지만 야곱은 어머니의 말에 순종했습니다. 어머니의 계략대로 아버지에게 거짓말을 했습니다. "야곱이 아버지에게 대답하되 나는 아버지의 맏아들 에서로소이다 아버지께서 내게 명하신 대로 내가 하였사오니 원하건대 일어나 앉아서 내가 사냥한 고기를 잡수시고 아버지 마음껏 내게 축복하소서"(19절).

심지어 야곱은 아버지를 속이기 위해 하나님의 이름까지 사용했습니다. "아버지의 하나님 여호와께서 나로 순조롭게 만나게 하셨음이니이다"(20절). 자신의 목적을 이루기 위해 하나님의 이름을 함부로 사용하는 것은 하나님을 모독하는 것입니다. 하지만 야곱은 목적을 이루는 것이 중요했습니다. 그 목적을 이루기 위해 수단과 방법을 가리지 않았습니다.

목적이 선해도 방법이 선하지 않으면

결국 리브가와 야곱은 목적을 달성했습니다. 야곱은 이삭에게 장자의 축복을 받았습니다. 야곱은 공식적으로 가문의 후계자가 되었습니다. 그렇다면 두 사람은 목적을 달성한 이후 평화롭게 행복한 삶을 살았을까요? 그렇지 않습니다. 오늘 본문에 등장하는 네 명의 인물, 이삭과 리브가, 에서와 야곱 중에서 행복하게 된 사람은 아무도 없습니다. 네 사람 모두 괴로움을 겪게 됩니다.

먼저 이삭을 보겠습니다. "이삭이 심히 크게 떨며 이르되 그러면 사냥한 고기를 내게 가져온 자가 누구냐 네가 오기 전에 내가 다 먹고 그를 위하여 축복하였은즉 그가 반드시 복을 받을 것이니라"(33절). 이삭은 자신이 에서를 축복하지 못한 것 때문에 크게 괴로워했습니다. 그리고 이후, 하나님의 뜻보다 자기 뜻을 더 중시해서 괴로움을 겪었습니다.

다음으로 에서를 봅시다. "에서가 그의 아버지의 말을 듣고 소리 내어 울며 아버지에게 이르되 내 아버지여 내게 축복하소서 내게도 그리하소서"(34절). 에서는 가문의 후계자가 되지 못한 것 때문에 괴로워했습니다. 그리고 이후, 아버지와 마찬가지로 하나님의 뜻보다 자기 뜻을 더 중시해서 괴로움을 겪었습니다.

다음으로 야곱을 봅시다. "그의 아버지가 야곱에게 축복한 그 축복으로 말미암아 에서가 야곱을 미워하여 심중에 이르기를 아버지를 곡할 때가 가까웠은즉 내가 내 아우 야곱을 죽이리라 하였더니"(41절). 야곱에게서 속았음을 알게 된 에서는 야곱을 죽이려 했습니다. 야곱은 잘못된 방법을 사용한 것 때문에 괴로움을 겪었습니다.

마지막으로 리브가를 보겠습니다. "내 아들아 내 말을 따라 일어나 하란으로 가서 내 오라버니 라반에게로 피신하여 네 형의 노가 풀리기까지 몇 날 동안 그와 함께 거주하라"(43-44절). 리브가는 야곱을 고향으로 피신시켰습니다. 에서가 야곱을 죽일지도 모른다고 생각했기 때문입니다. 그리고 이후, 리브가도 야곱과 마찬가지로 잘못된 방법을 사용한 것 때문에 괴로움을 겪었습니다.

창세기 27장의 교훈

따라서 하나님께서 창세기 27장을 통해 우리에게 교훈하시는 바는 다음과 같습니다.

첫째, 하나님의 뜻은 하나님의 방법대로 이루어야 합니다. 리브가는 하나님의 뜻을 알았습니다. 리브가는 에서가 아니라 야곱이 하나님의 뜻이라는 것을 알았습니다. 하지만 리브가는 잘못된 방법을 사용했습니다. 리브가는 목적이 선하다면, 수단과 방법 또한 선해야 한다는 것을 몰랐습니다. 예전에 교회당 건축 과정에서 불법 건축을 하는 교회를 보았습니다. 그 교회의 지도자들은 목적이 선하기 때문에, 불법을 사용해도 된다고 성도들을 설득했습니다. 이중장부를 사용하는 교회도 보았습니다. 그 교회의 목회자는 선교비로 사용할 것이기 때문에 이중장부를 만들어도 된다고 주장했습니다. 이것들은 모두 잘못된 주장입니다. 하나님의 뜻은 하나님의 방법대로 이루어야 합니다. 목적이 선하다면, 방법 또한 선해야 합니다.

둘째, 하나님의 뜻이라면, 하나님께서 이루십니다. 오늘 본문에 등장하는 사람 중에서 자기 뜻을 이룬 사람은 아무도 없습니다. 이삭과 리브가도, 에서와 야곱도 목표한 것을 이루지 못했습니다. 하지만 하나님은 자기 뜻을 이루셨습니다. 결국에는 하나님의 뜻대로 야곱이 장자의 축복을 받았습니다. 이처럼 하나님은 반드시 자기 뜻을 이루십니다. 그러므로 리브가가 거짓말을 하지 않았어도 야곱은 가문의 후계자가 되었을 것입니다.

셋째, 불법적인 방법은 비참한 결과를 가져옵니다. 리브가는 선한 목적을 이루기 위해 불법적인 방법을 사용했습니다. 그 결과는 비참했습니다. 리브가는 사랑하는 아들과 헤어져야 했습니다. 에서를 피해서 삼촌 집으로 떠난 야곱은 20년 동안이나 고향으로 돌아오지 못했습니다. 20년 후 야곱이 고향으로 돌아왔을 때, 리브가는 이미 세상을 떠나 있었습니다. 리브가는 불법적인 방법을 사용함으로써 사랑하는 아들과 헤어지고 다시는 만나지 못했습니다. 바로 이것이 불법적인 방법을 사용한 결과입니다. 그러므로 우리는 하나님의 뜻을 이룬다는 명목으로 불법을 행해서는 안 됩니다.

결론

리브가는 자기 힘으로 문제를 해결해야 한다고 생각했습니다. 그래서 하나님의 도움을 구하지 않고 불법적인 방법을 사용했습니다. 리브가는 결코 혼자가 아니었습니다. 하나님이 계셨습니다. 만약 리브가가 하나님의 도움을 구했다면, 하나님은 리브가를 도와주셨을 겁니다.

우리도 마찬가지입니다. 우리는 세상에 홀로 남겨진 고아가 아닙니다. 우리는 하나님의 자녀입니다. 우리가 하나님의 도움을 구하면, 하나님은 우리를 도와주십니다. 우리는 구원받은 신자일 뿐만 아니라, 하나님의 자녀이기 때문입니다. 세상은 자기 힘으로 해결할 수 없는 문제를 만나면 좌절하고 절망합니다. 하지만 우리는 좌절하거나 절망하지 않습니다. 우리에게는 하늘 아버지가 계시기 때문입니다.

여러분, 우리는 많은 문제를 겪으며 살아갑니다. 그때마다 여러분이 혼자가 아니라는 사실을 기억하기 바랍니다. 하나님께 손을 내밀면, 하나님은 절대로 그 손을 뿌리치지 않으십니다. 슬픔과 괴로움이 가득한 세상이지만, 하나님의 손을 잡고 당당하게 걸어가는 여러분이 되기를 바랍니다.

● 되새겨 보기

1. 이삭은 누구를 가문의 후계자로 선택해야 했습니까?

2. 이삭은 에서와 야곱 중에 누구를 더 좋아했고, 누구를 가문의 후계자로 삼으려 했습니까?

3. 리브가는 야곱을 가문의 후계자로 삼기 위해서 어떤 행동을 했습니까?

4. 왜 야곱은 어머니의 말을 따라서는 안 되었습니까?

5. 리브가와 야곱은 목적을 달성한 후에 행복해졌습니까?

● 생각해 보기

1. 여러분은 하나님의 뜻을 하나님의 방법대로 이루려고 합니까?

2. 하나님의 뜻이라면, 하나님께서 이루실 것을 믿습니까?

3. 불법적인 방법은 비참한 결과를 가져올 것이라고 믿습니까?

29 네가 어디로 가든지 너를 지키며
창 28:1-22

도망치는 인생

하나님은 야곱을 가문의 후계자로 세우셨습니다. 하지만 에서는 그렇게 생각하지 않았습니다. 에서는 야곱이 자신을 속였고, 후계자의 자리를 가로챘다고 생각했습니다. 그래서 에서는 야곱을 죽이려 했고, 야곱은 삼촌 집으로 피신해야 했습니다.

수천 년 전, 제대로 된 길이나 숙박 시설이 있었을까요? 야곱은 정처 없이 길을 걷다가, 해가 지자 그 자리에 누워서 잠을 청했습니다. 그때 야곱의 마음은 어떠했을까요? 평생을 살아온 고향과 사랑하는 가족을 떠나온 야곱의 마음, 정확히 어디에 있는지도 모르는 삼촌을 찾아서 정처 없이 걷고 있는 야곱의 마음은 어떠했을까요? 아마 그 순간이 야곱의 인생에서 가장 외롭고 힘든 순간이었을 것입니다.

바로 그때 하나님께서 찾아오셨습니다. 하나님은 중요한 의미를 가진 환상을 야곱에게 보여 주셨습니다. "꿈에 본즉 사닥다리가 땅 위에 서 있는데 그 꼭대기가 하늘에 닿았고 또 본즉 하나님의 사자들이 그 위에서 오르락내리락하고"(창 28:12). 하나님은 야곱에게 사다리 환상을 보여 주셨습니다. 야곱은 하늘까지 이어진 사다리를 보았고, 그 사다리로 천사들이 오가는 모습을 보았습니다. 왜 하나님은 야곱에게 사다리와 천사들을 보여 주셨을까요?

먼저 사다리의 의미를 생각해 봅시다. 사다리는 위아래 떨어진 곳을 '연결하는 도구'입니다. 따라서 땅에서 하늘까지 이어진 사다리는 야곱과 하나님이 연결되어 있음을 뜻합니다. 그렇다면 천사는 어떤 의미가 있을까요? 천사는 '하나님의 보호'를 상징합니다. 따라서 하늘과 땅을 오가는 천사들은 하나님께서 야곱을 보호하신다는 것을 뜻합니다.

이때 야곱은 힘든 시간을 보내고 있었습니다. 사랑하는 부모님과 헤어졌고, 삼촌을 찾아 길을 헤매야 했습니다. 길을 헤매다가 굶어 죽을 수도 있었고, 짐승의 먹이가 될 가능성도 있었으며, 강도나 도적을 만날 위험도 있었습니다. 야곱은 실로 일생일대의 위기를 겪고 있었습니다. 바로 그때, 하나님께서 야곱을 찾아오셔서 사다리 환상을 보여 주셨습니다. 외로움과 두려움으로 힘들어하는 야곱에게, 하나님과 야곱이 연결되어 있다는 사실과 하나님의 천사들이 야곱을 보호하고 있다는 사실을 알려 주셨습니다.

이어서 하나님은 다음과 같이 말씀하셨습니다. "나는 여호와니 너의 조부 아브라함의 하나님이요 이삭의 하나님이라"(13절). 즉, "내가 아브라함의 하나님이었고 이삭의 하나님이었던 것처럼, 이제는 너의 하나님이다"라는 뜻입니다. 그리고 하나님은 야곱을 아브라함 언약의 계승자로 인정하겠다고 하셨습니다. "네 자손이 땅의 티끌같이 되어"(14절). 여기서 "네 자손이 땅의 티끌같이" 된다는 말은 하나님께서 이전에 아브라함에게 하셨던 말씀입니다. 즉, 하나님께서 야곱을 아브라함 언약의 계승자로 인정하신 것입니다. 그러고는 야곱에게 중요한 약속을 하셨습니다. "내가 너와 함께 있어 네가 어디로 가든지 너를 지키며 너를 이끌어 이 땅으로 돌아오게 할지라 내가 네게 허락한 것을 다 이루기까지 너를 떠나지 아니하리라"(15절).

찾아오시는 하나님

야곱은 여러 가지 두려움을 느끼고 있었습니다. 길을 잃을지도 모른다는 두려움, 강도를 만날지도 모른다는 두려움, 고향과 가족의 품으로 돌아가지 못할 수도 있다는 두려움, 그 밖의 여러 두려움을 느끼고 있었습니다. 그때 하나님은 "너를 이끌어 이 땅으로 돌아오게 할지라"라고 말씀하셨습니다. 이 말씀으로 야곱의 두려움은 모두 해결되었습니다. 이 말씀 안에 야곱의 모든 해결책이 담겨 있었기 때문입니다. 야곱이 고향으로 다시 돌아온다는 것은 하나님께서 야곱의 걸음을 인도하시고, 야곱의 생명을 지키신다는 뜻이기 때문입니다.

이로써 야곱은 중요한 깨달음을 얻었습니다. "여호와께서 과연 여기 계시거늘 내가 알지 못하였도다"(16절). 지금까지 야곱은 하나님께서 자신과 함께하시는 것을 모르고 있었습니다. 하지만 이제는 하나님께서 자신과 함께하신다는 것을 알게 되었습니다. 이 것은 야곱에게 매우 중요한 깨달음이었습니다. 한번 생각해 보십시오. 야곱이 왜 불법적인 방법으로 장자의 축복을 가로챘을까요? 야곱이 왜 형과 아버지를 속였을까요? 하나님께서 도와주지 않으신다고 생각했기 때문입니다. 하나님이 자신과 상관없다고 생각했기 때문입니다. 내 인생은 내 힘으로 살아야 한다고 생각했기 때문입니다.

그런데 하나님께서 찾아오셔서 사다리 환상을 보여 주시고, 천사 환상을 보여 주시고, 너의 하나님이 되겠다고 하시고, 너를 보호하겠다고 하시자, 비로소 야곱은 알게 되었습니다. '하나님은 여기 계시는구나. 하나님은 내 곁에 계시는구나. 하나님은 나를 돕기 위해서, 나를 인도하기 위해서, 바로 여기, 지금 내 곁에 계시는구나' 하고 깨닫게 된 것입니다.

그래서 야곱은 잠에서 깨자마자 하나님을 예배했습니다. "야곱이 아침에 일찍이 일어나 베개로 삼았던 돌을 가져다가 기둥으로 세우고 그 위에 기름을 붓고"(18절). '돌을 기둥으로 세웠다'라는 것은 제단을 만들었다는 뜻입니다. '그 위에 기름을 부었다'라는 것은 기름을 제물로 바쳤다는 뜻입니다. 고대에 기름은 값진 물건이었습니다. 아마 야곱은 자신이 가진 것 중에서 기름이 가장 가치 있는 물건이었기 때문에, 기름을 하나님께 드렸을 것입니다.

그러면서 야곱은 한 가지 맹세를 했습니다. "내기 평안히 아버지 집으로 돌아가게 하시오면 여호와께서 나의 하나님이 되실 것이요"(21절). 이제부터 하나님의 백성으로 살겠다고 다짐한 것입니다.

창세기 28장의 교훈

따라서 하나님께서 창세기 28장을 통해 우리에게 교훈하시는 바는 다음과 같습니다.

첫째, 하나님은 우리의 고통을 외면하지 않으십니다. 야곱은 일생에서 가장 힘든 시간을 겪고 있었습니다. 바로 그때 하나님께서 야곱을 찾아오셨습니다. 하나님은 가장 힘든 시간을 보내는 야곱을 외면하지 않으셨습니다. 우리도 마찬가지입니다. 우리가 힘든 시간을 보내고 있을 때, 하나님은 우리를 외면하지 않으십니다. 야곱을 찾아가신 것처럼, 우리를 찾아오십니다. 그래서 우리에게 가장 힘든 순간은 하나님을 만나기 가장 좋은 순간입니다. 하나님은 특별한 어려움을 겪는 성도에게 특별한 은혜를 베풀어 주십니다.

둘째, 우리 하나님께서 우리 인생을 책임져 주십니다. 하나님은 야곱에게 "나는 너의 하나님이다"라고 하셨습니다. "나는 너의 하나님이기 때문에, 이제부터 너의 인생은 내가 책임질 거란다"라는 뜻입니다. 우리도 마찬가지입니다. 하나님은 우리의 하나님이십니다. 따라서 하나님은 우리의 인생을 책임져 주십니다.

셋째, 우리와 함께하신다는 약속 안에 모든 복이 포함되어 있습니다. 하나님은 야곱에게 약속하셨습니다. 야곱이 고향으로 돌아올 때까지 야곱을 떠나지 않고 야곱과 함께하신다 약속하셨습니다. 우리도 마찬가지입니다. 하나님은 우리와 함께하신다고 약속하셨습니다. 그리고 이 약속 안에는 우리에게 필요한 모든 것이 포함되어 있습니다. 하나님은 우리와 함께하시면서 우리에게 필요한 것을 공급해 주시고, 우리의 생명을 보호해 주실 것입니다.

넷째, 우리는 하나님의 은혜에 예배로 반응해야 합니다. 하나님은 야곱을 찾아오셨습니다. 두려워하는 야곱을 위로하시고 격려해 주셨습니다. 그러자 야곱은 하나님을 예배했습니다. 성경이 야곱의 예배 모습을 기록해 놓은 이유는 그것이 정당하고 올바른 반응이었기 때문입니다. 우리도 마찬가지입니다. 우리는 하나님께로부터 많은 복을 받았습니다. 그러므로 우리는 최선을 다해 하나님을 예배해야 합니다.

다섯째, 우리는 하나님의 은혜에 하나님의 백성이 되는 것으로 반응해야 합니다. 야곱은 예배를 드린 다음에, 하나님의 백성으로 살겠다고 맹세했습니다. 하나님께서 내 인생을 책임져 주시니, 이제부터 하나님께 순종하며 하나님을 영화롭게 하는 삶을 살겠다고 맹세했습니다. 우리도 마찬가지입니다. 하나님께서 우리에게 은혜 주신 것을 믿는다면, 우리는 반드시 하나님의 백성으로 살아야 마땅합니다.

결론

야곱의 일생에 중요한 사건이 두 개 있습니다. 오늘 본문에 기록된 '벧엘'에서 하나님을 만난 사건과 32장에 기록된 '브니엘'에서 하나님을 만난 사건입니다. 벧엘 사건과 브니엘 사건이 중요한 이유는 이 두 가지 사건을 통해 야곱이 변화되었기 때문입니다. 야곱은 하나님을 만났고, 그 결과 변화되었습니다. 따라서 우리는 이런 결론을 내릴 수 있습니다. "하나님은 우리를 변화시키기 위해 우리를 찾아오신다."

우리는 다 변화되기를 원합니다. 우리 자신이 변화되기를 원하고, 우리의 가족이 변화되기를 원합니다. 더 거룩한 사람으로, 더 정직한 사람으로, 더 성실한 사람으로 변화되기를 원합니다. 감사한 것은, 하나님도 그것을 원하신다는 사실입니다. 그러므로 우리는 반드시 변화될 것입니다. 우리가 변화를 소망하고, 변화를 위해 기도하고, 변화를 위해 노력한다면, 반드시 그렇게 될 것입니다. 이러한 은혜가 여러분의 삶에 가득하기를 바랍니다. 더욱 성숙하게 변화되는 열매가 여러분의 삶에 가득하기를 바랍니다.

● 되새겨 보기

1. 사다리 환상이 의미하는 것은 무엇입니까?

2. 두려워하는 야곱에게 하나님께서 약속하신 것은 무엇입니까?

3. 사다리 환상을 통해 야곱이 깨닫게 된 것은 무엇입니까?

4. 왜 야곱은 목적을 이루기 위해 불법을 사용했습니까?

5. 하나님께서 함께하심을 깨닫고, 야곱이 한 반응은 무엇입니까?

● 생각해 보기

1. 여러분은 하나님께서 우리의 고통을 외면하지 않으신다는 사실을 믿습니까?

2. 하나님께서 우리 인생을 책임져 주신다고 믿습니까?

3. 하나님께서 우리와 함께하실 때, 모든 문제가 해결된다고 믿습니까?

30 라반이 야곱의 소식을 듣고 달려와서
창 29:1-35

우리 만남은 우연이 아니야

야곱은 형과 아버지를 속였고, 이를 알고서 분노한 형은 야곱을 죽이려 했습니다. 야곱은 살기 위해 삼촌의 집으로 피신했습니다. 삼촌의 집을 찾아 정처 없이 길을 걷던 중 한 우물을 발견했습니다. "야곱이 길을 떠나 동방 사람의 땅에 이르러 본즉 들에 우물이 있고"(창 29:1-2). 만약 야곱이 우물을 발견하지 못했다면, 그는 갈증으로 죽을 수도 있었습니다. 정처 없이 길을 걷던 야곱이 우물을 발견한 것은 하나님의 은혜였습니다.

이것은 하나님의 약속이 성취된 결과였습니다. 하나님은 앞에서 야곱을 지키고 인도하겠다고 약속하셨습니다. "내가 너와 함께 있어 네가 어디로 가든지 너를 지키며 너를 이끌어 이 땅으로 돌아오게 할지라 내가 네게 허락한 것을 다 이루기까지 너를 떠나지 아니하리라"(28:15). 하나님은 약속을 지키시기 위해 야곱이 우물을 발견하게 하셨습니다.

야곱은 우물가에서 자신의 삼촌을 아는 사람들을 만났습니다. "야곱이 그들에게 이르되 너희가 나홀의 손자 라반을 아느냐 그들이 이르되 아노라"(29:5). 정처 없이 길을 걷다가 우물을 발견한 것도 놀라운 일인데, 삼촌을 아는 사람들을 만난 것은 더 놀라운 일이었습니다. 이것 역시 하나님의 은혜이며, 하나님께서 야곱에게 하신 약속을 지키신 결과였습니다.

야곱이 만난 목자들은 상당히 게으른 사람들이었습니다. 야곱이 양에게 물과 풀을 먹이라고 말했지만, 목자들은 다른 사람이 우물 덮개를 치울 때까지는 아무것도 하지 않겠다고 말했습니다. "그들이 이르되 우리가 그리하지 못하겠노라 떼가 다 모이고 목자들이 우물 아귀에서 돌을 옮겨야 우리가 양에게 물을 먹이느니라"(8절). 목자들은 자신이 해야 할 일을 다른 사람이 대신해 주기를 바랐습니다. 참으로 이기적이고 게으른 사람들이었습니다. 이 사건은 앞으로 야곱이 어떤 일을 겪을지를 미리 보여 주는 사건입니다. 우리는 이 사건을 통해 앞으로 야곱이 어떤 사람들과 살아가게 될지를 알 수 있습니다. 앞으로 야곱은 이기적이고 게으른 사람들 속에서 살아가게 될 것입니다.

바로 그때, 삼촌의 딸 라헬이 우물가로 왔습니다. "야곱이 그들과 말하는 동안에 라헬이 그의 아버지의 양과 함께 오니 그가 그의 양들을 치고 있었기 때문이더라"(9절). 일반적으로 양을 치는 것은 남자들의 일입니다. 그 일을 막내딸 라헬이 하고 있었습니다. 이 상황은 삼촌 라반의 집이 어떤 가정인지를 보여 줍니다. 라반의 가족은 대체로 이기적이고 게으른 사람들이었습니다.

야곱은 달랐습니다. 야곱은 부지런한 사람이었습니다. 야곱은 라헬을 만나자마자 양들에게 물을 먹였습니다. "야곱이 그의 외삼촌 라반의 딸 라헬과 그의 외삼촌의 양을 보고 나아가 우물 아귀에서 돌을 옮기고 외삼촌 라반의 양 떼에게 물을 먹이고"(10절). 지금까지 야곱은 크게 세 가지 일을 겪었습니다. 물을 먹을 수 있는 우물을 찾았고, 삼촌을 알고 있는 목자들을 만났으며, 삼촌의 딸 라헬을 만났습니다. 정처 없이 길을 걷던 야곱에게 이러한 일이 일어난 것은, 하나님의 은혜가 아니고서는 설명할 수 없습니다.

무의미한 만남이나 시간은 없다

그런데, 야곱이 그토록 만나기 원했던 삼촌 라반은 매우 교활한 사람이었습니다. 다른 사람을 잘 속이는 사람이었습니다. 라반은 야곱을 만나자 다음과 같이 말했습니다. "라반이 야곱에게 이르되 네가 비록 내 생질이나 어찌 그저 내 일을 하겠느냐 네 품삯을 어떻게 할지 내게 말하라"(15절). 라반은 품삯을 야곱이 정하라고 했습니다. 요즘으로 치면 연봉 협상을 하는 것입니다. 그런데 라반은 야곱의 마음을 잘 알고 있었습니다. 이미 야곱은 라헬과 사랑에 빠졌습니다. 라반은 그것을 알고서 질문했던 것입니다. 삼촌의 예상대로 야곱은 다음과 같이 대답했습니다. "야곱이 라헬을 더 사랑하므로 대답하되 내가 외삼촌의 작은딸 라헬을 위하여 외삼촌에게 칠 년을 섬기리이다"(18절).

야곱은 라헬과 결혼하는 대가로 7년을 봉사하겠다고 말했습니다. 라헬과 결혼하게만 해 주면, 7년 동안 아무 대가 없이 일하겠다는 것입니다. 야곱이 이렇게 말하는 이유는 지참금 제도 때문입니다. 중동 지방에서는 신랑이 신부를 데려갈 때, 신부의 아버지에게 돈을 주는 풍습이 있습니다. 이것을 '지참금 제도'라고 합니다. 야곱은 지참금이 없기에, 지참금 대신 7년간 무상으로 일하겠다고 한 것입니다. 그래서 야곱은 무려 7년을 공짜로 일했습니다. 하지만 라헬을 너무 사랑했기 때문에, 불만을 가지지 않았습니다. "야곱이 라헬을 위하여 칠 년 동안 라반을 섬겼으나 그를 사랑하는 까닭에 칠 년을 며칠 같이 여겼더라"(20절).

드디어 약속한 7년이 되었습니다. 이제 야곱은 라헬과 결혼할 수 있게 되었습니다. 그런데 야곱과 라헬이 결혼하면 어떤 일이 일어날까요? 라반은 야곱에게 공짜로 일을 시킬 수 없겠죠. 그래서 라반은 야곱을 속였습니다. "저녁에 그의 딸 레아를 야곱에게로 데려가매 야곱이 그에게로 들어가니라"(23절). 이날 야곱은 술에 취했던 것 같습니다. 야곱은 자신과 결혼하는 여성이 라헬이 아니라 '레아'라는 것을 알지 못했습니다. 야곱은 다음 날이 되어서야 라헬이 아니라 레아와 결혼했다는 것을 알게 되었습니다. "야곱이 아침에 보니 레아라 라반에게 이르되 외삼촌이 어찌하여 내게 이같이 행하셨나이까 내가 라헬을 위하여 외삼촌을 섬기지 아니하였나이까 외삼촌이 나를 속이심은 어찌됨이니이까"(25절).

여기서 우리가 주목할 표현이 있습니다. "나를 속이심은 어찌됨이니이까"입니다. 야곱은 이 말을 하면서 어떤 생각을 했을까요? 아마 자신이 아버지와 형을 속인 것을 생각하지 않았을까요? 사람들은 상대방의 입장이 되기 전에는 상대방의 마음을 잘 이해하지 못합니다. 지금까지 야곱은 아버지와 형의 마음을 잘 이해하지 못했을 것입니다. 하지만 이제 야곱은 아버지와 형의 마음을 잘 이해하게 되었을 것입니다. 라반에게 속고 속으면서, 누군가에게 속는 것이 얼마나 괴로운 일인지 잘 알게 되었을 것입니다. 따라서 야곱이 라반을 만난 것은 하나님의 섭리였습니다. 라반은 하나님께서 야곱에게 주신 '거울'이었습니다. 야곱은 라반의 모습에서 자신의 모습을 보았을 것입니다. 그리고 자신의 과거를 반성할 수 있었을 것입니다.

라반은 본격적으로 자신의 속셈을 드러냈습니다. "이를 위하여 칠 일을 채우라 우리가 그도 네게 주리니 네가 또 나를 칠 년 동안 섬길지니라"(27절). 라반이 레아를 신부로 준 것은, 야곱을 7년 더 공짜로 부리려는 의도였습니다. 결국 야곱은 14년간 아무 대가 없이 라반을 섬겨야 했습니다. 하지만 이 14년이 아무 의미 없는 시간은 아니었습니다. 하나님은 이 시간을 통해서 우리의 구원을 준비하셨습니다.

이때 레아는 네 명의 아들을 출산했습니다. 그중에 한 명이 유다입니다. "그가 또 임신하여 아들을 낳고 이르되 내가 이제는 여호와를 찬송하리로다 하고 이로 말미암아 그가 그의 이름을 유다라 하였고 그의 출산이 멈추었더라"(35절). 유다는 예수님의 조상이 되는 사람입니다. 야곱은 알지 못했지만, 이때도 하나님은 야곱과 함께하셨습니다. 야곱을 통해 자기 백성들의 구원을 준비하고 계셨습니다.

창세기 29장의 교훈

따라서 하나님께서 창세기 29장을 통해 우리에게 교훈하시는 바는 다음과 같습니다.

첫째, 우리가 우연이라고 생각하는 사건들 속에도 하나님의 인도하심이 있습니다. 야곱은 우연히 우물에 도착했습니다. 야곱은 우연히 삼촌을 아는 사람들을 만났습니다. 야곱은 우연히 라헬을 만났습니다. 야곱에게는 우연이었지만, 하나님에게는 필연이었습니다. 야곱이 우물에 도착한 것은, 야곱이 삼촌을 아는 사람들을 만난 것은, 야곱이 라헬을 만난 것은, 모두 다 하나님께서 야곱과 함께하시고 야곱을 인도하신 결과였습니다. 우리가 우연이라고 생각하는 수많은 사건 속에 하나님의 인도하심이 있다는 것입니다. 우리가 깨닫지 못하는 순간에도 하나님은 우리를 인도하고 계십니다. 우리는 혼자가 아닙니다. 야곱이 혼자가 아니었던 것처럼, 우리는 결코 혼자가 아니라는 사실을 믿어야 합니다.

둘째, 하나님께서 우리와 함께하시면, 우리는 결국 목적지에 도달합니다. 야곱은 삼촌의 집이 어디에 있는지 전혀 알지 못했습니다. 야곱은 정처 없이 길을 걸었습니다. 그런데 하나님은 조금씩 조금씩 길을 보여 주셨습니다. 처음에는 우물을 보여 주셨고, 다음에는 삼촌을 아는 목자들을 보여 주셨고, 다음에는 삼촌의 딸을 보여 주셨습니다. 우리 삶은 안개가 자욱한 길과 같습니다. 안개가 자욱하면, 가까운 곳만 보이고 먼 곳은 보이지 않습니다. 마찬가지로 우리의 눈에는 1년 뒤, 5년 뒤, 10년 뒤가 보이지 않습니다. 하지만 우리가 매일 매일 하나님과 동행하면, 하나님은 결국 우리를 목적지로 인도하십니다. 하나님과 하루를 동행하면, 그 하루가 모여서 우리를 목적지로 인도합니다.

셋째, 우리의 만남은 우연이 아닙니다. 야곱은 라반을 만났습니다. 이 만남은 우연이 아니었습니다. 하나님의 섭리였습니다. 지금까지 야곱은 속이는 삶을 살아왔습니다. 그런데 라반은 야곱보다 더 잘 속이는 사람이었습니다. 야곱은 라반을 통해 누군가를 속이는 것이 어떤 의미인지를 알게 되었습니다. 자신이 아버지와 형에게 한 일이 잘못된 일이라는 것을 알게 되었습니다. 우리의 만남도 우연이 아닙니다. 우리의 만남 속에는 하나님의 뜻이 있습니다. 때로는 여러분 곁에 여러분과 맞지 않는 사람이 있을 수 있습니다. 우리 공동체 안에, 우리를 힘들게 하는 사람이 있을 수 있습니다. 그것은 우연이 아닙니다. 거기에는 반드시 하나님의 뜻이 있습니다. 우리는 거기서 하나님의 뜻을 발견하기 위해 노력해야 합니다.

결론

야곱은 14년간 대가 없이 삼촌을 위해 일했습니다. 야곱은 어떤 생각을 했을까요? 부질없이 14년을 보냈다고 생각했을 것입니다. 14년을 허비했다고 생각했을 것입니다. 하지만 그 시간은 의미 없는 시간이 아니었습니다. 그 이유는 두 가지입니다.

첫째, 야곱은 14년간 성화되었습니다. 야곱은 삼촌과 지내는 동안, 자신을 돌아보았을 것입니다. 삼촌과 지내는 동안, 누군가를 속여서는 안 된다는 것을 알게 되었을 것입니다. 따라서 야곱의 14년은 야곱을 성장하게 하고 자라게 하는 시간이었습니다. 둘째, 하나님은 야곱의 14년을 통해 구원을 준비하셨습니다. 야곱은 모두 12명의 아들을 얻었는데, 대부분 삼촌의 집에서 지내는 동안 태어났습니다. 바로 이들이 이스라엘 열두 지파의 조상입니다. 결정적으로 예수님의 조상인 유다가 바로 이때 태어났습니다. 따라서 14년은 헛된 시간이 아니었습니다. 야곱은 알지 못했을 테지만, 14년은 하나님께서 야곱을 거룩하게 변화시키는 시간이었고, 하나님께서 우리의 구원을 준비하는 시간이었습니다.

  우리는 힘들고 어려운 시간을 보낼 때 이런 생각을 하기 쉽습니다. '아, 정말 부질없고 헛된 시간이구나.' '시간을 허비하고 있구나.' 하지만 성도의 인생에서 부질없거나 헛된 시간은 없습니다. 하나님께서 우리를 떠나시는 순간이 없기 때문입니다. 하나님께서 주시는 어려움에는 하나님의 뜻이 있기 때문입니다.

  여러분, 하나님은 한순간도 여러분을 떠나지 않으시며, 여러분의 인생에 헛된 시간은 한순간도 없다는 사실을 기억하기 바랍니다. 이러한 믿음으로, 힘들고 어려운 순간을 잘 이기고 견디어서, 하나님의 선하신 뜻을 이루어 가는 여러분들이 되기를 바랍니다.

● **되새겨 보기**

1. 만약 야곱이 우물을 발견하지 못했다면 어떻게 되었을까요?

2. 야곱이 삼촌의 지인들을 만날 수 있었던 이유는 무엇입니까?

3. 왜 야곱은 라반에게 무료로 봉사했습니까?

4. 왜 라반은 야곱이 레아와 결혼하도록 했습니까?

5. 야곱은 라반의 모습에서 누구의 모습을 보았을까요?

6. 야곱과 레아 사이에서 태어난 예수님의 조상은 누구입니까?

7. 야곱의 14년이 무의미한 시간이 아닌 이유는 무엇입니까?

①

②

● **생각해 보기**

1. 여러분은 우연으로 보이는 사건 속에도 하나님의 뜻이 있음을 믿습니까?

2. 하나님과 동행하는 것이 목적지로 가는 길임을 믿습니까?

3. 우연으로 보이는 만남 속에도 하나님의 뜻이 있음을 믿습니까?

31 내게 자식을 낳게 하라

창 30:1-43

믿지 못하고 인간적인 방법으로

하나님은 아브라함에게 하늘의 별처럼 많은 자손을 약속하셨습니다(창 15:5). 따라서 아브라함의 후손들은 하나님께서 많은 자손을 주실 거라는 믿음을 가지고 살아야 했습니다. 그리고 자녀가 태어났을 때는 하나님께서 언약을 이루신 것을 감사해야 했습니다. 하지만 야곱의 가정은 그렇지 않았습니다.

먼저 야곱을 보겠습니다. 하나님은 야곱을 아브라함 언약의 계승자로 선택하셨습니다. 따라서 야곱은 자신의 아내를 소중하게 생각해야 했습니다. 자손에 관한 언약이 아내를 통해 이루어질 테니까요. 하지만 야곱은 자신의 아내를 소중하게 생각하지 않았습니다. "여호와께서 레아가 사랑받지 못함을 보시고"(창 29:31). 야곱은 레아를 사랑하지 않았습니다. 언약의 관점에서 볼 때, 이것은 단순히 야곱이 레아를 사랑하지 않았다는 의미만이 아닙니다. 이것은 야곱의 믿음 없음을 나타내는 말씀입니다. 야곱은 하나님께서 레아를 통해 자손에 관한 언약을 이루실 거라 믿지 않은 것입니다. 다시 말해, 야곱은 아브라함 언약을 믿지 않는 사람이었습니다.

다음으로 라헬을 보겠습니다. 하나님은 레아에게 네 명의 아들을 허락하셨습니다. 이때까지 레아는 르우벤, 시므온, 레위, 유다를 출산했습니다. 레아가 네 명의 아들을 낳을 수 있었던 것은 아브라함 언약 때문입니다. 하나님께서 아브라함에게 많은 자손을 언약하셨기 때문에, 레아에게 네 명의 아들을 주신 것입니다. 그렇다면 라헬은 하나님께서 레아를 통해 자손에 관한 언약을 이루어 주신 것을 감사해야 했습니다. 하나님께서 레아를 통해 야곱의 가정에 복을 주신 것을 기뻐해야 했습니다. 하지만 라헬은 감사하지도, 기뻐하지도 않았습니다. 대신 레아를 시기했습니다. "라헬이 … 그의 언니를 시기하여"(창 30:1).

라헬은 레아를 시기하기보다는 하나님께 기도해야 했습니다. 자신에게도 아브라함 언약을 이루어 주시기를 간구해야 했습니다. 하지만 라헬은 하나님을 의지하는 대신 인간적인 방법을 사용했습니다. 라헬은 여종을 통해 아들을 낳은 다음, 그 아들을 자기 양자로 입양했습니다. "라헬이 이르되 내 여종 빌하에게로 들어가라 그가 아들을 낳아 내 무릎에 두리니 그러면 나도 그로 말미암아 자식을 얻겠노라 하고"(3절).

다음으로 레아를 보겠습니다. 하나님은 레아에게 네 명의 아들을 주셨습니다. 따라서 레아는 네 명의 아들에 만족하고서 네 명의 아들을 주신 하나님께 감사해야 했습니다. 하지만 레아는 만족하지 않았습니다. 레아는 더 많은 아들을 가지기 원했습니다. 그래서 라헬과 똑같은 방법을 사용했습니다. 레아도 여종을 통해서 아들을 얻었습니다. 이전에, 이삭의 가정은 문제 있는 가정이라고 말한 적이 있습니다. 왜요? 하나님의 말씀을 기준으로 삼지 않았기 때문입니다. 그런데 야곱의 가정도 마찬가지입니다. 야곱의 가정도 하나님의 말씀을 기준으로 삼지 않았습니다. 그래서 야곱은 레아를 사랑하지 않았고, 라헬은 레아를 시기했으며, 레아는 네 명의 아들에 만족하지 않았습니다.

콩가루 집안일지라도 약속을 지키심

이전에, 이삭의 가정에서 자기 뜻을 이룬 사람은 아무도 없다고 말씀드린 적도 있습니다. 유일하게 자기 뜻을 이루신 분은 하나님 한 분이었습니다. 야곱의 가정도 마찬가지입니다. 야곱의 가정은 사랑 대신 미움이, 축복 대신 시기가, 감사 대신 불평이 가득했습니다. 그런데 하나님은 이런 가정을 통해서도 자기 뜻을 이루셨습니다. 하나님은 이런 콩가루 집안에서 열두 명의 아들이 태어나게 하셨고, 그 열두 명의 아들로 이스라엘 열두 지파를 이루셨습니다.

야곱의 가정에서 11명의 아들과 한 명의 딸이 태어나는 동안, 라반이 요구했던 14년의 시간이 지났습니다. 야곱은 고향으로 돌아가고 싶었습니다. "라헬이 요셉을 낳았을 때에 야곱이 라반에게 이르되 나를 보내어 내 고향 나의 땅으로 가게 하시되"(25절). 그러나 욕심 많은 라반은 야곱을 순순히 보내 주지 않을 것이 분명했습니다. 그래서 야곱은 라반과 또 계약을 맺었습니다.

계약의 내용은 다음과 같았습니다. 양과 염소 가운데 무늬가 있는 것은 야곱이 가진다는 것입니다. 라반에게 훨씬 유리한 계약이었습니다. 양과 염소는 대부분 무늬가 없기 때문입니다. 왜 야곱은 자신에게 불리한 계약을 맺었을까요? 하나님께서 꿈을 통해 말씀하셨기 때문입니다. "꿈에 하나님의 사자가 내게 말씀하시기를 야곱아 하기로 내가 대답하기를 여기 있나이다 하매 이르시되 네 눈을 들어 보라 양 떼를 탄 숫양은 다 얼룩무늬 있는 것, 점 있는 것과 아롱진 것이니라 라반이 네게 행한 모든 것을 내가 보았노라"(31:11-12). 하나님은 앞으로 무늬 있는 짐승이 많이 태어날 것이라고 말씀하셨습니다. 야곱은 이 약속을 믿고 라반과 불리한 계약을 맺었습니다. 그리고 하나님은 야곱에게 하신 약속을 지키셨습니다. "이에 그 사람이 매우 번창하여 양 떼와 노비와 낙타와 나귀가 많았더라"(30:43).

창세기 30장의 교훈

따라서 하나님께서 창세기 30장을 통해 우리에게 교훈하시는 바는 다음과 같습니다.

첫째, 타락한 본성은 하나님의 약속을 믿지 않게 합니다. 야곱의 가정은 믿음 없는 가정이었습니다. 야곱의 가정은 아브라함 언약에 대한 믿음이 없었습니다. 야곱 가정의 비침함은 비로 이 믿음 없음에서 시작되었습니다. 우리도 마찬가지입니다. 우리 삶의 많은 문제는 믿음 없음에서 시작됩니다. 예를 들어, 히브리서 저자는 우리가 돈을 사랑하는 이유가 하나님을 믿지 않기 때문이라고 말합니다. "돈을 사랑하지 말고 있는 바를 족한 줄로 알라 그가 친히 말씀하시기를 내가 결코 너희를 버리지 아니하고 너희를 떠나지 아니하리라 하셨느니라"(히 13:5). 이 말씀의 요지는 다음과 같습니다. 사람들은 하나님께서 자신을 보호하신다는 믿음이 없어서 하나님보다 돈을 더 사랑하는 죄를 짓는다는 것입니다. 그러므로 우리는 하나님의 약속을 믿지 않는 타락한 본성이 우리에게 있다는 것을 기억하고서 늘 주의해야 합니다.

둘째, 타락한 본성은 다른 사람을 시기하게 합니다. 레아는 여러 아들을 낳았습니다. 이 아들들은 하나님께서 주신 선물이었습니다. 그렇다면 라헬은 함께 기뻐해야 했습니다. 하지만 라헬은 함께 기뻐하지 않았습니다. 기뻐하는 대신 시기하고 질투했습니다. 우리도 마찬가지입니다. 우리의 이웃들에게 좋은 일이 생기면, 우리는 함께 기뻐하기보다 시기하고 질투할 때가 많습니다. 우리는 이웃을 시기하는 타락한 본성이 우리에게 있다는 것을 기억하고서 늘 주의해야 합니다.

셋째, 타락한 본성은 인간적인 방법을 사용하게 합니다. 라헬이 아브라함 언약을 믿었다면 어떻게 행동했을까요? 하나님께서 자신에게도 언약을 이루어 주시길, 자신에게도 자녀를 주시길 기도했을 것입니다. 하지만 라헬은 기도하지 않았습니다. 대신 여종을 통해 아들을 얻는 인간적인 방법을 사용했습니다. 우리는 하나님의 올바른 방법보다 사람의 잘못된 방법을 더 선호하는 타락한 본성이 우리에게 있다는 것을 기억하고서 늘 주의해야 합니다.

넷째, 타락한 본성은 만족하지 못하게 합니다. 하나님은 레아에게 여러 아들을 주셨습니다. 하지만 레아는 만족하지 못했습니다. 레아는 계속해서 욕망을 이루려고 했습니다. 우리도 마찬가지입니다. 우리는 만족하지 못하고 계속해서 욕망을 이루려고 합니다. "스올과 아바돈은 만족함이 없고 사람의 눈도 만족함이 없느니라"(잠 27:20), "은을 사랑하는 자는 은으로 만족하지 못하고 풍요를 사랑하는 자는 소득으로 만족하지 아니하나니 이것도 헛되도다"(전 5:10). 따라서 우리는 만족하지 못하는 본성이 우리에게 있다는 사실을 기억하고서 늘 주의해야 합니다.

창세기 30장의 결론

야곱의 가정은 문제가 많은 가정이었습니다. 야곱, 레아, 라헬. 세 사람 모두 믿음 없는 사람이었습니다. 하지만 하나님은 약속하신 것을 모두 지키셨습니다. 야곱에게 열두 명의 아들을 주셨고, 무늬 있는 짐승들이 많이 태어나게 하셨습니다.

우리도 마찬가지입니다. 우리는 문제가 많은 사람입니다. 우리는 타락한 본성을 가진 사람입니다. 하지만 하나님은 우리를 통해 자기 뜻을 이루십니다. 하나님은 우리의 부족함에도 불구하고 우리를 구원하시고, 우리의 부족함에도 불구하고 우리의 가정과 자녀들을 지켜 주십니다.

야곱의 삶이 분명하게 보여 주는 진리가 있습니다. 성도는 능력으로 사는 사람이 아니라, 은혜로 사는 사람이라는 것입니다. 우리의 삶은 능력에 달려 있지 않습니다. 만약 우리의 삶이 능력에 달려 있다면, 우리는 구원을 얻지 못할 것입니다. 우리의 인생은 비참한 인생이 될 것입니다. 우리의 삶은 능력이 아니라 은혜에 달려 있습니다. 이 사실을 믿는다면, 우리는 누군가를 시기하는 대신 함께 기뻐할 수 있습니다. 이 사실을 믿는다면, 우리는 인간적인 방법을 사용하는 대신 하나님의 방법을 사용할 수 있습니다. 이 사실을 믿는다면, 우리는 욕망을 이루려고 하는 대신 만족하며 살 수 있습니다.

여러분, 여러분에게 이러한 믿음이 있기를 바랍니다. 우리는 능력으로 사는 사람이 아니라, 은혜로 사는 사람이라는 사실을 믿으시기 바랍니다. 그리하여 하나님께서 약속하신 언약의 복이 여러분의 삶에 풍성하게 되고, 하나님께서 주시는 기쁨과 감사가 여러분의 가정에 가득하게 되기를 바랍니다.

● 되새겨 보기

1. 야곱이 아브라함 언약을 믿지 않았다는 증거는 무엇입니까?

2. 라헬은 레아를 시기하는 대신 무엇을 해야 했습니까?

3. 하나님은 야곱의 가정을 통해 어떤 일을 이루셨습니까?

4. 왜 야곱은 자신에게 불리한 계약을 맺었습니까?

● 생각해 보기

1. 여러분은 눈에 보이는 환경보다 하나님의 약속을 신뢰하는 믿음이 있습니까?

2. 이웃을 시기하는 마음과 싸우고 있습니까?

3. 만족하지 못하는 타락한 본성과 싸우고 있습니까?

4. 우리의 능력보다 하나님의 은혜를 의지하는 삶을 살고 있습니까?

32 하나님이 당신에게 이르신 일을 다 준행하라

창 31:1–55

약속을 지키기 위해

야곱은 20년 전 빈털터리 신세로 삼촌이 있는 하란에 왔습니다. 하지만 20년이 지난 지금은 두 명의 아내와 열한 명의 아들과 한 명의 딸을 가진 어엿한 가장이 되었습니다. 무엇보다도 야곱은 엄청난 가축을 소유한 부자가 되었습니다. 얼마나 부자가 되었던지 라반의 아들들이 야곱을 시기할 정도였습니다. "야곱이 라반의 아들들이 하는 말을 들은즉 야곱이 우리 아버지의 소유를 다 빼앗고 우리 아버지의 소유로 말미암아 이 모든 재물을 모았다 하는지라"(창 31:1). 이처럼 야곱은 하란에 성공적으로 정착했습니다. 야곱은 20년의 세월이 아깝지 않게 하란에 안정적으로 자리를 잡았습니다. 하지만 하나님의 뜻은 야곱이 하란에 계속 머무는 것이 아니었습니다.

야곱은 아브라함 언약의 계승자입니다. 아브라함 언약의 핵심은 가나안 땅에 하나님 나라를 세우는 것입니다. 따라서 야곱은 하란을 떠나서 가나안으로 가야 했습니다. 가나안에 하나님 나라를 세우기 위해 노력해야 했습니다. 그래서 하나님은 야곱에게 다음과 같이 말씀하셨습니다. "네 조상의 땅 네 족속에게로 돌아가라 내가 너와 함께 있으리라"(3절). 하나님의 말씀을 들은 야곱은 하란을 떠나 가나안으로 돌아가기로 결심했습니다. 하지만 그 전에 두 아내를 설득해야 했습니다. 야곱에게는 가나안이 고향이지만, 두 아내에게는 가나안이 낯선 곳이기 때문입니다. 야곱은 두 가지 이유를 들며 레아와 라헬을 설득했습니다.

첫째, 야곱은 하나님께서 우리와 함께하시기 때문에 가나안으로 가야 한다고 주장했습니다. "그대들의 아버지가 나를 속여 품삯을 열 번이나 변경하였느니라 그러나 하나님이 그를 막으사 나를 해치지 못하게 하셨으며"(7절). 라반이 여러 번 자신을 죽이려 했으나, 그때마다 하나님께서 자신을 보호해 주셨다는 것입니다.

둘째, 야곱은 하나님께 한 서원을 지키기 위해서 가나안으로 가야 한다고 주장했습니다. 야곱은 20년 전 다음과 같이 서원했습니다. "내가 기둥으로 세운 이 돌이 하나님의 집이 될 것이요"(28:22). 야곱은 20년 전 벧엘에 하나님의 집을 짓겠다고 서원했습니다. 그러므로 야곱은 하란에 계속 머물러서는 안 되었습니다. 하나님의 집을 짓기 위해 가나안으로 가야 한다고 했습니다.

순종하는 자를 지키신다

야곱의 말을 들은 두 아내는 다음과 같이 말했습니다. "하나님이 우리 아버지에게서 취하여 가신 재물은 우리와 우리 자식의 것이니 이제 하나님이 당신에게 이르신 일을 다 준행하라"(16절). 레아와 라헬은 야곱의 말에 동의했습니다. 두 사람도 가나안으로 가기로 결심했습니다.

그들에게서 고향을 떠나는 것은 두려운 일이었습니다. 그래서 라헬은 아버지의 신을 도둑질했습니다. 아버지의 신이 자신을 지켜 준다고 생각했기 때문입니다. "라헬은 그의 아버지의 드라빔을 도둑질하고"(19절). 이것은 참으로 어리석은 행동이었습니다. 우상에게는 라헬을 지켜 줄 능력이 없기 때문입니다. 이어지는 사건은 이 사실을 잘 보여 줍니다.

라반은 야곱이 도망간 사실을 알고 분노했습니다. 야곱을 잡아 죽이기 위해 쫓아갔습니다. 하지만 라반은 야곱을 죽이지 못했습니다. 하나님께서 라반에게 경고하셨기 때문입니다. "밤에 하나님이 아람 사람 라반에게 현몽하여 이르시되 너는 삼가 야곱에게 선악 간에 말하지 말라 하셨더라"(24절). 그때 드라빔은 무슨 일을 했을까요? 드라빔은 야곱에게 아무런 도움을 주지 못했습니다. 드라빔은 무능력한 모습으로 라헬에게 깔려 있었습니다. "라헬이 그 드라빔을 가져 낙타 안장 아래에 넣고 그 위에 앉은지라"(34절). 라반이 드라빔을 훔쳐 간 사람을 찾아서 죽이려고 하자, 라헬은 드라빔을 낙타 안장 아래에 감추었습니다. 드라빔이 라헬을 보호한 것이 아니라, 라헬이 드라빔을 보호한 것입니다. 우상에게는 야곱의 가정을 보호할 능력이 없었습니다.

창세기 31장의 교훈

따라서 하나님께서 창세기 31장을 통해 우리에게 교훈하시는 바는 다음과 같습니다.

첫째, 이유 없는 고난은 없습니다. 야곱은 형을 피해서 하란으로 왔습니다. 하란에서 20년을 살았습니다. 그동안 야곱은 말로 다 할 수 없는 고난을 겪었습니다. 하지만 그 20년은 의미 없는 시간이 아니었습니다. 야곱은 20년을 보내며 이전과 다른 사람으로 변화되었습니다. 우선, 야곱은 고난의 시간을 통해 하나님께서 자신과 함께하신다는 믿음을 가지게 되었습니다. "내 아버지의 하나님은 나와 함께 계셨느니라"(5절). 그리고 야곱은 고난의 시간을 통해 하나님께서 자신을 지키신다는 믿음을 가지게 되었습니다. "하나님이 그를 막으사 나를 해치지 못하게 하셨으며"(7절). 또한 야곱은 고난의 시간을 통해 하나님께서 나의 필요를 공급해 주신다는 믿음을 가지게 되었습니다. "하나님이 이같이 그대들의 아버지의 가축을 빼앗아 내게 주셨느니라"(9절).

만약 야곱이 가나안에서 편안한 삶을 살았다면, 이런 믿음을 가질 수 있었을까요? 이처럼 야곱이 하란에서 지낸 시간은 무의미한 시간이 아니었습니다. 그 20년은 하나님의 학교였습니다. 하나님은 고난을 통해 야곱을 가르치셨습니다. 우리도 마찬가지입니다. 우리도 야곱처럼 고난을 겪습니다. 형태와 종류는 다르지만, 우리 중 고난이 없는 사람은 아무도 없습니다. 우리는 모두 다양한 종류의 고난을 겪고 있습니다. 세상 사람들은 고난이 필요 없다고 생각합니다. 하지만 우리는 고난이 하나님의 섭리임을 믿어야 합니다. 하나님께서 고난을 통해 우리를 가르치고 있다는 사실을 믿어야 합니다. 우리가 이 고난의 터널을 잘 통과해야, 하나님께서 원하시는 모습으로 변화되고 성장할 수 있다는 사실을 믿어야 합니다.

둘째, 하나님은 순종하는 자들을 지키시고 보호하십니다. 야곱은 하란에 자리를 잡았습니다. 하란에서 대가족을 이루었고, 많은 가축을 소유하게 되었습니다. 그러니 하란을 떠나는 것은 쉬운 일이 아니었습니다. 하지만 야곱은 하나님의 뜻에 순종하기 위해 하란을 떠났습니다. 그 이후로 하나님은 늘 야곱을 보호하셨습니다. 라반이 죽이려 할 때 보호하셨고, 에서가 죽이려 할 때도 보호하셨습니다. 이후에 가나안 원주민들이 죽이려 할 때도 보호하셨습니다. 이처럼 가장 안전한 삶은 하나님의 보호를 받는 삶입니다. 하나님의 보호를 받기 위해서는 하나님께 순종하는 삶을 살아야 합니다.

이 사실을 잘 알았던 시편 기자들은 다음과 같이 고백했습니다. "그러나 주께 피하는 모든 사람은 다 기뻐하며 주의 보호로 말미암아 영원히 기뻐 외치고 주의 이름을 사랑하는 자들은 주를 즐거워하리이다"(시 5:11), "너희 모든 성도들아 여호와를 사랑하라 여호와께서 진실한 자를 보호하시고 교만하게 행하는 자에게 엄중히 갚으시느니라"(시 31:23), "여호와께서 정의를 사랑하시고 그의 성도를 버리지 아니하심이로다 그들은 영원히 보호를 받으나 악인의 자손은 끊어지리로다"(시 37:28), "여호와께서 자기를 사랑하는 자들은 다 보호하시고 악인들은 다 멸하시리로다"(시 145:20).

결론

세상 사람들이 돈과 권력에 집착하는 이유는 하나님과 단절되어 있기 때문입니다. 하나님의 보호를 받지 못하기 때문에, 다른 것들을 통해 자신을 보호하려는 것입니다. 어린아이들은 보호가 필요할 때 부모를 찾아갑니다. 부모의 품이 가장 안전하다는 것을 알기 때문입니다. 우리도 마찬가지입니다. 우리는 하나님과 단절된 세상 사람들과 다릅니다. 우리는 하나님과 화평을 누리는 자들입니다.

> 그러므로 우리가 믿음으로 의롭다 하심을 받았으니 우리 주 예수 그리스도로 말미암아 하나님과 화평을 누리자 _롬 5:1

세상 사람들은 하나님과 단절되었기 때문에 자신의 힘으로 자신을 지켜야 합니다. 자신의 힘으로 모든 문제를 해결해야 합니다. 하지만 우리는 예수님으로 인해 하나님과 화평을 누리는 사람들입니다. 우리는 하나님께 우리 인생을 맡길 수 있습니다. 하나님께 우리 문제를 맡길 수 있고, 하나님께 우리 안전을 맡길 수 있고, 하나님께 우리 자녀들을 맡길 수 있습니다. 그래서 시편 기자는 다음과 같이 말했습니다.

> 내가 평안히 눕고 자기도 하리니 나를 안전히 살게 하시는 이는 오직 여호와이시니이다 _시 4:8

이러한 믿음을 가지고서 험난한 세상, 고난이 가득한 세상을 안전하게 살아가면 좋겠습니다. 하나님 안에서 행복하고 안전하게 살아가는 복이 여러분 모두에게 풍성하기를 바랍니다.

● 되새겨 보기

1. 야곱은 하란과 가나안 중에 어디에서 살아야 합니까?

2. 야곱은 가나안으로 가기 위해 어떻게 아내들을 설득했습니까?

   ①

   ②

3. 라헬이 고향을 떠나는 게 두려워서 행한 일은 무엇입니까?

4. 왜 라반은 야곱을 죽이지 못했습니까?

5. 하란에서의 고난을 통해 야곱이 배운 것은 무엇입니까?

   ①

   ②

   ③

6. 세상 사람들이 돈과 권력에 집착하는 이유는 무엇입니까?

● 생각해 보기

1. 여러분은 지금 겪는 고난에 하나님의 뜻이 있음을 믿습니까?

2. 하나님께서 순종하는 자들을 지키시고 보호하신다고 믿습니까?

33 하나님과 겨루어 이겼음이니라
창 32:1-32

혼자라고 생각 말기

오늘 본문에서 야곱은 20년간의 하란 생활을 마무리하고, 고향으로 돌아갑니다. 바로 그때 야곱의 삶에서 중요한 전환점이 되는 사건이 발생합니다. "야곱이 길을 가는데 하나님의 사자들이 그를 만난지라"(창 32:1). 야곱은 천사들을 보았습니다. 하나님께서 야곱의 영적 눈을 열어 주신 결과였습니다. 왜 하나님은 야곱에게 천사들을 보여 주셨을까요? 야곱이 두려움을 갖고 있었기 때문입니다.

고향으로 돌아가는 야곱의 마음에는 두려움이 가득했습니다. 왜요? 에서 때문에요. 20년 전, 야곱은 에서에게서 죽임을 당할 뻔했습니다. 만약 에서가 지금도 야곱에게 원한을 가지고 있다면, 야곱은 가나안에 도착하는 즉시 생명을 잃을 것입니다. 바로 이것이 하나님께서 야곱에게 천사들을 보여 주신 이유입니다. 즉, 하나님께서 천사들의 모습을 보여 주시며 이렇게 말씀하신 셈입니다. "야곱아, 너는 혼자가 아니니라. 나의 천사들이 너와 함께하고 있느니라."

야곱은 다른 사람을 속이면서 살아왔습니다. 팥죽으로 형을 속였고, 염소 털로 아버지를 속였습니다. 주목할 것은 야곱이 다른 사람을 속였던 이유입니다. 야곱은 왜 늘 다른 사람을 속였을까요? 근본적으로 하나님께서 함께하신다는 사실을 믿지 않았기 때문입니다. 하나님의 도움을 확신하지 않았기 때문입니다. 그래서 야곱은 혼자만의 힘으로 문제를 해결하려 했고, 혼자서 해결할 수 없을 때는 상대를 속이려 했던 것입니다.

야곱은 천사들의 모습을 통해 다음의 사실을 알게 되었습니다. 자신이 혼자가 아니라는 것, 그리고 하나님께서 자신과 함께하신다는 것. 그래서 야곱은 다음과 같이 말했습니다. "야곱이 그들을 볼 때에 이르기를 이는 하나님의 군대라 하고 그 땅 이름을 마하나임이라 하였더라"(2절). 야곱은 천사들을 만난 곳의 이름을 '마하나임'이라고 지었습니다. 마하나임은 '두 군대'라는 뜻입니다. 여기서 한 군대는 야곱을 의미하고, 다른 군대는 하나님께서 보내신 천사들, 즉 '하나님의 도우심'을 의미합니다. 드디어 야곱은 자신이 혼자가 아니라는 사실을 알게 된 것입니다.

가나안에 도착한 야곱은 형에게 사신들을 보냈습니다. 야곱은 사신들로부터 충격적인 사실을 들었습니다. "그가 사백 명을 거느리고 주인을 만나려고 오더이다"(6절). 에서는 400명을 이끌고 야곱에게로 향했습니다. 만약 에서가 야곱을 환영하려고 했다면, 이렇게 많은 사람을 이끌고 야곱을 찾아오겠습니까? 400명은 군대를 의미합니다. 에서는 야곱을 죽이기 위해 400명이나 되는 군대를 이끌고서 야곱을 찾아오는 것입니다. 20년이 지났지만, 야곱을 향한 에서의 분노는 조금도 줄어들지 않았습니다.

야곱은 너무나 두려워 하나님께 기도하기 시작했습니다. "내가 주께 간구하오니 내 형의 손에서, 에서의 손에서 나를 건져내시옵소서 내가 그를 두려워함은 그가 와서 나와 내 처자들을 칠까 겁이 나기 때문이니이다 주께서 말씀하시기를 내가 반드시 네게 은혜를 베풀어 네 씨로 바다의 셀 수 없는 모래와 같이 많게 하리라 하셨나이다"(11-12절). 이것은 야곱이 하나님의 도움을 구한 첫 번째 기도입니다. 지금까지 야곱은 하나님의 도움을 구하지 않았습니다. 야곱은 기도하는 대신 속임수를 사용했습니다. 팥죽으로 형을 속였고, 염소 가죽으로 아버지를 속였습니다. 이제 야곱은 기도하기 시작합니다. 자신이 혼자가 아니라는 사실을 알게 된 것입니다.

성도의 진정한 힘

얼마 후 야곱은 한 사람을 만났습니다. 야곱은 그 사람과 씨름을 했습니다. "야곱은 홀로 남았더니 어떤 사람이 날이 새도록 야곱과 씨름하다가"(24절). 야곱이 씨름을 했다는 표현은 실제로 야곱이 그 사람과 씨름(힘겨루기)을 했다는 것이 아니라, 야곱이 그 사람을 붙잡고 놓아주지 않았다는 뜻입니다. 왜 야곱은 그 사람을 붙잡고 놓아주지 않았을까요? 그 이유는, 그 사람에게 복 받기를 원했기 때문입니다. "당신이 내게 축복하지 아니하면 가게 하지 아니하겠나이다"(26절). 복은 하나님께서 사람에게 주시는 것입니다. 야곱은 그 사람이 평범한 존재가 아니라는 것을 알았던 것이 분명합니다. 그 사람이 신적 존재이거나 하나님의 사자라고 생각해서 복을 받기 위해 그 사람을 붙들었던 것입니다. 실제로 그 사람은 하나님이었습니다. "이는 네가 하나님과 및 사람들과 겨루어 이겼음이니라"(28절).

하나님은 야곱이 복을 받았다는 증거로, 야곱의 이름을 '이스라엘'로 바꾸어 주셨습니다. "네 이름을 다시는 야곱이라 부를 것이 아니요 이스라엘이라 부를 것이니"(28절). 즉, '야곱'은 '속이는 사람'을 의미하고, '이스라엘'은 '하나님에게서 힘을 얻은 사람'을 의미합니다. 그런데 이 사건에는 이상한 점이 하나 있습니다. 하나님에게서 힘을 얻었다면, 야곱의 육신이 더 강해져야 하지 않을까요? 그런데 하나님은 야곱의 육신을 더 약하게 만들었습니다. "그가 야곱의 허벅지 관절을 치매 야곱의 허벅지 관절이 그 사람과 씨름할 때에 어긋났더라, 그가 브니엘을 지날 때에 해가 돋았고 그의 허벅다리로 말미암아 절었더라"(25, 31절). 하나님께서 야곱의 허벅지 관절을 치시므로, 야곱은 다리를 저는 사람이 되었습니다.

우리는 여기서 '성도의 힘'이 무엇인지를 알 수 있습니다. 성도의 힘은 '겸손'입니다. 하나님은 야곱의 육신을 약하게 하심으로써 야곱을 겸손하게 만드셨습니다. 그 결과 야곱은 하나님을 더 의지하게 되었습니다. 바로 이것이 야곱의 힘입니다. 육신을 약하게 하셔서 하나님을 더 의지하게 하신 것이 하나님께서 야곱에게 주신 힘입니다.

창세기 32장의 교훈

따라서 하나님께서 창세기 32장을 통해 우리에게 교훈하시는 바는 다음과 같습니다.

첫째, 믿음의 눈으로 보지 않을 때는 두려움이 생깁니다. 고향으로 돌아가는 야곱의 마음에는 두려움이 가득했습니다. 에서가 자신을 죽일지도 모른다고 생각했기 때문입니다. 하지만 에서는 야곱을 죽일 수 없었습니다. 하나님께서 야곱과 함께하셨기 때문입니다. 실제로 하나님은 야곱과 함께하고 계셨습니다. 야곱이 보았던 천사들의 무리가 바로 그 증거입니다.

우리는 문제가 사라지면, 두려움도 사라진다고 생각하기 쉽습니다. 하지만 우리가 살아가는 동안, 문제는 사라지지 않을 것입니다. 따라서 문제가 사라지면 두려움도 사라진다고 생각하는 한, 우리는 항상 두려움을 안고 살아가게 됩니다. 두려움을 이기는 힘은 무엇입니까? 믿음입니다. 하나님께서 우리와 함께하신다는 믿음, 하나님께서 우리 곁에 계신다는 믿음을 가질 때, 우리는 두려움을 극복할 수 있습니다.

둘째, 우리는 문제와 씨름하지 말고, 하나님과 씨름해야 합니다. 지금까지 야곱은 사람과 씨름했습니다. 처음에는 에서와 씨름했고, 다음에는 라반과 씨름했습니다. 오늘 본문에서 야곱은 사람과 씨름하지 않습니다. 야곱은 하나님과 씨름합니다. 야곱은 하나님을 붙들고서 복을 주시기 전에는 하나님을 놓지 않겠다고 말합니다. 우리도 이와 같이 행동해야 합니다. 우리를 힘들게 하는 사람과 싸우기 전에, 하나님 앞에서 기도하는 싸움을 해야 합니다. 어떤 문제 때문에 혼자서 괴로워할 것이 아니라, 그 문제를 두고서 하나님 앞에서 기도하는 싸움을 해야 합니다. 하나님께서 문제를 해결해 주시기까지, 끝까지 포기하지 않고 기도하는 싸움을 해야 합니다.

셋째, 성도의 능력은 자신의 약함을 인정하는 겸손에서 나옵니다. 하나님은 야곱에게 힘을 주셨습니다. 그 힘이란 바로 육신의 장애였습니다. 하나님은 야곱의 허벅지 관절을 치셔서 야곱이 평생 다리를 절게 하셨습니다. 이로써 야곱은 겸손하게 하나님을 의지하는 사람이 되었습니다. 바로 이것이 하나님께서 야곱에게 주신 힘이었습니다. 우리는 여러 가지 부족함을 가지고 있습니다. 놀랍게도 바로 그것이 하나님께서 우리에게 주신 힘입니다. 넉넉해서 하나님을 찾지 않는 사람보다 부족해서 하나님을 찾는 사람이 하나님 보시기에 더 강한 사람입니다.

결론

사도 바울은 대단한 사람이었습니다. 바울과 같은 사람은 역사상 다시는 없을 것입니다. 바울은 수많은 교회를 개척했고, 열세 권의 성경을 기록했습니다. 그런데 역사적인 증거에 따르면, 바울은 아주 약한 사람이었다고 알려져 있습니다. 심지어 바울은 치명적인 질병도 가지고 있었습니다.

> … 내 육체에 가시 곧 사탄의 사자를 주셨으니 … _고후 12:7

하나님은 바울의 육체에 가시, 곧 '사탄의 사자'를 주셨습니다. 이것은 육신의 질병을 의미합니다. 놀라운 것은, 바울이 자기 육신의 질병에 대하여 자랑한다고 하는 것입니다.

> 나의 여러 약한 것들에 대하여 자랑하리니 이는 그리스도의 능력이 내게 머물게 하려 함이라 _고후 12:9

바울은 자신이 질병에 걸려 약점이라고 생각한 것을 오히려 자랑한다고 말하며, 자기 육체가 약하기 때문에 오히려 그리스도의 능력이 자신과 함께한다고 말합니다. 우리에게도 약점이 있습니다. 하지만 그것이 우리의 힘입니다. 넉넉해서 교만한 사람, 넉넉해서 하나님을 찾지 않는 사람이야말로 참으로 약한 사람, 아니 악한 사람입니다.

여러분, 부족하기에, 연약하기에, 가난하기에, 더욱더 하나님을 찾는 성도들이 되기를 바랍니다. 바로 그때 여러분은 누구보다 강한 사람이 될 것입니다.

● 되새겨 보기

1. 왜 하나님은 야곱에게 천사들을 보여 주셨습니까?

2. 하나님께서 천사들의 모습을 통해 야곱에게 하신 말씀은 무엇입니까?

3. 마하나임의 뜻은 무엇입니까?

4. 야곱의 두 군대는 무엇입니까?

5. 왜 에서는 400명을 이끌고 야곱에게 향했습니까?

6. 야곱이 기도하기 시작한 이유는 무엇입니까?

7. 왜 야곱은 한 사람을 붙잡고 놓아 주지 않았습니까?

8. 야곱이 붙잡았던 사람은 사실 누구였습니까?

9. 성도의 진정한 힘은 무엇입니까?

● 생각해 보기

1. 지금 여러분의 마음에 두려움이 가득한 이유는 무엇일까요?

2. 여러분은 하나님 앞에서 기도하는 싸움을 하고 있습니까?

3. 자신의 약함을 인정하고, 하나님의 도움을 구하고 있습니까?

34 그와 입 맞추고 서로 우니라
창 33:1-20

화목하게 하시는 하나님

야곱은 20년 전에 고향을 떠나서 삼촌 집으로 갔습니다. 형이 자신을 죽이려고 했기 때문입니다. 그리고 20년이 지났습니다. 이제 야곱은 삼촌 집을 떠나서 고향으로 가고 있습니다. 야곱이 고향에 도착했을 때, 야곱의 눈앞에 충격적인 장면이 펼쳐졌습니다. "에서가 사백 명의 장정을 거느리고 오고 있는지라"(창 33:1). 형이 거느리고서 오는 사람들은 군대가 분명했습니다. 단지 야곱을 환영하기 위해서라면, 그 정도로 많은 사람을 거느리고서 오지는 않을 것입니다.

야곱은 형의 군대를 두려워할 필요가 없었습니다. 하나님께 기도했고(32:11), 하나님께서 야곱을 보호하신다고 약속하셨기 때문입니다. 그러나 야곱은 여전히 형이 두려웠습니다. 그래서 다음과 같이 행동했습니다. "여종들과 그들의 자식들은 앞에 두고 레아와 그의 자식들은 다음에 두고 라헬과 요셉은 뒤에 두고"(33:2). 야곱은 가족을 여러 무리로 나누었습니다. 형이 한 무리를 공격하면, 나머지 무리는 도망칠 수 있게 하기 위함이었습니다. 즉, 하나님의 약속과 도우심을 생각하지 않았다는 것입니다.

그러나 에서는 야곱의 생각과 정반대로 행동했습니다. "에서가 달려와서 그를 맞이하여 안고 목을 어긋 맞추어 그와 입 맞추고 서로 우니라"(4절). 에서는 20년 만에 만난 동생을 반가워했습니다. 심지어 야곱을 안고서 울기까지 했습니다. 물론 얼마 전까지 에서의 마음은 복수심으로 가득했습니다. 400명이나 되는 사람들을 거느리고서 야곱을 찾아온 것이 그 증거입니다. 하지만 며칠 사이에 에서의 마음은 변화되었습니다. 동생을 향한 증오심과 복수심은 긍휼과 연민의 마음으로 변화되었습니다. 왜 갑자기 에서의 마음이 변화되었을까요?

우리는 두 가지 가능성을 생각해 볼 수 있습니다. 하나는, 야곱이 보낸 선물 때문에 에서의 마음이 변했을 가능성. 또 하나는, 하나님의 은혜로 에서의 마음이 변했을 가능성. 이 중 첫 번째는 사실이 아닙니다. 에서는 야곱이 보낸 선물에 다음과 같이 반응했기 때문입니다. "에서가 이르되 내 동생아 내게 있는 것이 족하니 네 소유는 네게 두라"(9절). 에서는 이미 많은 가축을 가지고 있었습니다. 야곱의 선물은 에서에게서 아무 의미가 없었습니다. 따라서 에서의 마음이 변한 것은 야곱의 선물 때문이 아니었습니다.

이제 남은 가능성은 하나밖에 없죠? 하나님의 은혜입니다. 하나님은 야곱에게 은혜를 베풀기 위해서 에서의 마음을 변화시키셨습니다. 하나님은 야곱의 기도를 들으시고서 에서의 마음을 바꾸셨습니다. 그 결과, 에서는 야곱을 환영했고 심지어 야곱을 안고 울기까지 했습니다.

또 거짓말, 여전히 연약한 믿음

그런데 이어지는 장면을 보면, 여전히 야곱은 하나님을 신뢰하지 않았음을 알 수 있습니다. "에서가 이르되 우리가 떠나자 내가 너와 동행하리라"(12절). 에서는 야곱에게 함께 고향으로 돌아가자고 말했습니다. 하지만 야곱은 여전히 에서가 두려웠습니다. 그래서 야곱은 다음과 같이 말했습니다. "청하건대 내 주는 종보다 앞서 가소서 나는 앞에 가는 가축과 자식들의 걸음대로 천천히 인도하여 세일로 가서 내 주께 나아가리이다"(14절). 야곱은 형을 뒤따라 가겠다고 말합니다. 이것은 거짓말입니다. 이후에 야곱은 형이 있는 세일로 가지 않고, 세겜으로 갔기 때문입니다. "야곱이 밧단아람에서부터 평안히 가나안 땅 세겜 성읍에 이르러 그 성읍 앞에 장막을 치고"(18절).

왜 야곱은 형에게 또 거짓말을 했을까요? 표면적인 이유는 형이 두려웠기 때문이겠죠. 하지만 근본적인 이유는 믿음이 부족했기 때문입니다. 야곱은 아직도, 하나님께서 자신을 형으로부터 지켜줄 거라고 믿지 않았던 것입니다.

창세기 33장의 교훈

따라서 하나님께서 창세기 33장을 통해 우리에게 교훈하시는 바는 다음과 같습니다.

첫째, 하나님은 믿음으로 기도하는 자에게 응답하십니다. 야곱은 형을 보고 두려워했습니다. 표면적인 이유는 형이 자신을 죽일지도 모른다는 생각 때문이었지만, 근본적인 이유는 하나님을 신뢰하지 않았기 때문입니다. 야곱은 하나님께 기도하기는 했지만, 믿음으로 기도하지는 않았습니다. 우리도 야곱과 같이 믿음 없이 기도할 때가 많습니다. 기도는 했는데, 하나님께서 응답하실 것을 믿지 않을 때가 많습니다. 그래서 예수님은 다음과 같이 말씀하셨습니다. "너희가 기도할 때에 무엇이든지 믿고 구하는 것은 다 받으리라"(마 21:22). 우리는 야곱처럼 기도해서는 안 됩니다. 하나님께서 우리 기도를 들으신다는 믿음, 하나님께서 우리 기도에 응답하신다는 믿음을 가지고서 기도해야 합니다.

둘째, 하나님은 사람의 마음을 바꾸십니다. 야곱은 형이 자신을 죽일 거라고 생각했습니다. 실제로 에서는 야곱을 죽이려고 했습니다. 하지만 결과적으로 에서는 야곱을 죽이지 않았습니다. 오히려 야곱을 환영했습니다. 하나님께서 에서의 마음을 바꾸셨기 때문입니다. 성경은 원수를 미워하지 말고, 원수를 위해 기도하라고 말합니다. 우리가 원수를 위해서 기도하면, 하나님께서 원수의 마음을 바꾸어 주시기 때문입니다. 때로는 가족과 성도들이 원수처럼 느껴집니다. 그래서 집이 싫고, 교회가 싫다고 하는 사람들이 있습니다. 점점 집으로부터 멀어지고, 교회로부터 멀어지는 사람들이 있습니다. 그때 우리가 해야 할 것은 그 사람들과 거리를 두는 것이 아닙니다. 그들을 위해 기도하는 것입니다. 그러면 하나님은 그들의 마음과 내 마음을 바꾸어 주실 것입니다.

셋째, 우리는 하나님을 신뢰하고, 정직한 방법을 사용해야 합니다. 야곱은 하나님의 도우심을 믿지 않았습니다. 그래서 형이 함께 고향으로 돌아가자고 했을 때, 형에게 거짓말을 했습니다. 형에게는 세일로 가겠다고 말하고, 실제로는 세겜으로 갔습니다. 우리도 야곱처럼 행동할 때가 많습니다. 하나님을 신뢰하지 않고, 부정직한 방법을 사용할 때가 많습니다. 다음 장에서 보게 되겠지만, 야곱은 형을 속인 행동 때문에 끔찍한 일을 겪게 됩니다. 부정직한 방법은 당장에는 효과 있어 보일지라도, 결국에는 좋지 않은 결과를 가져옵니다. 그러므로 우리가 하나님을 신뢰한다면, 무슨 일에든 정직하게 말하고 정직하게 행동해야 합니다.

결론

오늘 본문의 핵심은 야곱과 에서가 화해하는 장면입니다. 20년 전, 에서는 야곱을 죽이려고 했고, 야곱은 형을 피해서 도망쳐야 했습니다. 20년이 지난 지금, 두 사람은 서로를 안고 눈물을 흘립니다. 어떻게 두 사람의 화해가 가능했을까요? 우리의 하나님은 화목하게 하시는 하나님이시기 때문입니다.

> 예물을 제단 앞에 두고 먼저 가서 형제와 화목하고 그 후에 와서 예물을 드리라
> _마 5:24

예수님은 예배를 드리기 전에, 먼저 형제와 화목하라고 말씀하셨습니다. 이것은 명령인 동시에 약속입니다. 우리가 화목하기 위해 노력한다면, 하나님은 우리가 화목할 수 있도록 도와주실 것입니다. 그래서 성경은 다음과 같이 말합니다.

> 할 수 있거든 너희로서는 모든 사람과 더불어 화목하라 _롬 12:18

우리는 화목하게 하는 사람이 되어야 하고, 가능하다면 모든 사람과 화목하기 위해서 노력해야 합니다. 왜 우리는 화목하게 하는 사람이 되어야 할까요? 그것이 복음의 핵심이기 때문입니다.

> 곧 우리가 원수 되었을 때에 그의 아들의 죽으심으로 말미암아 하나님과 화목하게 되었은즉 화목하게 된 자로서는 더욱 그의 살아나심으로 말미암아 구원을 받을 것이니라 _롬 5:10

하나님은 우리와 화목하기 위해서, 자기 아들을 십자가에서 죽이셨습니다. 하나님은 우리와 화목하기 위해서, 우리 대신 예수님을 십자가에서 벌하셨습니다. 예수님의 십자가로 인해 우리는 하나님과 화목하게 되었습니다. 하나님께서 우리와 화목하기 위해 이토록 큰 희생을 하셨다면, 우리 역시 다른 사람과 화목하기 위해

노력하는 것은 당연한 일입니다.

그러므로 여러분, 화목하게 하는 사람이 되십시오. 할 수만 있다면, 모든 사람과 화목하게 지내기 위해 노력하십시오. 누군가를 용서하기 힘들 때는 나를 용서하신 하나님의 은혜를 생각하십시오. 그러면 화목하게 하시는 하나님의 능력이 여러분의 삶에 가득하게 될 것입니다.

● 되새겨 보기

1. 왜 야곱은 에서의 군대를 두려워할 필요가 없었습니까?

2. 에서의 마음이 변화된 이유는 무엇입니까?

3. 왜 야곱은 형에게 거짓말을 하고 세겜으로 갔습니까?

4. 왜 우리는 화목하게 하는 사람이 되어야 합니까?

● 생각해 보기

1. 여러분은 형식적으로 기도합니까, 믿음으로 기도합니까?

2. 기도할 때 사람의 마음이 변화한다는 것을 믿습니까?

35 세겜이 그를 보고 끌어들여
창 34:1-31

신앙 교육 없는 위험한 가정

야곱은 20년 전에 하나님께 다음과 같이 맹세했습니다. "내가 평안히 아버지 집으로 돌아가게 하시오면 여호와께서 나의 하나님이 되실 것이요 내가 기둥으로 세운 이 돌이 하나님의 집이 될 것이요"(창 28:21-22). 야곱은 자신이 안전하게 고향으로 돌아오면, 벧엘에 하나님의 집을 짓겠다고 맹세했습니다. 따라서 가나안으로 돌아온 야곱은 가장 먼저 벧엘로 가야 했습니다. 벧엘로 가서 하나님의 집을 지어야 했습니다. 하지만 야곱은 벧엘로 가지 않았습니다. "야곱이 밧단아람에서부터 평안히 가나안 땅 세겜 성읍에 이르러 그 성읍 앞에 장막을 치고"(33:18). 야곱은 벧엘로 가지 않고, 세겜으로 갔습니다.

만약 야곱이 맹세를 지키기 위해서 벧엘로 갔다면 어떤 일이 일어났을까요? 야곱의 자녀들은 아버지의 모습을 보며, 하나님께 순종하는 법을 배웠을 것입니다. 하나님께 순종하는 것이 무엇보다 중요하다는 것을 알았을 것입니다. 하지만 야곱은 그렇게 하지 않았습니다. 결과적으로, 야곱의 자녀들은 야곱에게서 신앙을 전수받지 못했습니다. 오늘 본문은 그 결과를 우리에게 보여 주고 있습니다.

"레아가 야곱에게 낳은 딸 디나가 그 땅의 딸들을 보러 나갔더니"(34:1). 야곱의 딸 디나는 세겜 여인들을 보러 나갔습니다. 디나는 세겜 사람들에게 호감을 가지고 있었습니다. 디나가 호감을 가졌던 세겜 사람들은 어떤 사람들이었을까요? "히위 족속 중 하몰의 아들 그 땅의 추장 세겜이 그를 보고 끌어들여 강간하여 욕되게 하고"(2절). 세겜의 추장 세겜은 디나를 보고서 유혹하여 강간했습니다. 이는 세겜 사람들이 매우 음란한 사람들이었음을 보여 줍니다.

"그 마음이 깊이 야곱의 딸 디나에게 연연하며 그 소녀를 사랑하여"(3절). 세겜은 디나를 강간했으면서도, 자신이 디나를 사랑한다고 생각했습니다. 세겜 사람들은 성적으로 음란했을 뿐만 아니라, 사랑에 대해서도 잘못된 이해를 가지고 있었습니다.

따라서 디나는 세겜 사람들과 가까이 지내지 말아야 했습니다. 디나는 세겜 사람들을 경계하고, 그들에게 물들지 않도록 조심해야 했습니다. 무엇보다 신앙 교육이 필요했습니다. 그러나 야곱은 자녀들에게 신앙 교육을 제대로 하지 않았고, 디나는 세겜 사람들을 전혀 경계하지 않았습니다.

속고 속이는 세상

얼마 후 세겜의 아버지 하몰이 야곱을 찾아왔습니다. 자기 아들을 야곱의 딸과 결혼시키기 위해서였습니다. 그런데 하몰은 야곱에게 사과의 말을 한마디도 하지 않았습니다. 그는 아들의 행동을 전혀 부끄러워하지 않았습니다. 그뿐만이 아니었습니다. 하몰은 결혼을 이익의 도구로 생각하는 사람이었습니다. "너희가 우리와 함께 거주하되 땅이 너희 앞에 있으니 여기 머물러 매매하며 여기서 기업을 얻으라 하고"(10절). 하몰은 자기 아들과 야곱의 딸이 결혼하면, 여러 가지 이익을 얻을 수 있을 거라고 주장했습니다.

하몰의 진짜 속셈은 따로 있었습니다. "그러면 그들의 가축과 재산과 그들의 모든 짐승이 우리의 소유가 되지 않겠느냐"(23절). 하몰의 진짜 목적은 야곱의 재산을 빼앗는 것이었습니다. 이 하몰과 세겜의 악한 행동에 대해, 야곱의 아들들은 어떻게 반응했을까요? 야곱의 아들들은 이 문제를 두고서 하나님께 기도하거나 하나님의 도움을 구하지 않았습니다. 대신 자신들의 아버지가 늘 그랬던 것처럼 속임수를 사용했습니다. "이같이 하면 너희에게 허락하리라 만일 너희 중 남자가 다 할례를 받고 우리 같이 되면"(15절). 야곱의 아들들은 세겜 사람들이 할례를 받으면, 이 결혼을 허락하겠다고 말했습니다.

이것은 속임수였습니다. 할례를 받으려면 남성 생식기의 일부를 칼로 잘라 내야 합니다. 고대에는 의학이 발달하지 않았기 때문에, 할례를 받은 후에는 오랫동안 통증을 겪어야 했습니다. 야곱의 아들들은 바로 이점을 노렸습니다. 야곱의 아들들은 세겜 사람들이 아파하는 기회를 노려, 그들을 몰래 공격했습니다. "제삼일에 아직 그들이 아파할 때에 야곱의 두 아들 디나의 오라버니 시므온과 레위가 각기 칼을 가지고 가서 몰래 그 성읍을 기습하여 그 모든 남자를 죽이고"(25절). 야곱의 아들들은 단순히 디나의 복수를 위해 세겜 사람들을 공격한 것이 아니었습니다. 그들이 세겜 사람들을 공격한 이유는 세겜 사람들의 재산을 빼앗기 위함이었습니다. "그들의 모든 재물을 빼앗으며 그들의 자녀와 그들의 아내들을 사로잡고 집 속의 물건을 다 노략한지라"(29절).

창세기 34장의 교훈

따라서 하나님께서 창세기 34장을 통해 우리에게 교훈하시는 바는 다음과 같습니다.

첫째, 자녀 신앙 교육의 일차적 책임은 부모에게 있습니다. 야곱은 자기 자녀들을 신앙으로 양육하지 않았습니다. 야곱은 자녀들에게 하나님께 순종하는 본을 보이지 않았습니다. 그 결과 디나는 타락한 세겜 사람들을 경계하지 않았습니다. 오히려 음란한 세겜 사람들과 가까이 지냈습니다. 야곱의 아들들은 어려움을 겪을 때, 하나님께 기도하지 않았습니다. 오히려 속임수를 사용했고, 세겜 사람들의 재산을 약탈했습니다.

지금 한국 교회의 모습도 야곱의 가정과 같습니다. 한국 교회는 상당한 재정을 주일학교에 투입하고 있습니다. 탁월한 목회자들이 주일학교에서 봉사하고 있습니다. 그럼에도 불구하고 주일학교는 심각한 위기에 봉착해 있습니다. 그 이유는 무엇일까요? 가장 중요한 이유는 가정 신앙 교육의 부재라고 생각합니다. 아이들이 주일학교에서 배우는 시간은 일주일에 한두 시간밖에 되지 않습니다. 대부분 학교 또는 가정에 있습니다. 그런데 학교는 우리 아이들에게 진화론과 무신론에 입각한 지식을 가르칩니다. 그렇다면 남은 것은 가정입니다. 그런데 대부분의 부모들은 가정에서 신앙을 가르치지 않습니다. 그 결과 한국 교회는 지금과 같은 위기에 봉착하게 된 것입니다.

성경은 부모의 사명을 다음과 같이 말합니다. "오늘 내가 네게 명하는 이 말씀을 너는 마음에 새기고 네 자녀에게 부지런히 가르치며 집에 앉았을 때에든지 길을 갈 때에든지 누워 있을 때에든지 일어날 때에든지 이 말씀을 강론할 것이며"(신 6:6-7). 이처럼 자녀 신앙 교육의 일차적 책임은 부모에게 있습니다. 가정 신앙 교육은 선택이 아니라 필수입니다.

둘째, 우리는 세상 문화를 경계해야 합니다. 세겜 사람들의 모습은 타락한 세상의 모습을 잘 보여 줍니다. 세겜은 자신의 성적 욕망을 충족하기 위해 디나를 강간했습니다. 이처럼 세상은 자신의 욕망을 가장 중요하게 생각합니다. 자신의 욕망을 이루기 위해서라면, 수단과 방법을 가리지 않습니다. 지금도 마찬가지입니다. 세상 사람들은 자신의 욕망을 이루기 위해 수단과 방법을 가리지 않습니다. 하지만 성경은 다음과 같이 말합니다. "내가 이르노니 너희는 성령을 따라 행하라 그리하면 육체의 욕심을 이루지 아니하리라"(갈 5:16). 우리는 세상 사람들처럼 욕망의 노예가 되어서는 안 됩니다. 성령님의 도우심을 받아 육체의 욕심을 절제해야 합니다.

결론

어떻게 하면 건강한 가정을 이룰 수 있을까요? 오늘 본문은 두 가지를 말합니다.

첫째, 부모의 역할입니다. 부모의 역할은 자녀의 신앙을 위해 노력하는 것입니다. 자녀들은 부모의 말과 행동을 보면서 자랍니다. 그러므로 부모들은 가정에서 말과 행동의 모범을 보여야 합니다. 그리고 어떤 선택을 할 때, 선택의 기준을 하나님께 두어야 합니다. 부모들은 하나님께 가장 영광이 되는 것을 선택해야 하고, 그렇게 하는 이유를 자녀들에게 알려 주어야 합니다.

둘째, 자녀의 역할입니다. 자녀의 역할은 세상에 물들지 않도록 노력하는 것입니다. 여러분이 학교에서 배우는 것들은 상당 부분 비성경적인 것들입니다. 현대 교육은 합리주의와 계몽주의에 입각해 있습니다. 그래서 믿음과 신앙을 중요하게 생각하지 않고 이성과 경험을 중요시합니다. 또 현대 교육은 자아실현을 중요하게 생각합니다. 하지만 우리가 사는 목적은 자아실현이 아닙니다. 우리가 사는 목적은 우리의 뜻을 이루는 것이 아니라, 하나님의 뜻을 이루는 것입니다.

종합하면, 건강한 가정을 이루기 위해서는 부모가 자녀에게 신앙의 본을 보여야 합니다. 그리고 자녀들은 세상에 물들지 않아야 합니다. 그리할 때 우리의 가정은 하나님을 기쁘시게 하는 가정이 될 것입니다. 그런 은혜가 여러분의 가정에 가득하기를 소원합니다.

● 되새겨 보기

1. 야곱이 20년 전에 하나님께 맹세한 것은 무엇입니까?

2. 야곱이 가나안에서 가장 먼저 가야 하는 장소는 어디입니까?

3. 디나가 호감을 가졌던 세겜 사람들은 어떤 사람들이었습니까?

4. 하몰이 야곱을 찾아온 진짜 목적은 무엇입니까?

5. 야곱의 아들들이 세겜 사람들을 속인 목적은 무엇입니까?

● 생각해 보기

1. 여러분은 자녀(가정)의 신앙을 위해 어떤 노력을 하고 있습니까?

2. 혹시 욕망의 노예로 살고 있지는 않습니까?

36 다시 야곱에게 나타나사 그에게 복을 주시고

창 35:1-29

버리고 나서 찾아오는 은혜

 야곱은 20년 동안 삼촌에게서 고통받았습니다. 아마 야곱은 삼촌과 사는 동안, 고향으로 돌아갈 날만 손꼽아 기다렸을 것입니다. 드디어 야곱은 삼촌을 떠나 고향으로 돌아왔습니다. 야곱은 목표를 이루었습니다. 야곱은 목표를 이룬 다음에 더 행복해졌을까요? 그렇지 않습니다. 야곱은 목표를 이룬 이후에 오히려 더 불행해졌습니다. 딸 디나는 세겜 사람들에게 끔찍한 일을 당했고, 아들들은 세겜 사람들과 큰 갈등을 겪었습니다.
 왜 야곱은 목표를 이룬 다음에 더 불행해졌을까요? 야곱의 목표에 하나님이 없었기 때문입니다. 야곱의 계획에 하나님이 없었기 때문입니다. 야곱은 고향으로 돌아간다는 목표를 가지고 있었지만, 하나님과 맺은 맹세를 이루겠다는 목표를 가지고 있지는 않았습니다. 바로 이것이 야곱의 삶이 불행하게 된 근본 원인이었습니다. 만약 야곱이 세겜이 아니라, 벧엘로 갔다면 지금 겪고 있는 끔찍한 사건들을 겪지 않았을 것입니다.

바로 이때 하나님께서 야곱을 찾아오셨습니다. 그리고 다음과 같이 말씀하셨습니다. "일어나 벧엘로 올라가서 거기 거주하며 … 거기서 제단을 쌓으라"(창 35:1). 하나님은 야곱에게 벧엘로 가라고 하셨습니다. 거기서 제단을 쌓고 하나님을 예배하라고 하셨습니다. 여기에는 두 가지 의미가 있습니다.

첫째, 약속을 지키라는 것입니다. 야곱은 20년 전 벧엘에 하나님의 집을 짓겠다고 맹세했습니다. 그런데 지금까지 그 맹세를 이루지 않았습니다. 마음만 먹으면 이룰 수 있는 맹세였습니다. 그래서 하나님은 그 맹세를 이루라고 하시는 것입니다. 둘째, 영적인 목표를 이루라는 것입니다. 야곱은 고향으로 돌아가는 목표는 이루었습니다. 하지만 영적인 목표는 하나도 이루지 않았습니다. 가나안으로 돌아온 야곱은 하나님을 떠나서 살고 있었습니다. "야곱이 이에 자기 집안 사람과 자기와 함께 한 모든 자에게 이르되 너희 중에 있는 이방 신상들을 버리고 자신을 정결하게 하고 너희들의 의복을 바꾸어 입으라"(2절). 이처럼 야곱의 가정은 언젠가부터 우상 숭배에 물들어 있었습니다.

하나님의 말씀을 들은 야곱은 자신이 겪는 문제들의 근본 원인이 자기가 하나님을 떠난 것임을 깨닫게 되었습니다. 그래서 야곱은 다음과 같이 행동했습니다. "그들이 자기 손에 있는 모든 이방 신상들과 자기 귀에 있는 귀고리들을 야곱에게 주는지라 야곱이 그것들을 세겜 근처 상수리나무 아래에 묻고"(4절). 야곱은 하나님께 돌아가기 위해 우상 숭배와 관련된 것들을 모두 처분했습니다.

특히 본문에서 "귀고리"라고 번역된 '네젬'은 금으로 된 장식품을 의미합니다. 야곱은 우상 숭배와 관련된 것이라면, 그것이 아무리 비싼 것이라도 미련 없이 버렸습니다.

야곱은 이제 아끼던 것들을 대부분 잃어버렸습니다. 살던 곳에서 떠나야 했고, 값비싼 보석도 버려야 했습니다. 이제 야곱의 삶은 더 비참해지는 것만 남았습니다. 그러나 현실은 정반대였습니다. "하나님이 그 사면 고을들로 크게 두려워하게 하셨으므로 야곱의 아들들을 추격하는 자가 없었더라"(5절). 집이 있고 돈이 있을 때, 야곱은 불행했습니다. 그리고 가나안 사람들이 언제 자신을 공격할지 몰라 두려움을 느끼며 살았습니다. 하지만 하나님께 돌아가기 위해 집과 돈을 버린 이후에는 어떠했습니까? 안전해졌습니다. 하나님께서 야곱과 그의 가족들을 지켜 주셨기 때문입니다.

고달픈 인생에 유일한 위안

야곱이 하나님께 돌아간 후, 좋은 일만 있었던 것은 아닙니다. 우상을 버리고 하나님께 돌아간 이후, 야곱은 연거푸 슬픈 일을 겪었습니다. 첫 번째, 유모가 죽었습니다. "리브가의 유모 드보라가 죽으매 그를 벧엘 아래에 있는 상수리나무 밑에 장사하고 그 나무 이름을 알론바굿이라 불렀더라"(8절). 드보라는 리브가의 유모였고, 리브가는 야곱의 어머니죠. 아마도 리브가가 자신과 떨어져 있는 야곱을 돌보기 위해, 자신의 유모를 야곱에게 보냈던 모양입니다. 그동안 드보라는 야곱을 자기 아들처럼 돌보았을 것이고, 야곱은 드보라를 자기 어머니처럼 의지했을 것입니다. 오랫동안 타향에서 살았던 야곱에게, 드보라는 누구보다 큰 힘이 되었을 것입니다. 그런 드보라가 죽었으니, 야곱의 마음은 너무도 아팠을 것입니다. 그래서 야곱은 드보라를 묻은 나무의 이름을 '통곡의 나무', 즉 "알론바굿"이라고 지었습니다.

두 번째, 라헬이 죽었습니다. 라헬은 야곱이 가장 사랑했던 사람입니다. "라헬이 해산하게 되어 심히 고생하여"(16절). 라헬은 출산을 앞두고 크게 고생했습니다. 임산부였던 라헬에게 이번 여행은 쉬운 일이 아니었겠죠. 그 결과 라헬은 두 번째 아들을 낳은 후에 죽음을 맞이했습니다. 이처럼 야곱은 우상을 버리고 하나님께로 돌아간 후, 가장 사랑하는 두 사람을 잃어버렸습니다.

하지만 야곱에게 슬픈 일만 있었던 것은 아닙니다. 하나님은 야곱에게 복을 주셨습니다. 첫째, 하나님은 야곱의 후손들이 크게 번성할 것이라고 약속하셨습니다. "하나님이 그에게 이르시되 나는 전능한 하나님이라 생육하며 번성하라 한 백성과 백성들의 총회가 네게서 나오고 왕들이 네 허리에서 나오리라"(11절). 둘째, 하나님은 야곱의 후손들이 가나안 땅을 차지할 것이라고 약속하셨습니다. "내가 아브라함과 이삭에게 준 땅을 네게 주고 내가 네 후손에게도 그 땅을 주리라 하시고"(12절). 셋째, 하나님은 야곱에게 새로운 자식을 주셨습니다. "그가 죽게 되어 그의 혼이 떠나려 할 때에 아들의 이름을 베노니라 불렀으나 그의 아버지는 그를 베냐민이라 불렀더라"(18절). 라헬은 둘째 아들을 "베노니"라고 불렀습니다. '슬픔의 아들'이라는 뜻입니다. 하지만 야곱은 그의 이름을 "베냐민"이라고 지었습니다. '오른손의 아들'이라는 뜻입니다. 오른손은 '힘'을 상징합니다. 따라서 베냐민은 '나에게 힘을 주는 아들'이라는 뜻입니다.

이렇듯, 야곱은 드보라와 라헬의 죽음으로 힘을 잃었지만, 베냐민의 출생으로 다시 힘을 얻었습니다. 야곱은 하나님께 돌아간 후에 많은 어려움을 겪었지만, 하나님은 그보다 더 큰 기쁨을 야곱에게 주셨습니다.

창세기 35장의 교훈

따라서 하나님께서 창세기 35장을 통해 우리에게 교훈하시는 바는 다음과 같습니다.

첫째, 우리에게는 더 중요한 목표가 있습니다. 야곱의 목표는 삼촌을 떠나는 것이었습니다. 하란을 떠나서, 가나안으로 돌아가는 것이 야곱의 목표였습니다. 물론 이것은 야곱에게 꼭 필요한 일이었습니다. 하지만 문제는 가나안으로 돌아가는 것만을 목표로 삼았다는 것입니다. 야곱의 목표에 하나님이 전혀 없다는 것이 문제였습니다. 결국 야곱은 고향으로 돌아왔고, 세겜에 정착했지만, 오히려 더 불행한 삶을 살았습니다. 우리도 마찬가지입니다. 우리에게는 여러 가지 목표가 있습니다. 원하는 점수를 얻는 목표, 가고 싶은 대학을 가는 목표, 돈을 모으는 목표, 집을 구하는 목표 등등. 우리에게 이런 목표만 있고 하나님을 위한 목표가 전혀 없다면, 우리는 야곱과 같은 어리석은 삶을 사는 것입니다.

둘째, 하나님께 가기 위해서는 손해를 감수해야 합니다. 야곱은 우상을 버리고, 하나님께 돌아가기로 결심했습니다. 그것을 위해서 야곱은 힘들게 정착한 세겜을 떠나야 했고, 금으로 된 장식품을 버려야 했습니다. 우리도 마찬가지입니다. 하나님께 돌아가는 일은 손해를 감수해야 하는 일입니다. 예를 들어 보겠습니다. 만약 학생들이 하나님께 가까이 가기 위해 공부하는 시간을 조금 줄이고 성경 읽는 시간을 조금 늘렸다고 가정해 봅시다. 주일에 학원에 가는 대신 교회에 갔다고 생각해 봅시다. 그 학생들은 어떤 손해를 겪게 될까요? 그 학생들은 다른 학생들과 비교해 공부하는 시간이 부족해, 그만큼 성적에 영향이 있을 수 있습니다. 하나님께 가까이 가기 위해서는 손해가 따르기 마련입니다.

셋째, 하나님은 손해보다 더 큰 은혜를 주십니다. 야곱은 세겜을 떠나는 손해와 금으로 된 장식품을 버리는 손해를 입었습니다. 하지만 야곱이 손해만 입은 것은 아닙니다. 손해를 입은 대신 하나님을 얻었습니다. 하나님은 야곱의 가정을 안전하게 지켜 주셨습니다. 하나님은 가나안 사람들이 야곱의 가정을 털끝 하나 건드리지 못하게 지켜 주셨습니다. 야곱은 손해를 입은 것보다 더 큰 은혜를 하나님께 받았습니다. 우리도 마찬가지입니다. 하나님께 돌아가는 일은 우리에게 손해가 될 때가 많습니다. 하지만 하나님은 그것보다 더 큰 은혜를 우리에게 주십니다.

넷째, 하나님은 우리에게 슬픔보다 더 큰 기쁨을 주십니다. 야곱은 어머니와 같았던 드보라를 잃었습니다. 가장 사랑했던 라헬도 잃었습니다. 하지만 하나님은 야곱에게 베냐민을 주셨습니다.

베냐민은 '오른손의 아들', '나에게 힘을 주는 아들'이라는 뜻입니다. 베냐민으로 인해 야곱은 지난 슬픔을 모두 극복할 수 있는 기쁨을 얻었습니다. 우리 삶에는 슬픔이 가득합니다. 우리 삶에는 문제가 끊이지 않습니다. 하지만 우리에게 슬픔과 고통만 있는 것은 아닙니다. 하나님은 우리에게 새로운 기쁨을 주셔서 지난날의 고통을 잊어버리게 하십니다.

결론

야곱은 하나님을 떠난 삶을 살았습니다. 야곱은 하나님께 한 맹세를 지키지 않았고, 야곱의 자녀들은 우상을 숭배했습니다. 야곱은 하나님을 떠났지만, 하나님은 야곱을 떠나지 않았습니다. 하나님은 야곱을 찾아오셨고 야곱의 신앙을 회복시켜 주셨습니다. 우리도 야곱처럼 자주 하나님을 떠납니다. 우리는 자주 하나님과 상관없이 살아갑니다. 하지만 하나님은 결코 우리를 떠나지 않으십니다. 하나님은 우리를 다시 찾아오시고 우리를 회복시켜 주십니다. 그래서 성경은 다음과 같이 말합니다.

> 내가 확신하노니 사망이나 생명이나 천사들이나 권세자들이나 현재 일이나 장래 일이나 능력이나 높음이나 깊음이나 다른 어떤 피조물이라도 우리를 우리 주 그리스도 예수 안에 있는 하나님의 사랑에서 끊을 수 없으리라 _롬 8:38-39

우리는 하나님의 사랑을 받고 있습니다. 하나님의 사랑은 절대로 변하지 않는 사랑입니다. 하나님의 사랑은 절대로 포기하지 않는 사랑입니다. 아마 앞으로도 우리는 자주 하나님과 멀어질 것입니다. 우리의 자녀들도 자주 하나님과 상관없이 살아갈 것입니다. 하지만 하나님은 절대로 우리와 우리 자녀들을 떠나지 않으실 것입니다. 하나님께서 야곱을 끝까지 포기하지 않으셨던 것처럼, 하나님은 끝까지 우리와 우리 자녀들을 포기하지 않으실 것입니다. 이것이 우리가 하나님께 받은 사랑이고, 우리가 누리고 있는 하나님의 은혜입니다.

● 되새겨 보기

1. 왜 야곱은 목표를 이룬 이후에 더 불행해졌습니까?

2. 하나님께서 야곱에게 벧엘로 가라고 하신 이유는 무엇입니까?

   ①

   ②

3. 야곱은 하나님의 말씀을 듣고서 어떻게 반응했습니까?

4. 하나님을 위해서 대부분의 재산을 포기한 야곱은 이후에 어떻게 되었습니까?

5. 본문에서 야곱이 겪은 슬픈 사건 두 가지는 무엇입니까?

   ①

   ②

6. 하나님께서 슬퍼하는 야곱에게 주신 선물은 무엇입니까?

● 생각해 보기

1. 여러분은 하나님을 위한 목표가 있습니까?

2. 하나님께 돌아가기 위해 지금 누리는 것들을 포기할 수 있습니까?

3. 하나님을 위해 포기할 때, 하나님께서 복 주심을 믿습니까?

4. 하나님께서 우리에게 슬픔보다 큰 기쁨을 주실 거라고 믿습니까?

37 에돔 족속의 조상은 에서더라
창 36:1-43

세상 나라의 성공

오랫동안 야곱의 삶을 살펴보았습니다. 이제 야곱의 삶을 마무리하는 지점에 이르렀습니다. 오늘 본문을 끝으로 창세기 말씀의 주인공이 야곱에서 요셉으로 바뀝니다. 그런 면에서 오늘 본문은 조금 특이합니다. 야곱의 삶을 마무리하는 부분인데, 에서에 관한 설명이 더 많습니다. 더 많은 정도가 아니라 대부분 에서에 관하여 말하고 있습니다. 그 이유는, 야곱과 에서를 비교해 봐야만 야곱의 삶이 가지는 의미가 더욱 분명하게 드러나기 때문입니다.

에서는 어떤 삶을 살았을까요? 첫째, 에서는 믿음보다 성공을 더 중시했습니다. "에서가 가나안 여인 중 헷 족속 엘론의 딸 아다와 히위 족속 시브온의 딸인 아나의 딸 오홀리바마를 자기 아내로 맞이하고"(창 36:2). 에서는 가나안 여인과 혼인했습니다. 이것은 조상들의 가르침과 반대되는 것입니다. 할아버지 아브라함은 가나안 여인이 아니라, 믿음을 가진 여인과 혼인해야 한다고 가르쳤습니다. 그렇다면, 에서가 가나안 여인과 혼인한 이유는 무엇일까요? 가나안에서 성공적인 삶을 살기 위해서입니다. 가나안 여인과 혼인하면 가나안 땅에 쉽게 정착할 수 있고, 더불어 성공의 가능성도 높아질 수 있었기 때문입니다.

둘째, 에서는 언약의 땅을 떠났습니다. "에서가 … 동생 야곱을 떠나 다른 곳으로 갔으니"(6절). 다른 곳으로 갔다는 것은 가나안을 떠났다는 말입니다. 가나안은 하나님께서 자기 백성들에게 주신 언약의 땅입니다. 그런 점에서 에서는 롯과 비슷합니다. 롯이 성공을 위해서 언약의 땅을 떠난 것처럼, 에서도 성공을 위해서 언약의 땅을 떠났습니다.

셋째, 에서는 성공을 얻었습니다. "에서 자손 중 족장은 이러하니라 에서의 장자 엘리바스의 자손으로는 데만 족장, 오말 족장, 스보 족장, 그나스 족장과"(15절). 에서의 자손들은 부족의 족장이 되었습니다. 본문에 소개되는 족장들은 모두 열네 명입니다. 에서의 후손들은 무려 열네 개나 되는 부족의 족장이 되었습니다.

넷째, 에서의 후손들은 야곱의 후손들보다 수백 년 앞서서 왕국을 건설했습니다. "이스라엘 자손을 다스리는 왕이 있기 전에 에돔 땅을 다스리던 왕들은 이러하니라"(31절). 그리고 에서의 후손들 가운데 강력한 왕들이 등장했습니다. 야곱의 후손들 가운데 왕이 등장하려면, 아직 수백 년이 지나야 하는 시기입니다. 이처럼 에서의 후손들은 크게 성공하고 번성했습니다. 에서가 이처럼 큰 성공을 거둘 때, 야곱은 어떤 삶을 살고 있었을까요? "야곱이 가나안 땅 곧 그의 아버지가 거류하던 땅에 거주하였으니"(37:1). 야곱은 가나안 땅에서 그냥 평범한 삶을 살고 있었습니다.

약속은 반드시 이루신다

우리는 여기서 무언가 이상하다는 생각을 하게 됩니다. 하나님께서 다음과 같이 말씀하셨기 때문입니다. "큰 자가 어린 자를 섬기리라"(25:23). 하나님은 에서가 야곱을 섬길 것이라고 하셨습니다. 하지만 현실은 정반대였습니다.

이런 일은 지금도 일어납니다. 하나님은 자기 백성들을 사랑하십니다. 교회를 사랑하시고 우리 신자들을 사랑하십니다. 우리에게 복 주신다고 하셨습니다. 그런데 실제로는 어떻습니까? 하나님의 백성들보다 세상 사람들이 더 잘되며 성공하는 경우가 많습니다. 하나님의 백성들은 오히려 여러 어려움을 감수하며 손해를 보는 경우가 많습니다. 바로 이것이 우리가 살아가면서 겪는 딜레마이고, 우리에게 시험을 안기는 현실입니다.

하나님의 약속은 어떻게 된 것일까요? 큰 자가 어린 자를 섬긴다는 하나님의 약속은 취소된 것일까요? 그렇지 않습니다. 하나님의 약속은 다윗 때에 성취되었습니다. 야곱의 후손인 다윗은 에서의 후손인 에돔을 정복했습니다. 결코 약속이 취소되거나 없어지지 않았습니다. 그러므로 우리는 다음의 사실을 기억해야 합니다. 하나님의 약속은 언젠가 반드시 이루어진다는 것입니다. 하나님은 다음과 같이 약속하셨습니다.

> 무릇 의인들의 길은 여호와께서 인정하시나 악인들의 길은 망하리로다 _시 1:6

지금 우리 눈에는, 하나님의 백성들은 무얼 해도 잘되지 않고, 세상 사람들은 무얼 해도 잘되는 것처럼 보입니다. 하나님의 백성들은 이런저런 어려움과 고통을 겪는데, 세상 사람들은 슬픔과 고통 없이 사는 것처럼 보이기도 합니다. 하지만 언젠가 하나님의 뜻은 이루어질 것입니다. 언젠가 하나님은 악한 사람들을 벌하시고, 신실한 하나님의 백성들에게 복을 주실 것입니다. 그러므로 우리는 다윗의 기도를 기억해야 합니다. 다윗은 고난을 겪을 때 다음과 같이 기도했습니다.

> 나는 오직 주의 사랑을 의지하였사오니 나의 마음은 주의 구원을 기뻐하리이다 _시 13:5

다윗은 하나님의 사랑을 의지한다고 했습니다. 비록 현재 고난과 고통을 겪고 있지만, 나를 향한 하나님의 사랑을 의심하지 않는다는 뜻입니다.

우리도 마찬가지입니다. 하나님의 백성답게 살려고 노력했음에도 불구하고, 뜻대로 잘되지 않고 실패하며 고난을 겪을 때가 있습니다. 그때 우리가 해야 할 일은 하나님의 사랑을 의심하지 않는 것입니다. 하나님께서 우리를 사랑하신다는 사실을 굳게 믿는 것입니다. 그다음에 할 일은, 인내함으로 하나님을 기다리는 것입니다. 비록 지금 고난 중에 있을지라도, 고난은 우리의 믿음을 단련

합니다. 고난 가운데 하나님은 일하십니다. 그리고 언젠가는 우리에게 복 주십니다. 하나님 나라의 영광에 참여하게 하십니다.

창세기 36장의 교훈

따라서 하나님께서 창세기 36장을 통해 우리에게 교훈하시는 바는 다음과 같습니다.

첫째, 악을 행하는 사람들은 성공하는 반면, 선을 행하는 하나님의 백성들은 실패할 때가 있습니다. 에서는 하나님과 상관없는 삶을 살았습니다. 에서는 불신자와 혼인했고, 언약의 땅을 떠났습니다. 반면 야곱은 하나님께 돌아왔고, 언약의 땅을 지켰습니다. 하지만 에서와 야곱 가운데 더 성공한 것은 야곱이 아니라 에서였습니다. 지금도 마찬가지입니다. 악을 행하는 사람들은 성공하는 반면, 선을 행하는 하나님의 백성들은 어려움을 겪을 때가 많습니다.

둘째, 하나님의 백성들이 고난을 겪는 데는 하나님의 뜻이 있습니다. 야곱은 많은 어려움을 겪었습니다. 하지만 야곱은 그 많은 어려움을 통해 끝내 하나님의 뜻을 이루었습니다. 야곱은 열두 아들을 낳았고, 열두 아들은 이스라엘 열두 지파의 조상이 되었습니다. 야곱이 겪은 고난 속에는 이스라엘을 세우시려는 하나님의 뜻이 있었습니다.

셋째, 언젠가는 하나님께서 악인들을 벌하시고 의인들에게 복을 주실 것입니다. 야곱보다 에서가 훨씬 성공한 것처럼 보이지만, 몇백 년의 시간이 지난 후에 하나님은 다윗을 통해 에서의 후손들을 정복하셨습니다. 따라서 우리는 믿음을 가져야 합니다. 언젠가는 하나님께서 악인을 벌하시고 의인에게 복을 주신다는 믿음, 언젠가는 하나님께서 우리에게 복을 주신다는 믿음을 가져야 합니다.

결론

계속해서 실패와 고난을 겪으면 하나님을 향한 불만이 생기기 쉽습니다. 다윗도 마찬가지였습니다.

여호와여 어느 때까지니이까 나를 영원히 잊으시나이까 주의 얼굴을 나에게서 어느 때까지 숨기시겠나이까 _시 13:1

불만은 불신을 가져오고, 불신은 우리 삶을 망가뜨립니다. 따라서 우리는 힘들 때도 하나님께만 소망을 두어야 합니다. 슬픔과 고난이 많을지라도 우리를 향한 하나님의 사랑을 믿어야 합니다. 언젠가는 하나님께서 우리에게 은혜 베푸실 것을 믿어야 합니다.

우리가 고난 속에서도 하나님을 원망하지 않고 끝까지 하나님의 은혜를 갈망한다면, 하나님은 반드시 우리에게 복을 주실 것입니다. 그날을 기대하고 소망하면서, 계속되는 고난과 슬픔 속에서도 믿음을 지켜 가는 영광스러운 하나님 나라의 백성 되기를 바랍니다.

하나님께서 창조하신 세계 속에 하나님의 나라가 완성되어 가고 있습니다. 우리가 보기에는 마치 하나님이 안 계신 것처럼 세상은 더 타락해 가고, 우리 자신도 힘을 잃어 가는 듯 무력감을 느끼고 있지만, 하나님은 지금도 살아 계시며 일하고 계십니다. 창조 세계 속에서, 우리의 상황 속에서, 우리의 마음속에서 일하고 계십니다. 그러니 무슨 일이 있어도 그분의 약속은 성취되며, 그분의 나라는 승리합니다(롬 8:37; 요일 5:4 참고). 성경이 가르치는 이 약속이 현재 세상 나라를 발 딛고 살아가는 여러분의 삶에 큰 소망과 위로와 힘이 되기를 간절히 간절히 바랍니다.

● 되새겨 보기

1. 에서는 어떤 삶을 살았습니까?

    ①

    ②

    ③

    ④

2. 야곱은 어떤 삶을 살았습니까?

3. 큰 자가 어린 자를 섬긴다는 약속은 언제 성취되었습니까?

4. 실패와 고난을 겪을 때, 우리가 해야 하는 일은 무엇입니까?

● 생각해 보기

1. 여러분은 고난을 통해 오히려 하나님과 더 가까워진 경험이 있습니까?

2. 하나님께서 언젠가는 의인에게 복 주시고 악인에게는 벌 주실 거라는 믿음이 있습니까?

저자 김태희 목사

쓰고 말하며 살아가는 목사다. 고려신학대학원에서 목회학 (M.Div.)과 구약학(Th.M.)을 수학했으며, 종교개혁 시기에 만들어진 신앙고백서들을 현대에 접목하기 위해 노력하고 있다. 그 결과물이 《웨스트민스터 대요리문답 해설》, 《처음 시작하는 기독교 강요》와 같은 책이다.

한 아내의 남편이며, 세 아이의 아빠다. 좋은 남편, 좋은 아빠가 되기 위해 가정예배에 힘쓰고 있다. 어쩌다 보니 가정예배와 관련한 책도 여러 권 썼다. 대표적으로 《시끌벅적 소요리문답 가정예배》, 《로마서와 함께하는 365 가정예배》, 《성경을 따라가는 52주 가정예배》와 같은 책이 있다.

지금은 부산시 북구 구포동에 위치한 비전교회를 담임하고 있으며, 교사 교육, 학부모 세미나, 가정예배, 교리 수련회, 성경 통독 세미나 등으로 한국 교회를 섬기고 있다.